河南省开放经济发展报告
（2018）

张占东等 著

中国财经出版传媒集团
中国财政经济出版社

图书在版编目（CIP）数据

河南省开放经济发展报告.2018 / 张占东等著.—北京：中国财政经济出版社，2019.8

ISBN 978 - 7 - 5095 - 9103 - 1

Ⅰ.①河… Ⅱ.①张… Ⅲ.①区域经济发展 - 研究报告 - 河南 - 2018 Ⅳ.①F127.61

中国版本图书馆 CIP 数据核字（2019）第 139086 号

责任编辑：彭　波　　　　　　　　责任校对：徐艳丽
封面设计：卜建辰

中国财政经济出版社 出版

URL：http://www.cfeph.cn

E - mail：cfeph@cfemg.cn

（版权所有　翻印必究）

社址：北京市海淀区阜成路甲 28 号　邮政编码：100142

营销中心电话：010 - 88191537

北京财经印刷厂印装　各地新华书店经销

710×1000 毫米　16 开　16 印张　250 000 字

2019 年 8 月第 1 版　2019 年 8 月北京第 1 次印刷

定价：68.00 元

ISBN 978 - 7 - 5095 - 9103 - 1

（图书出现印装问题，本社负责调换）

本社质量投诉电话：010 - 88190744

打击盗版举报热线：010 - 88191661　QQ：2242791300

序　言

改革开放40年以来，我国发生了翻天覆地的变化，取得了举世瞩目的成就，实现了前所未有的历史性跨越。对外开放不仅是中国自1978年以来坚持的基本国策，也是40年来中国实现历史性跨越、经济发展跃上新台阶的秘诀。40年来，中国始终坚持对外开放的基本国策，积极融入经济全球化的发展进程，不断拓展开放范围和层次，完善开放结构布局和体制机制。党的十八大以来，倡导和推动共建"一带一路"，发起创办亚洲基础设施投资银行，设立丝路基金、自贸试验区、跨境电商综合试验区等综合平台，推动形成全面开放的新格局。开放已经成为当代中国的鲜明标识，习近平总书记在博鳌亚洲论坛上指出，过去40年中国经济发展是在开放条件下取得的，未来中国经济实现高质量发展也必须在更加开放的条件下进行。在首届中国国际进口博览会上习近平总书记再次强调，中国推进更高水平开放的脚步不会停滞，推动建设开放型世界经济的脚步不会停滞。

河南省地处内陆，相对于沿海发达地区，改革开放起步较晚，但是河南省作为承东启西、连南贯北的枢纽和核心区域，对于形成全方位的对外开放格局能够发挥其独特作用。20世纪90年代以来，为响应国家对外开放战略，推动区域经济的高质量发展，河南省对外开放的步伐不断加快，1992年提出开放带动战略，2003年"升级"为开放带动主战略，2010年提出建设内陆开放高地的目标，2012年又将对外开放上升为"基本省策"，折射出对外开放在河南经济发展中重要地位的变化。此后，2013年郑州航空港经济综合实验区成为国内第一个上升为国家战略的航空港经济发展先行区，2015年年底河南参与"一带一路"建设实施方案出台，2016年年初中国（郑州）跨境电子商务综合试验区和中国（河南）自由贸易试验区以及郑洛新国家自主创新示范区等高端平台陆续获批和建设，为新时代河南省开放经济发展提供了新的战略机遇。目前，河南省正以"一带一路"建设为契机，以郑州航空港经济综合实验区为核心，推进郑州—卢森堡"空中丝绸之路"建设；以中欧班列为核心，推进"陆上丝绸之路"建设；以跨境电商综合试验区为核心，推进"网上丝绸之路"建设，形成河南省全面对外开放的新格局，打造内陆开放新高地。

相对于全国而言，河南省开放型经济仍存在发展水平较低、开放平台和载体建设方面的优势未能充分转化为经济优势等问题。因此，在中国改革开放40周年之际，深入探讨和总结近年来河南省对外开放情况，系统分析河南省对外开放的演进过程以及与全国对外开放水平的差距，对河南省实现经济发展方式转变，向高质量经济增长迈进，加快中原崛起具有重要意义。

为了全面深化河南开放新格局，助推区域经济高质量发展，河南财经政法大学国际经济与贸易学院院长张占东教授牵头，带领学院八位博士完成了《河南开放经济发展报告（2018）》，该报告在系统梳理经济全球化、对外开放与经济增长理论的基础上，借鉴国内外开放经济发展评价模型，利用全球化指标体系的评价方法，以及区域和城市综合开放评价方法，运用河南省开放经济发展指数，系统比较了河南省与全国、河南省典型城市与国内其他城市以及河南省内部区域和城市之间经济开放度的差异。这些研究为河南省深化对外开放与区域协调发展、加快经济发展方式转变、引导地方经济有序竞争提供了借鉴。

该报告只是研究开放经济的有益尝试，还存在许多需要改进的地方，诚望学术界和业界同仁提出宝贵批评意见。希望团队的全体成员再接再厉，继续进行深入研究，争取形成年度系列报告，为河南省开放经济发展做出持续贡献。

高新才

2019年1月

目　　录

第1章　导言 ··· 1
1.1　河南省对外开放的演进 ·· 2
1.2　构建开放型经济新体制 ·· 7
1.3　开放经济发展指数的研究与运用 ······································· 14

第2章　经济全球化与我国对外开放理论 ··································· 19
2.1　经济全球化的相关研究 ·· 19
2.2　对外开放与经济增长的研究 ··· 29
2.3　FDI与经济增长的研究 ··· 33
2.4　对外直接投资与经济增长的研究 ······································· 36

第3章　国内外开放经济发展评价方法与实践经验 ······················ 39
3.1　衡量全球化指标体系的评价方法 ······································· 39
3.2　经济自由与竞争力典型指数指标体系评价方法 ··················· 45
3.3　国内区域综合开放评价方法 ··· 51
3.4　典型城市开放综合评价方法 ··· 59

第4章　构建河南省开放经济发展指数 ······································ 66
4.1　构建河南开放经济发展评价标准的主要依据 ······················ 66
4.2　河南省开放经济发展指数的主要内容 ································ 69
4.3　开放经济发展指数的评价方法 ·· 78

第5章 河南省开放经济发展的国内比较 82
5.1 主成分分析法的相关检验及模型结果输出 82
5.2 开放经济发展水平得分计算及分析 86
5.3 河南省经济开放度的国内比较 91
5.4 河南省技术开放度的国内比较 98
5.5 河南省社会开放度的国内比较 104

第6章 河南省典型城市开放经济发展国内比较 112
6.1 河南省典型城市开放经济发展国内比较 112
6.2 河南省典型城市经济开放度的国内比较 129
6.3 河南省典型城市技术开放度的比较分析 141
6.4 河南省典型城市社会开放度的比较分析 150

第7章 河南省各地市开放经济发展比较 162
7.1 河南省各地市开放经济发展的总体比较 162
7.2 河南省各地市经济开放度的比较分析 169
7.3 河南省各地市技术开放度的比较分析 174
7.4 河南省各地市社会开放度的比较分析 178

第8章 河南省五大区域开放经济发展情况 184
8.1 豫北地区开放经济发展情况 185
8.2 豫东地区开放经济发展情况 188
8.3 豫西地区开放经济发展情况 190
8.4 豫南地区开放经济发展情况 193
8.5 豫中地区开放经济发展情况 195

第9章 河南省开放发展的国家战略支撑 199
9.1 概述 199
9.2 深度融入"一带一路"统领河南开放发展 203

9.3 郑州航空港综合实验区全面发展 ·················· 211
9.4 以自贸区建设强化河南开放发展平台 ·············· 217
9.5 统筹国家战略支撑河南开放发展 ·················· 225

第10章 结论与展望 ································· 233

参考文献 ··· 234
后记 ··· 245

第 1 章

导　言

随着科学技术的突飞猛进，经济全球化的进程不断推进。经济全球化以市场为主导，以比较优势为原则，通过国际合作，产业、企业的竞争和合作，使世界形成了一个开放、互相联系的体系。信息、技术、人才、资源、资本的跨国流动，使各国之间相互依存、相互制约、竞争合作，为中国经济发展创造了有利条件。纵观历史，一个国家的经济增长往往与对外开放水平呈正相关关系，为了推动经济增长，实现经济的高质量发展，中国必须进一步扩大开放，积极参与经济全球化的进程。

改革开放是中国的基本国策，是中国的强国之路，是中国特色社会主义取得巨大胜利的强大动力。以中共十一届三中全会为起点，中国进入了改革开放和社会主义现代化建设的新时期，经过四十年的共同奋斗，中国的对外开放已从沿海向内地发展，形成了"经济特区—沿海开放城市—沿海经济开放区—内地"的全方位、多层次、宽领域的对外开放格局。实践证明，对外贸易和外商直接投资可以促进经济的发展，经济增长反过来又会促进一个国家或地区的对外开放。河南省地处内陆，开放经济发展起步较晚，发展水平较低，但随着改革开放的深入推进，特别是 2001 年中国加入世贸组织（WTO）后，河南省对外开放水平快速提升。"一带一路"倡议的推进实施，自贸试验区、跨境电商综合实验区以及郑洛新国家自主创新示范区等高端平台的获批和建设为新时代河南省开放经济发展提供了新的机遇。为了进一步推动河南省开放经济的发展，需要深入了解河南省开放经济发展水平，科学全面地评估河南省开放经济发展水平就十分必要。对河南省开放经济发展情况进行指数化分析，对促进河南未来的开放经济发展具有十分重要的指导意义。

1.1 河南省对外开放的演进

河南省地处内陆，囿于不临海、不沿边，对外开放起步较晚，特别是与沿海发达省份相比，河南省开放发展水平较低。随着我国对外开放水平的不断提高，对外经济体制不断完善，逐步形成了全方位、多层次、宽领域的对外开放格局，开放范围逐渐从沿海地区扩展到内陆，河南省抓住了这难得的历史机遇，开放发展取得了显著的成绩。为了推动河南省开放经济进一步发展，实现经济增长方式转变，向高质量经济增长迈进，河南省"十三五"规划提出坚持对外开放基本省策，抓住国家实施"一带一路"倡议的重大机遇，努力形成新一轮开放优势，全面提升在全球产业链、价值链、物流链中的地位，构建开放型经济新体制。要全面融入国家"一带一路"建设，加快推进郑州航空港经济综合实验区和"米字形"高速铁路网建设，大力发展航空经济和多式联运，完善现代交通枢纽，打造口岸优势，建设内陆型自由贸易试验区和跨境电子商务综合试验区，构建开放型经济新体制，发展外向型产业集群，形成有全球影响力的内陆开放合作示范区。

1.1.1 河南省对外开放上升到了新的发展阶段

历经40年的改革开放，河南省经济取得了突飞猛进的发展，尤其是自2001年中国加入世界贸易组织以后，河南省地区生产总值从2001年的5533.01亿元上涨到2016年的40471.79亿元，增长了6.3倍；与此同时，河南省对外贸易也快速发展，进出口总额（按经营单位所在地）从2001年的27.82亿美元上升到2016年的712.13亿美元，增长了24.5倍。2016年，河南省首次跨入利润全国外贸十强行列，在中部六省中外贸发展水平最高。2017年，全省货物进出口总值5232.79亿元，比上年增长10.9%。其中，出口总值3171.81亿元，增长11.8%；进口总值2060.98亿元，增长9.6%。

除了进出口总量的增长之外,河南省利用外资的水平也大幅度提升,2001年河南省实际利用外资3.59亿美元,而到了2016年河南省实际利用外资增加到169.9亿美元,外商的企业数也从2001年的2401户增加到2016年的8058户。2017年,河南省进一步贯彻和落实国家和省的政策措施,减少外商投资限制,加大外商投资的领域,仅2017年一年内全省共设立外资企业210家,实际吸收外资172.2亿美元,其中全省新设投资额1000万美元以上的项目113个,投资总额203亿美元,占新设项目总投资额的97%。同时,河南省吸引了摩根大通、美国江森自控、百事可乐、泰国正大等世界500强及跨国公司在河南省进行投资。

另外,河南省的对外开放的广度和深度也得到了提高。河南省目前对外开放的领域已经不仅仅局限于工业、农业、建筑业,随着对外开放程度的提高,河南省的金融、教育、医疗、文化服务领域的对外开放也取得了巨大的成就,对外开放的领域逐渐拓展,而且范围也不断地加大。目前河南省已与多个国家建立经贸合作关系,贸易伙伴遍及亚洲、欧洲、北美洲、拉丁美洲、大洋洲和非洲,其中美国、英国、韩国等国家以及香港特别行政区。河南省的对外开放取得了良好的成效。

最后,河南省的对外形象和影响力不断得到了提升。根据中国国际贸易促进会的统计,2017年郑州市举办的经贸类展会数量高达142个,位居全国第5,而2017年整年河南省共举办156个展会,位居全国第7。河南省目前成功举办了上海合作组织成员国总理第十四次会议、国际旅游城市市长论坛、中欧政党高层论坛经贸对话活动、国际投资贸易洽谈会等大型会议,不仅有利于提高河南省的对外形象,同时也提高了河南省的影响力,促进河南省的对外开放。

1.1.2 河南省全方位开放的格局基本形成

回顾我国对外开放的发展历程,可以发现这是一个循序渐进的过程,从最初的"走出去"到目前的"走出去、引进来",大概经历了四个阶段:从1978年起到20世纪90年代初的试验探索阶段,该阶段主要重点开放沿海地区，建立经济特区，从点到线，逐渐推进；第二阶段是从1992年邓小平"南方谈话"到20世纪末的全面开放阶段，该阶段对外开放地区逐渐加大，从沿海拓展到沿边、沿江、内陆地区，从而形成了全方位、多层次、宽领域的对外开放格局；第三阶段是2001~2006年以加入世界贸易组织为契机的体制全面接轨阶段，加入世贸组织，意味着中国的对外开放走向规范化和法制化，中国的对外开放需要遵守国际制度和规范，同时也促进了中国同世贸组织成员的相互开放；第四阶段是从2007年后对外开放进入了新的发展阶段，通过全球化分工和国际贸易的发展，各国和地区都从贸易中获利，实现共赢。在这一阶段，中国积极参与经济全球化进程，积极参与国际事务，承担国际责任，对外形象日益提高，国际影响力进一步加大，对外开放的步伐也越来越快，尤其是"一带一路"倡议的提出，使中国对外开放进入了飞速发展的阶段。类比我国的对外开放进程，可以将河南省的对外开放进程划分为以下四个发展阶段。

（1）起步阶段（1978~1991年）。

随着党的十一届三中全会决定进行社会主义经济体制改革，实行对外开放，河南省坚持不懈地推进对外开放工作，积极探索发展外向型经济。在这一时期，河南省致力解放思想、转变观念，尤其是首届对外开放会议提出的"五树五破"对推动全省对外开放工作的开展起到了巨大的推动作用。在这一阶段，全省的进出口贸易也得到了较快的增长、对外交流和合作项目也取得了一定的成果，但是由于法律法规不够完善，都处在探索阶段，全省利用外资的能力和水平不高，因而这一阶段处于河南对外开放工作的酝酿、起步阶段。

（2）转型与发展的阶段（1992~2000年）。

1992年邓小平"南方谈话"后，河南省对外开放呈现出蓬勃发展的局面。在这一阶段，河南省积极引进外资，利用各种渠道、各种方式引进外资，使全省的外资企业进入高速发展阶段。在这期间，河南省采取多项政策措施改革外贸体制，克服内陆意识，扩大外贸、发展外贸、旅游等，实行全方位的对外开放。河南省多次召开对外开放会议，逐渐建立和完善了对外经济贸易体系，如海关、出入境检验、外汇管理、保险、运输等条件的改善。同时，全面实施开放带动战略，努力改善投资环境，提高对外开放水平,这一阶段河南省的对外开放取得了巨大的进步。

(3) 同国际接轨的快速发展阶段(2001~2010年)。

在我国加入世贸组织(WTO)后,河南省对外开放工作以 WTO 为依据,对制度、标准等进行了改进,以期符合国际化标准。与此同时,河南省加快实施对外开放带动主战略的指导思想,实施"走出去"战略,积极扩大对内对外开放,在加强与国内其他地区横向经济联系的同时,相继出台了一系列的优惠政策来刺激外商投资,提高对外贸易和利用外资的质量和水平。在此阶段,河南省的对外开放进入了一个扩大规模、提高质量、加快步伐的新的发展阶段。通过这一阶段的努力,全省引进一批新的产品和生产技术,带动企业的技术改造,促进产品的升级换代,同时引进先进的企业管理理念,加快企业与国际市场的接轨,吸引了大批的外资,推动了投资环境和法律制度的完善。

(4) 飞速提升阶段(2011年至今)。

在这一时期,河南省积极推进对外开放进程,响应国家的号召,出台了一系列促进外商投资和鼓励本土企业出口的政策措施,推动河南省对外开放。尤其是在 2010 年之后,郑州新郑综合保税区、全国跨境电子商务服务试点、郑州航空港经济综合实验区、中国(河南)自由贸易试验区等重点项目陆续获批,"一带一路"建设的推进,为河南省建设开放型经济带来了重大的发展机遇。郑州航空港经济综合实验区的建设与飞速发展、跨境电子商务的引领带动,为河南省开放型经济的跨越式发展提供了新的契机和动力。在这一发展阶段,河南省开放经济的发展呈现出飞速提升的跨越式发展阶段,预示着内陆城市的开放型经济发展的黄金时期已经到来。

进入新时期以来,河南省积极落实"推动形成全面开放新格局"的各项任务;加快开放平台建设,着力推动自贸区、跨境电商综合试区建设并提升建设水平;着力改进招商方式,不断提升招商引资质量和水平;进一步扩大开放领域,尤其是金融、教育、文化、医疗、物流、旅游等服务业领域;加快货物贸易优化升级,促进服务贸易创新发展,积极培育贸易新业态新模式,扩大先进技术设备、关键零部件和优质消费品等进口,促进进出口贸易平衡发展;创新对外投资合作方式,积极参与"一带一路"建设;营造好国际化营商环境,进一步推动贸易和投资便利化;继续强化对外开放督导和综合考评机制，及时研究解决突出问题。一个全方位的对外开放格局基本形成。

1.1.3 以"航空经济综合实验区"等带动开放发展新格局

自 2008 年金融危机以来，世界经济增速逐渐放缓，中国也进入了以中高速增长为特征的新常态。为了推动经济增长方式的转变，实现高质量增长，国家相继出台了一系列政策推动开放经济的发展。河南省作为重要的内陆省份，是中部崛起的"排头兵"，内陆开放的典型，相继获批了"郑州航空港经济综合实验区""中国（郑州）跨境电子商务综合试验区"和"中国（河南）自由贸易试验区"三大国家战略，为河南省打造内陆开放高地提供了良好的政策环境和支持。

郑州航空港经济综合实验区已经成为内陆省份跨越式开放探索和发展的典范，构建了与沿海相连、沟通世界的开放新体系。截至 2017 年，航空港实验区生产总值达 700.1 亿元，外贸进出口总额为 498.1 亿元，分别是 2012 年的 3.4 倍和 1.8 倍，外贸进出口总额占全省的 65.1%。

郑州跨境电子商务综合试验区是全国最早的 5 个跨境电子商务试点之一，承担着探索构建中国特色跨境电子商务发展新模式、新规则的使命，推动了多项业务监管模式的创新、流程再造，成为全国范围内复制推广的"郑州方案"。从 2012 年获批到 2017 年，累计验放跨境电子商务进出口清单超过 2 亿单，商品总值突破 200 亿元，在国内 13 个跨境电商试点城市中处于领先地位。

自贸试验区以打造对外开放高端服务平台为目标，构建贯通南北、连接东西的现代立体交通体系和现代物流体系和多元化贸易平台，促进流通国家化和投资贸易便利化，实现开放经济新发展。截至 2017 年年底，自贸区新注册入驻企业 23623 家，注册资本 3175.4 亿元，入区外资企业 139 家，合同利用外资 8.22 亿美元，实际利用外资 4.98 亿美元。

三大国家战略相互叠加，为河南省的对外开放奠定了良好的基础，为河南省贸易结构、利用外资的水平和能力改善提供了良好的条件，有力地促进了河南省开放经济转型升级，开创了河南省开放发展的新格局。

1.2 构建开放型经济新体制

1.2.1 构建经济新体制的紧迫性

当今世界经济深度调整，贸易保护主义抬头，造成国际贸易摩擦不断增加，全球多边贸易体制的发展遭遇新的阻碍。与此同时，区域经济合作盛行，在一定程度上限制了经济全球化的发展。作为全球经济一体化的重要组成部分，中国经济发展已经与世界经济发展深度融合，面临着巨大的机遇和挑战，在此背景下，中国对外贸易必将进入一个全新的发展阶段。

国内各个城市纷纷将"一带一路"沿线的"自贸区"和"桥头堡"作为自己的立足点，利用政策优惠进一步推动区域开放经济发展。对河南省而言，作为一个内陆省份，要实现中原崛起、河南振兴、富民强省的战略目标，就要构建经济新体制，坚持以创新、改革和开放为支撑全省发展的三大支柱，充分发挥对外贸易对河南省经济发展的盘活带动作用，释放活力。发展开放型经济，不仅是适应经济全球化和"一带一路"倡议的要求，也是充分利用国内国外两个市场、两种资源，参与国际国内竞争的必然选择，更是深化改革、推进体制机制创新、增强全省经济发展的动力和活力的必然要求。因而，河南省必须尽快建立起开放经济新体制，紧紧抓住发展的机遇，带动全省的经济发展。

1.2.2 国际贸易和双向投资飞速发展

从国际贸易和对外投资方面看，经过四十年的发展，当前河南省的开放型经济建设进入了新阶段。在加入世贸组织后，河南省的对外经济进入快速发展阶段，体制机制不断完善，投资环境和贸易环境不断改善，对外贸易规模进一步扩大，贸易结构日趋合理，投资规模逐步增加，利用外资的水平和能力也稳步提高。

从图 1-1 河南省对外贸易发展概况可以看出，自 2001 年加入世界贸易组织以来，河南省的进出口额快速增长。2001 年河南省进出口总额为 27.93 亿美元，其中出口额为 17.15 亿美元，进口额为 10.77 亿美元，贸易顺差为 6.38 亿美元。2016 年，河南省进出口总额为 712.26 亿美元，其中出口额为 428.34 亿美元，进口额为 283.92 亿美元，贸易顺差为 144.42 亿美元。2001~2016 年，河南省进出口总额增长了 24.5 倍，出口额增长了约 24 倍，进口额增长了 25.4 倍，年均分别增长了 22.44%、22.28% 和 22.69%。

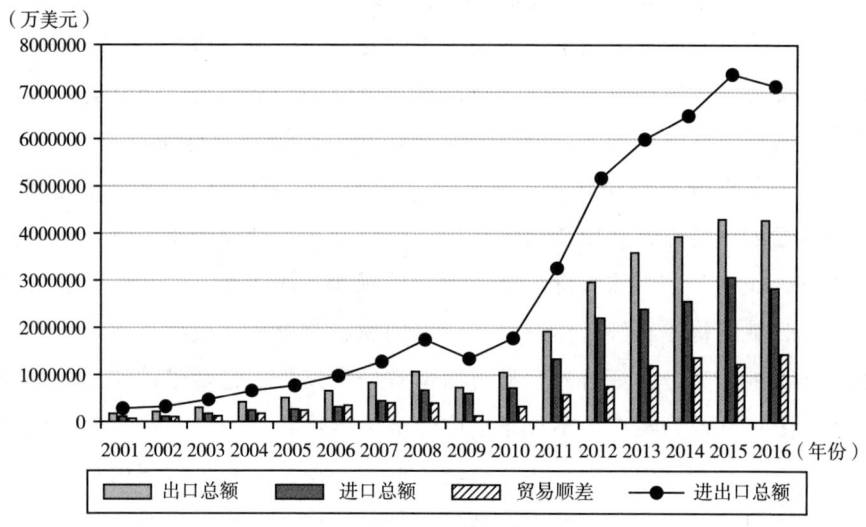

图 1-1 河南省进出口概况

从河南省对外贸易方式来看，加工贸易占比不断上升，逐渐成为河南省货物贸易的主要方式。2012 年之前，河南省货物贸易的主要方式为一般贸易，从 2012 年开始，加工贸易超过了一般贸易成为河南省对外贸易的主要方式，且加工贸易所占份额逐渐上升，而一般贸易所占比重则逐渐下降。截至 2016 年，河南省一般贸易进出口总额为 197.24 亿美元，占进出口总额的 28.96%；加工贸易进出口总额为 483.90 亿美元，占进出口总额的 71.04%（见图 1-2）。

在河南省对外贸易在快速发展过程中，出口商品的国别结构也在不断优化（见图 1-3）。2002 年河南省商品出口地区主要集中于亚洲、欧洲和

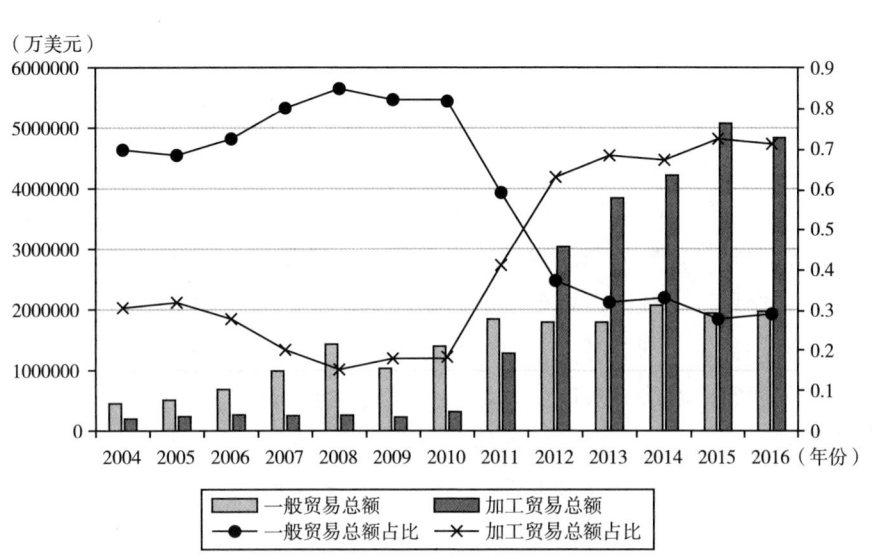

图 1-2 河南省货物贸易概况

北美洲,所占比重分别为 52.27%、20.07% 和 26.62%;2016 年河南省出口目的地更加多元化,除了亚洲、欧洲和北美洲外,非洲、拉丁美洲和大洋洲也逐渐成为河南省出口商品的主要目的地。2016 年,出口到亚洲、非洲、欧洲、拉丁美洲、北美洲和大洋洲的商品占比分别为 34.73%、4.09%、25.19%、4.3%、29.9% 和 1.8%。

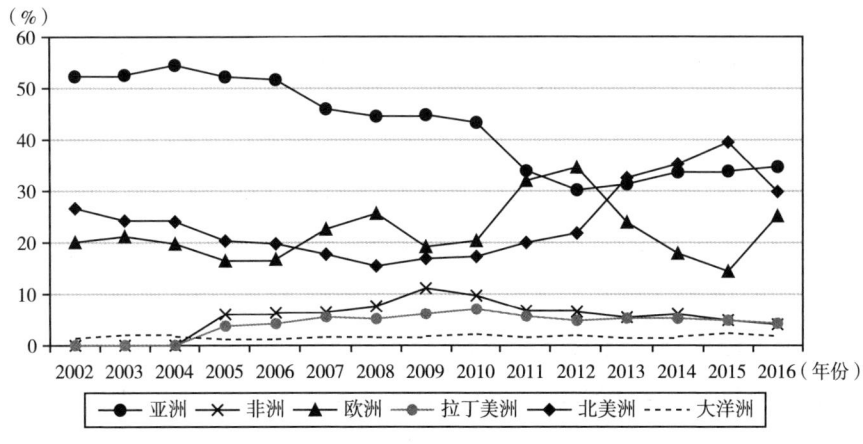

图 1-3 河南省出口商品市场结构

河南省对外贸易的快速发展，主要源于河南省积极响应国家号召，积极推进对外贸易向广度和深度发展，促进河南省更快地融入经济全球化。在这一时期河南省加快体制建设和改革，优化全省的投资环境，明确了加快实施开放带动发展的指导思想，积极扩大对内和对外开放，有力地促进了河南省的对外开放工作。特别是2011年之后，河南省出口和进口呈现出快速增长的趋势，贸易顺差也进一步加大，主要是在于在这一时期内郑州新郑综合保税区、全国跨境电子商务服务试点等的重点项目的获批和建设及"一带一路"建设的推进这两大背景，以及粮食生产核心区、中原经济区、郑州航空港经济试验区、郑洛新国家自主创新示范区和中国（河南）自由贸易试验区这五大国家战略的实施，对对外开放型经济的发展带动起到叠加效应，进出口额迅速增加。同时，在"一带一路"倡议的引领下，河南省在陆路和航空领域的重要交通枢纽地位不断凸显，与亚欧大陆的很多国家建立了密切的贸易联系，同时随着相关外贸政策的制定和实施，使河南省的对外开放机制更加完善，贸易环境日趋优化，河南省会与更多的国家和地区建立贸易合作关系，发生贸易，促进进出口更快增长。

开放经济发展离不开外资的利用，从表1-1河南省利用外资概况可以看出，河南的外商投资规模不断增加，河南的外商投资企业呈现出曲折发展的趋势，2007年出现了快速的增长，但是由于受到2008年全球经济危机的影响，中国的外商投资企业又开始呈现出下降的趋势。河南省实际利用外资数逐年上升，由2001年的3.58亿美元上升到2016年的169.90亿美元，上升的速度很快，这主要得益于全省不断加强利用外资工作，优化投资环境，提高服务水平，外商投资的渠道和领域不断拓宽，利用外资的质量也得到了明显的提高。种种因素导致河南省能够吸引更多的外商进行投资和进行经贸往来。根据河南贸易促进会统计，2018年上半年，河南省实际吸收外资达到93.8亿美元，同比增长2.1%，全省共设立外资企业103家，同比增长10.8%，而"一带一路"沿线国家在河南省设立的外商投资企业就达到了13家，实际吸收外资7.3亿美元，增长21.7%。而其中也呈现出两个主要的趋势，外商投资的领域更加宽泛，投资重点由传统的制造业、农业转向服务业；上半年全省新设投资额1000万美元以上的外资项目高达42个，投资总额81.5亿美元，占新设项目总投资额的

98.4%，而且其中有大多类似泰国正大集团、华瑞、法国电力等知名的企业，这标志着河南省吸引和利用外资的能力得到了进一步的提升。

表1-1 河南省引进外资现状

年份	外商投资企业数	外商投资企业投资总额（百万美元）	实际利用外资（百万美元）
2001	2401	10073	358.61
2002	2437	11816	451.65
2003	2403	12628	561.49
2004	2600	14861	873.67
2005	2877	20640	1229.60
2006	2813	23300	1845.26
2007	2983	25656	3061.62
2008	11166	29305	4032.66
2009	10676	34700	4798.58
2010	10254	37866	6246.70
2011	10404	42353	10082.09
2012	10168	46341	12118.00
2013	9934	47787	13456.00
2014	10056	58878	14930.00
2015	8316	68710	16090.00
2016	8058	82249	16990.00

与此同时，随着河南省经济实力的增强和"走出去"战略的实施，河南省企业的对外投资合作也取得了显著成效。从图1-4河南省对外承包工程及劳务派遣概况可以看出，河南省对外工程承包快速发展，劳务派遣人员数量不断增加。2016年，河南省对外承包工程及劳务合作新签合同额为446827.1万美元，在全国排名第9位，在中部六省排名第2位；外派劳务71718人次，在全国排名第5位，在中部六省排名第1位，到2017年年底，全省已累计向境外派出劳务约78.76万人次，合作地区遍及世界80多个国家和地区，主要指标居中西部地区前列。对外投资项目新备案188个，其中新设境外企业121家，中方协议投资433751.3万美元，同比增长

86.6%，全国排名第 9 位，在中部六省排名第 1 位。而对"一带一路"沿线 65 个国家（地区）① 中的 14 个国家中方协议投资额 4.33 亿美元，对沿线国家新签 500 万美元以上的对外承包工程项目 18 个，新签合同额为 10.66 亿美元。通过以上的分析可以看出，改革开放以来，河南省利用吸引外资的能力和质量稳步上升，同时其对外的投资能力和金额也得到了明显的提高。

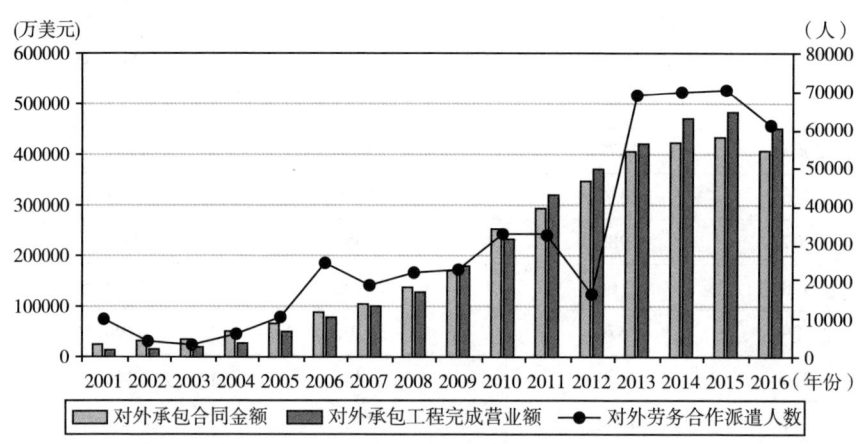

图 1-4 河南省对外经济合作概况

1.2.3 河南省开放型经济体制建设进入新阶段

为了建设对外开放新体制，河南省做出了巨大的努力并取得了一定的进展。2011 年，郑州航空港成为中国重要的航空客货运输及多种交通方式

---

① "一带一路"沿线涉及 65 个国家和地区，如下：包括东亚的蒙古国，东盟 10 国（新加坡、马来西亚、印度尼西亚、缅甸、泰国、老挝、柬埔寨、越南、文莱和菲律宾），西亚 18 国（伊朗、伊拉克、土耳其、叙利亚、约旦、黎巴嫩、以色列、巴勒斯坦、沙特阿拉伯、也门、阿曼、阿联酋、卡塔尔、科威特、巴林、希腊、塞浦路斯和埃及的西奈半岛），南亚 8 国（印度、巴基斯坦、孟加拉国、阿富汗、斯里兰卡、马尔代夫、尼泊尔和不丹），中亚 5 国（哈萨克斯坦、乌兹别克斯坦、土库曼斯坦、塔吉克斯坦和吉尔吉斯斯坦），独联体 7 国（俄罗斯、乌克兰、白俄罗斯、格鲁吉亚、阿塞拜疆、亚美尼亚和摩尔多瓦）和中东欧 16 国（波兰、立陶宛、爱沙尼亚、拉脱维亚、捷克、斯洛伐克、匈牙利、斯洛文尼亚、克罗地亚、波黑、黑山、塞尔维亚、阿尔巴尼亚、罗马尼亚、保加利亚和马其顿）。

零换乘枢纽之一。2012年，保税物流中心、海关口岸、出口加工区建设取得重大进展，郑州全国跨境电子商务服务试点获批启动，国家级经开区和高新区数量跃居中部地区首位。2013年，国务院批复《郑州航空港经济综合实验区发展规划（2013~2025年）》，全国首个国家级航空港经济试验区在郑州正式设立。2014年郑州、洛阳成为丝绸之路经济带的主要节点城市，郑欧班列的地位日益重要，同时，郑州至卢森堡第七货运航线开通。2015年，全面建设河南"米"字形铁路网，新增公路里程1289公里。2016年，中国（郑州）跨境电子商务综合实验区获批，"十三五"规划指出要加快建设郑州航空港经济综合试验区，支持内陆开放型经济。同年，国务院批准设立第三批自由贸易试验区（航空港自由贸易试验区）。2017年，河南省深度融入"一带一路"建设，积极推进郑州—卢森堡"空中丝绸之路"建设，争取洲际客运航线开辟、签证便利业务常态化等事项实现突破；推进"陆上丝绸之路"建设，提升中欧班列（郑州）运营水平；推进"网上丝绸之路"建设，加快建设跨境电商综合试验区，规划建设电子世界贸易组织核心功能集聚区。三条"丝绸之路"更加通畅，郑州机场首次跻身全球机场50强。同年，自由贸易试验区正式设立。2018年，河南省将进一步对外开放水平，推进河南自贸试验区建设，赋予各片区更大改革自主权，优化海关特殊监管区域布局，积极申建自由贸易港。同时，将推进郑州航空港经济综合实验区建设，拓展口岸功能，完善国际贸易"单一窗口"机制，引进大型物流集成商，推动飞机租赁等新业态发展，提升国际航空货运枢纽和物流中心功能。深化制造业对外开放，扩大服务业领域有序开放合作；推进境外经贸合作区建设，促进国际产能合作；办好第十二届中国（河南）国际投资贸易洽谈会、外交部河南全球推介、全球跨境电商大会、中国（郑州）国际旅游城市市长论坛等活动。这些重大项目的落实和实施，标志着河南省开放型经济新体制建设进入新阶段。

在"十三五"规划时期国际国内环境变幻莫测，全球经济形势日益复杂，河南省经济社会发展既面临难得的历史机遇，也面临诸多风险和挑战，只有准确地把握当今的形势、妥善地应对各种经济风险，才能更有序地开拓和发展新境界。因而为了有效地应对"十三五"规划的国内外形势，河南省明确提出了要构建开放型经济新体制，要想建设开放型经济新体制，必须在以下几个方面努力：

第一，力争将郑州航空港经济综合实验区建成河南省最大的开放品牌，就要做到：建设大枢纽、发展大物流、培育大产业、塑造大都市，基础是将"民航、铁路、公路"三网融合的现代枢纽，重点是物流功能，尤其是多式联运，完善产业集聚和城市功能，打造全省体制机制创新示范区，增强国际影响力和区域带动力。

第二，统筹推进口岸和海关特殊监管区域布局建设，放大郑欧班列、跨境电子商务等开放品牌效应，积极申建自由贸易试验区，促进各类开放平台功能集合和联动发展，形成多层次、全覆盖、立体化的开放平台支撑体系。

第三，发挥优势、主动融入、服务大局，把实施三大国家战略规划与参与"一带一路"建设紧密结合，秉持亲诚惠容，坚持共商共建共享原则，全面推进与有关国家和地区的多领域开放合作，增强中原腹地在"一带一路"建设中的支撑作用。

第四，坚持对内对外开放相互促进、"引进来"与"走出去"更好结合，充分利用国际国内两个市场、两种资源，积极参与全球产业分工格局重构，加快培育开放合作和竞争新优势。

1.3
开放经济发展指数的研究与运用

1.3.1　河南省对外开放指数研究的意义

为了全面考量河南省开放经济发展概况，研究通过设计一套能够全面、系统、客观、科学地度量河南省开放经济发展水平的指标体系。该体系通过量化分析逐级合成，最终构建了河南省开放经济发展指数。对指数结果深入研究，有助于揭示河南省开放经济发展概况及特征、综合影响和决定因素等问题。

该项研究的意义在于：第一，科学的对外开放指标体系，能够全面、系统、客观、科学地度量河南省各个地方的开放发展水平。通过对各个指标进行分析，能够更加直观地看出河南省各个地区在各个指标上的得分情况，发现各个地区开放经济发展的优势和不足。第二，河南省开放经济发展指数可以用于对特定县市区域经济发展进行跟踪研究，深入分析加快对外开放和经济发展的关系，为河南省及省内各个地区"走出去"和转变经济发展方式以有力地支持。第三，将一些评分高的地区作为省内开放经济发展的标杆，使其起到了模范带头作用，最终将其推广到全省，促进河南省开放经济高质量发展。

为了进一步探索新常态下开放经济发展的新特征，研究将"一带一路""中原城市群""自由贸易试验区"和"郑州航空综合经济试验区"等河南省开放经济发展四大战略包括在内，探讨其对河南省开放经济发展的影响，全面准确地揭示河南省开放经济发展情况。

1.3.2 河南省开放经济发展指数研究的特色

第一个特色是研究方法的灵活性和思路的丰富性。研究聚焦河南省开放经济发展，分别从整体以及分地市的角度进行了分析，揭示了河南省及省内各地市的开放经济发展概况。为了了解河南省开放经济发展在国内的地位，分别从整体和典型城市角度与全国各省份及典型城市进行了横向比对，发现河南省开放经济发展的不足和劣势。研究还从省内区域角度探讨了河南省开放经济发展情况。

第二个特色是创新性的指数构建和应用分析思路。通过对比国内外的相关经典研究，本书梳理了全球化和对外开放相关理论，同时借鉴具有权威性和代表性的省区和城市层面的典型综合评价指数和指标体系，从而构建了涵盖经济、技术和社会开放的河南省开放经济发展指数。在分析的过程中，将河南省作为主要的研究对象，对河南省整体及各个地级市进行开放经济发展评价，并对开放经济发展重大战略进行综合的比较分析。

第三个特色是先进的时代性，在分析时结合最新对外开放重大战略进行探讨，从打造内陆开放新高地出发，分别对"一带一路"、中原城市群、自贸试验区和郑州航空港综合经济试验区进行分析。通过定性和定量相结合,侧重于对重大战略和具体数据的分析挖掘,并结合其他省份和城市开放经济发展的经验,提出未来进一步推动河南省开放经济发展的政策建议。

1.3.3 本书的核心内容和结构安排

本书通过理论比较和实证分析,构建了河南省开放经济发展指数,为探讨河南省开放经济发展现状和新形势下河南省开放经济发展策略提出相关政策建议。

第1章到第8章的核心内容如下:

第1章:经济全球化与对外开放理论。经济全球化是当代经济发展的主要趋势之一,对外开放是各国融入经济全球化的主要途径。本章从经济全球化概念出发,回顾了经济全球化的相关理论和主要流派,并对其进行了简要评述;之后以全球化为背景,综述了对外开放和经济发展的相关理论,最后总结了河南省对外开放研究的主要发展阶段,为后续河南省开放经济发展测度奠定理论基础。

第2章:国内外开放经济发展评价的实践。随着全球经济一体化的发展和各国对外开放水平的提高,量化分析开放经济发展成为学者关注的焦点,包括不同的开放经济发展指数构建方法分析开放经济发展水平、跨国别研究、跨区域研究等。本章探讨了国内外关于开放经济发展评价的研究,分别从国际、国内和典型城市角度探讨了开放经济发展评价方法,总结其规律,为河南省开放经济发展指数构建提供方法指导。

第3章:构建河南省开放经济发展指数。通过对国内外开放理论的回顾和河南省对外开放的梳理,本章首先分析了构建开放经济发展评价标准的主要依据,之后结合国内外开放经济发展权威评价,构建了河南省开放经济发展指数模型,包括经济开放度、技术开放度、社会开放度3个一级指标、8个二级指标、20个三级指标,并说明了开放经济发展指数评价方法及其特点。

第4章:河南省开放经济发展的国内比较。根据前面章节构建的河南省开放经济发展指数,本章主要测度了河南省开放经济发展水平,并进行国内横向比较。一方面，利用该指标体系同时测度了国内其他省份的开放经济发展水平，将河南省开放经济发展与其对比，揭示河南省开放经济发展的国内水平。另一方面，分别从经济开放度、技术开放度和社会开放度三个角度对比了河南省与其他省份开放经济发展，探讨河南省开放经济发展与国内其他省份开放经济发展的优劣势。

第 5 章：河南省典型城市开放经济发展国内比较。结合开放经济发展指数，本章重点测度了河南省典型城市的开放经济发展并进行了横向对比，从而揭示河南省典型城市开放型经济发展水平及存在的问题。第一，整体开放经济发展水平的国内横向对比，选取郑州等河南省典型城市与国内东、中、西部地区典型城市进行开放经济发展水平对比。第二，分别从经济开放度、技术开放度和社会开放度 3 个一级指标横向对比郑州等河南省典型城市与国内其他典型城市的开放经济发展水平。

第 6 章：河南省各地市开放经济发展比较。本章重点测度河南省各地市开放经济发展水平，揭示河南省省内开放经济发展水平概况及区域分布情况，为全面提升河南省开放经济发展水平提供经验指导。首先，测度了河南省所有地市的开放经济发展水平，并进行了比对，确定开放经济发展水平排名，揭示开放经济发展水平的省内分布。其次，对比了各地市的经济开放度、技术开放度和社会开放度水平，揭示省内地市开放经济发展水平差异的原因，提出推动省内开放经济发展的建议。

第 7 章：河南省五大区域开放经济发展情况。开放经济发展通常具有一定的区域性，为了揭示河南省内开放经济发展的区域性，本章结合开放经济发展指数，分别测度了豫北、豫东、豫西、豫南和豫中河南省五大区域开放经济发展水平，并对各区域内部开放经济发展水平进行了分析，同时研究了河南省五大区域开放经济发展水平差异及其形成原因。

第 8 章：新时期河南省开放经济发展四大战略。"一带一路"是新时期中国对外开放的重大倡议，河南省地处中枢，交通区位优势显著，是"一带一路"倡议的重要支点省份。"一带一路"倡议的提出对河南省开放经济发展提出了新的要求。中原城市群作为规模最大、一体化程度最高、人口最密集的城市群之一，是实现中国区域平衡发展的重要战略，河南省作为中原城市群覆盖的主要省份，要进一步强化区域内协作，提升对外开放水平。河南省自由贸易试验区是内陆自贸试验区的典型代表，为河南省进一步扩大开放，打造内陆高地，实现高质量发展提供了良好的机遇。郑州航空港综合试验区作为国内唯一的航空港综合实验区，肩负着以航空经济引领内陆开放的重任。本章结合河南省开放经济发展指数，对四大战略的开展及其对河南省开放经济发展影响进行了分析，并提出了推动河南省开放经济高质量发展的对策建议。

第 2 章

经济全球化与我国对外开放理论

2.1 经济全球化的相关研究

2.1.1 经济全球化的概念及定义界定

"全球化"一词在经济学中使用频繁,它是由"一体化"一词演化而来。1951年,荷兰经济学家丁伯根(Tinbergen)首次在其著作《论经济政策》中提出经济全球化这一概念。他认为,经济全球化是全球化问题的核心,"世界经济一体化就是清除阻碍经济最有效运行的人文因素,通过各因素相互协调、统一,创造出最恰当的国际经济结构"。1962年,经济学家巴拉萨(Balassa)出版了《经济一体化理论》这一著作,书中指出,"世界经济一体化就是指生产要素和产品的流动不受政府的任何约束。"

20世纪90年代以来,随着各国对金融国际化、贸易全球化、市场一体化等问题的深入研究,发展程度参差不齐的各个国家的经济交流日益增多,这极大地补充和发展了"全球化"这一概念,全球经济联系更加紧密。1971年,美国经济学家约翰逊(Johnson)曾提及:"我们已超越对外贸易,正走向同一个世界。在这同一个世界里,大公司的基本决策是把整个国际社会看作是它们的活动范围,而不仅限于一个国家。"目前,经济全球化正在逐步改造、整合甚至重塑地球上的经营、生产、消费、流通等诸多经济活动方式,这样一来,世界经济全球化具有了更强大的爆发力和穿透力。此时,一个国家要扩大发展本国经济就必须获得其他国家的资金、技术上的援助和支持。

随着世界经济的逐步扩大和发展,"经济全球化"的概念在不断丰富的同时,经济全球化的内容也更加复杂和模糊。1974年,德国基尔大学的经济学家巴奎(Burton)曾这样谈论道:"对经济全球化最准确的理解应是以贸易的密切程度为基准的,据此,全球的进出口率越高,跨国界的贸易总量在全球生产中所占比例越高,世界经济就越强烈地全球化"。但是,巴奎反对这种观点,他认为一体化的概念,应兼具量和质。大多数经济学家和巴奎一样,他们对"经济全球化"概念的定义要么只是简单地对全球化作一些经济学意义上的具体描述,要么只是侧重经济全球化的某一个方面。显然,这些界定是非规范、不彻底的。1987年,哥伦比亚大学教授贾格迪什·巴格亚蒂(Jagdish Bhaguati)认为,"正在不断发展中的经济全球化趋势要求经济学家摒弃在封闭经济假设下建立模型的方法,未来劳动、商品、资本的国际流动将成为经济学研究中的前沿性的核心问题"。

2.1.2 马克思主义经济学对经济全球化的研究

(1)"经济全球化"的发展动力。

马克思认为,全球化一方面是促进在世界市场发展生产力的有力工具,另一方面又是资本主义在全球范围内拓展剥削的必然产物[1]。

资本的扩张催生了经济全球化的形成,给资本主义赚取剩余价值提供了机会,这成为推动历史进步的重大经济行为。马克思指出,经济全球化既促进了全球社会化大生产的进步,又扩充了资本在全球范围内的剥削。因此,经济全球化的建设性和破坏性缺一不可。按照马克思的想法,由资本主义主导的经济全球化具有双重性,它既是通过市场机制促进社会生产力发展的途径,又是资本扩大剥削的最有利的途径。

---

[1] 马克思恩格斯全集·第4卷 [M]. 北京:人民出版社,1958,65页。

(2) 世界市场的形成与发展趋势。

马克思认为，世界市场是"在资本主义生产方式的发展中，由于这种生产方式的内在必然性，由于这种生产方式要求不断扩大市场，它成为这种生产方式本身的产物"①。其中，要完善更多的国际经济交流场所，就要为资本扩张扫除一切阻碍，使一切生产要素都归属于交换。

根据马克思的辩证分析，资本主义在全球范围内的剥削扩张具有两种含义：其一，各国之间经济交流场所的扩张拉大了全球经济市场的距离；其二，经济全球化的日益发展使各国交通工具得以完善，这样就极大地缩短了各国之间经济流通交换的距离和时间。资本主义在扩张全球市场的同时，会特别注重对各国之间经济流通工具的提升，缩短流通时间，然后继续发展流通工具，进入无限循环。因此，这也就解释了各国之间商品交换距离和时间的拉长与缩短。

(3) 资本主义国家的利润率与对外贸易。

马克思曾谈及：首先，发达国家具有生产条件上的优势，虽然相比于落后国家的商品售价更低，但是仍然遵循价值规律，发达国家商品的售价还是高于自身的价值的②。资本主义国家善于利用这些高质量的劳动来创造更多的剩余劳动，从而获得剩余价值和超额利润。

其次，大多数发展中国家发展落后，但其有丰富的廉价劳动力和原材料，资本主义国家把大量的资本投放到殖民地国家以获取高额利润，这样资本主义国家的平均利润水平就得以大幅度地提升。根据马克思的理论可以得出这样的结论：一方面，资本主义国家的对外投资是一种重要的剥削手段；另一方面，发达国家是凭借其对技术的垄断和较高的劳动生产率来剥削落后国家。

(4) 不平等交换与国际价值规律。

马克思指出，世界上两个国家之间的劳动交换是不等量的，但是这并没有违反价值规律，相反地，它表现出了世界经济交换市场上另一种特殊的价值规律形式③。在国际市场的商品交换是以国际价值来度量的，而不是国内价值，也就是以平均世界劳动来计算利润的。贫穷国家的国内单位

---

① 资本论 [M] //马克思恩格斯文集：第 7 卷 [M]. 北京：人民出版社，2009，264 页。
②③ 资本论（1）[M]. 北京：人民出版社，2004，645 页。

商品的劳动生产率比较低,国内单位商品的产出国际价值比较低,而国内价值较高;发达国家的国内单位商品的劳动生产率比较高,国内单位商品的产出国际价值比较高,而国内价值较低。因此,资本主义国家可以从落后贫穷国家输入大量的廉价劳动力。

经济一体化以来,国际经济市场发生了翻天覆地的变化,价值规律也随之得到相应的发展。假设在完全竞争条件下,国内经济市场各种生产要素可以充分自由流动。依据价值规律,对于某些劳动生产率较高的生产者来说,在未来的某一时间点个别劳动时间终归会与社会劳动时间趋于一致,这样他们所拥有的劳动生产率较高的优势也就毫无意义。但是在世界经济市场上这种情形就会避免,由于世界上各个国家国际地位不平等,发展水平不一致,各生产要素不能完全充分自由流动,资本主义国家的劳动生产率较高,劳动力质量高,劳动强度大,相比之下,它们能够获取更多且更持久的利润。

(5) 保护贸易政策与资本主义自由贸易。

马克思既批判了保护贸易政策,又批判了自由贸易政策。马克思认为:"保护贸易政策是发达国家建立大工业帝国的手段。因此,在资产阶级开始以全新阶级自居的国家(例如德国),资产阶级便竭力争取保护关税。保护关税成了它反对专制政权和封建主义的重要武器,是它实现国内自由贸易和聚集自己的力量的手段"①。发达国家实行保护贸易政策,拒绝输入其他国家的劳动者,只使用本国劳动力。资本主义在国内市场形成垄断势力,极大地破坏了国内商品价格体系的稳定。但是,资本主义国家在世界交换市场制定超低价格、实行对外倾销,通过剥削工人来实现超额利润。发达国家实行自由贸易政策,输入大量劳动,降低单位商品的价格,同时也加剧了世界各国之间的竞争。

马克思指出,发达国家实行保护贸易政策只会使本国经济封闭,得不到长远发展,而实行自由贸易政策更能增强国家之间的竞争,破坏世界贸易规则,加剧阶级对立,从而促使社会革命的产生与发展。因此,从革命的角度来看,马克思更倾向于资本主义国家实行贸易自由的经济策略。

---

① 马克思恩格斯选集(1)[M]. 北京:人民出版社,2012,374 页。

（6）全球化的架构和未来。

马克思既承认了发达资本主义国家生产方式的先进性，又揭示了发达国家经济结构的不平等性。马克思既承认了殖民统治对殖民地经济发展和社会变革的历史进步作用，又深刻批判了殖民统治造成的巨大破坏。马克思这样阐述道："卑劣的利益驱使英国在印度斯坦完成社会革命，而且他们谋取利益的途径很愚蠢。但是问题的根本不在这里。而是在于，假如亚洲没有一个真正的革命，人类社会能不能完成自己的使命？如若不能，那么，英国不管犯下多少滔天罪行，它造成这个革命毕竟是充当了推动历史前进的工具"①。

发达国家的经济发展历程是一次伟大的经济革命，创造了很多优秀成果，值得世界各国借鉴与思考，为全人类的美好生活而奋斗。马克思曾这样认为："全球化以前，资本主义国家要肩负起为全人类创造经济基础的责任：一方面要提高人的生产力，把物质生产变成对自然力的科学支配；另一方面要创造全世界商品交换流通的场所和工具。正如地质变革创造了地球表面一样，资本主义的商业和工业正为新世界创造这些物质条件。只有在伟大的社会革命支配了世界市场和现代生产力，支配了资产阶级时代的成果，同时全人类都有权利和责任共同监督这个来之不易的成果时，全世界各民族的进步和发展指日可待"。

2.1.3 经济全球化的代表性研究

（1）巴兰——经济剩余说。

经济学家保罗·巴兰（Paul Baran）在《增长的政治经济学》一书中指出，发展中国家经济发展缓慢的根本原因在于各个国家内部生产剩余的累积和转移，再次肯定了马克思认为的发展中国家对发达国家的依附性。巴兰认为，这种依附性恰恰就是经济全球化的动力来源。

在研究经济剩余方面，巴兰不仅分析了需求侧，还深入分析了供给侧。巴兰认为，一方面，各国经济剩余不能充分地完全吸收与转移，这与

---

① 马克思恩格斯选集（1）[M]. 北京：人民出版社，2012，845 页。

凯恩斯的有效需求不足论不谋而合；另一方面，在以现代大公司为分析背景下，应该抛弃完全竞争这一传统假设，要以垄断为新的分析角度。他认为这些现代大公司的崛起没有动摇资本主义追求利润最大化这一理论实质。现代大公司以经济剩余的不断积累为代价，无止境地追求更大利润。

（2）弗兰克——"不发展的发展"论。

1968年，经济学家安德烈·冈德·弗兰克（Andre Gunder Frank）依据巴兰的"依附性"理论提出了"不发展的发展论"。弗兰克先生博士毕业于芝加哥大学，毕业后一直任教于拉丁美洲的大学，他强烈反对芝加哥学派的经济学说和思想，一直深受依附性理论的启发，强烈反对霸权主义、殖民主义等强权主义，并于1969年发表出版了《资本主义和拉丁美洲的不发展》和《依附性积累与不发达》等著作，享有了很高的国际声誉。

弗兰克指出，宗主国和附属国的这种依附关系链组成了全球经济结构的根本特征，在这中间还有亚宗主国这一支链。附属国对宗主国或者亚宗主国有很强的依赖性，前者需要随着后者的变化而变化。当后者的需求变化时，前者会迅速做出适当的调整。弗兰克认为，附属国经济落后是由附属国对宗主国的附属关系的必然结果，而不是由自身社会经济结构造成的。附属国的"不发展的发展"是来源于宗主国国家的发展，换句话说，也就是来源于前者被后者掠夺的生产剩余。

（3）伊曼纽尔——不平等交换说。

1969年，法国著名经济学家伊曼纽尔（Arghiri Emmanuel）以法文的形式发表了《不平等交换：贸易帝国主义》这一著作。

在《不平等交换：贸易帝国主义》这一著作中伊曼纽尔指出，发达国家的工资水平和需求之间存在相互影响的关系，前者的上涨会引起工人需求的增加，而工人的有效需求的增加又会推动工资新一轮的上涨，循环往复，经久不衰。资本主义国家善于利用资本创造资本，使贫穷国家与其的工资差距逐渐拉大。其中具体解释如下：一方面，在国际市场上，欠发达国家不具有工资的比较优势，导致国内大量的生产剩余输出到资本主义国家，也因此失去了本国经济发展所需的资金和劳动等生产所必须的条件；

另一方面，欠发达国家经济实力薄弱，国内生产范围十分有限，自然投资机会严重缺乏，国内有经济头脑的商人都纷纷出国投资，使本国大量资金外流，更加削弱了国家的经济基础，使经济恶化。

伊曼纽尔认为，落后国家国内有大量的廉价劳动力，而生产机器设备的成本很高，要想增加生产利润率，相比之下使用更多的劳动力代替生产设备更加明智。而在资本的有机构成中，之所以增加资本是为了减轻工人的劳动强度。很明显，贫穷国家的资本有机构成远远落后于资本主义国家的资本有机构成。工资上涨和需求增加的互相作用使资本主义国家的工资水平呈螺旋式上升的趋势，而落后国家则呈现出直线下降的趋势。资本主义经济日益增长的同时拉大了与贫穷国家的距离，进一步加深了大国与穷国之间的不平等。

(4) 阿明——世界规模的积累论。

1970年，经济学家萨米尔·阿明（Samir Amin）的《世界规模的积累——欠发达理论批判》一书出版，书中提出了用世界规模积累论来解释经济全球化。

萨米尔·阿明的世界规模累积论的创新之处在于：一方面，不平等交换只能发生在劳动生产率的差异低于工资水平差异时，此时外围生产剩余会被大量地输出到中心；另一方面，垄断在国际经济交流中的贡献不可忽视。欠发达国家贸易条件的恶化是由1880年以后的垄断造成的，因此垄断在不平等交换中发挥了巨大的作用。垄断促使世界市场价格的统一，促进资金外流。并且，阿明的生产价格形成理论是以国际上资本自由流动为前提的，其世界生产价格的形成具有规范性、合理性。

萨米尔·阿明的世界规模的累积论的缺点在于：一方面，他把工人工资水平看作是世界各国经济不平等交换的决定因素，只是简单地对工资水平和部门生产水平进行比较。事实上，一个国家工资水平是要受到经济结构差异和国家整体生产能力多层次的综合影响的。另一方面，剩余价值率这一衡量资本主义国家和落后国家的经济指标是难以准确度量的。另外，阿明没有明确区分外围出口商品和中心出口商品，其实这是以偏概全的表现。现实生活中这两类出口商品和出口结构在本质上是有差别的。

2.1.4 国内学者对经济全球化的部分研究

（1）经济全球化为我国对外开放带来的机遇。

①我国改革市场化的步伐加快。谭祖谊（2014）认为，经济全球化能够有效地限制商品自由流动的贸易壁垒和削减限制生产要素在全球流动的各种障碍，由此缩短了我国与发达国家的差距，充分打开了我国对外开放的伟大格局，加快了我国市场化改革的步伐。

②我国产业结构的升级加快。王丽（2013）认为，要完成产业结构的转换和升级，就迫切需要大量的资金和技术的支持，尤其是对于发展中国家来说，更是一大挑战。改革开放初期的中国面临着资金和技术的严重缺乏，国内供不应求，正是搭上了经济全球化的"快车"，我国大批地引进先进技术和大量的资金，给中国产业结构的升级带来光明和希望。

③我国对外经济交流日益丰富。孙宇晖（2004）认为，20世纪80年代以来，随着中国改革开放的不断推进，中国对外经济联系日益加深和密切，成为推动我国经济改革和发展的决定因素。外贸增量在我国经济增长总量中所占的比重日益突出，极大地推动了我国经济增长和国际地位的提高。

④提升了中国居民的幸福感。马汴京和蔡海静（2014）使用中国综合社会调查数据，定量检验了经济全球化对中国居民幸福感的影响及其传导机制。结果表明，经济全球化显著提升了中国居民幸福感，但其主要通过降低通货膨胀率和失业率、增加人们收入、改善人们健康状况，以及缩小贫富差距等民生改善渠道，间接作用于居民幸福感。

⑤助推中国经济增长模式转换。汪和建（2018）认为，当前经济全球化带来的国际经济秩序巨变对于中国经济具有重大影响，集中表现为中国基于全球生产的经济增长模式面临来自外部市场需求减少和内部生产成本上升的双重阻碍；而在国内外条件的变化的条件下，经济全球化决定了中国经济增长模式亟须进行某种适应性的转换，即重建一种消费驱动的经济增长模式，而且经济全球化也是此种增长模式的重要推动力量。

（2）经济全球化给中国对外开放带来的挑战。

①对我国产业安全的挑战。宋玉华、江振林（2005）指出，任何事物都有其两面性。一方面，中国加入经济全球化的浪潮，引进大量国外资金和世界先进技术，看似加快了我国市场化改革的步伐，推动了我国产业结构的升级。另一方面，在我国经济快速发展的同时，也伴随着一系列资源损耗、浪费和环境严重污染，大大损害了我国人民的生存环境，让百姓的生活水平大打折扣。如果我们对此继续视而不见，政府不能够制定合理的环境治理政策，那么经济全球化在我国进行市场调节的同时，也会严重威胁到我国的产业安全。

②对我国经济体制改革的挑战。王跃生、陶涛（2014）认为，成功的社会主义经济体制改革道路是不断地尝试和摸索出来的，这是一个庞大的工程，不是一朝一夕就能实现的。经济全球化有利有弊，我们应该扬长避短，充分发挥其优势。从历史来看，经济全球化为我国的经济体制改革提供了很多的借鉴，从而有助于我国更全面地了解世界上各种经济体制的优点和缺点。

③对国际舆论环境的挑战。王跃生（2015）认为，中国作为人口最多的发展中国家，西方霸权主义者不愿意看到并且不承认中国在经济全球化进程中的崛起，在他们的种种阻碍下，我国确实需要振作起来，敢于面对挑战。

④对中国金融市场稳定性的挑战。崔建军、王利辉（2014）选取1999~2011年中国金融体系面板数据，采用广义矩估计分析方法探讨金融全球化、金融稳定与经济发展三者间的关系。研究表明，金融全球化会增加中国的不确定性风险，金融全球化不利于中国金融市场稳定。

⑤对中国服务业升级的挑战。袁志刚、饶璨（2014）运用全球投入产出模型分析生产服务业对我国各产业部门生产的投入变迁分析发现，全球化趋势造成生产服务业对主要产业部门投入的停滞和下滑。同时，出现国外生产服务业投入对国内投入产生替代，并且这一替代集中在中、高技术含量产业部门。

（3）经济"逆全球化"问题的相关研究。

①"逆全球化"的出现给中国带来了引领新全球化的机遇。余智

（2013）认为，世界经济整体持续回暖的大环境，虽然"逆全球化"在一定程度上抑制了中国对外经济发展，但从长期来看，有利于我国对外开放经济加快转型升级。从现实实际情况来看，2016年以来，世界经济整体好转，由此促进了我国进出口的回升，延续了良好的经济发展势头。资本主义国家、新兴经济体再工业化的发展十分有利于我国经济结构的全面升级。王国刚（2015）认为，"逆全球化"为中国"一带一路"建设、实现"中国制造2025"等，在一定程度上提供了广阔的新兴国际世界市场环境，有利于我国更好地实现经济持续健康发展。谢长安、丁晓钦（2017）认为，金融资本在全球攫取了大量财富，激化了积累的社会结构的内部矛盾，这是逆全球化发生的重要原因。逆全球化只可能是较为短暂的现象，是西方一些发达资本主义国家试图扭转不利形势而采取的掩人耳目的短期策略，在未来世界格局的博弈中，以中国为首的发展中国家将积极参与国际秩序的改革，这必然会影响新一轮全球化的发展方向。

②经济"逆全球化"对我国的不利影响。陈凤英（2016）认为，全球整体税收的提升，发达国家、新兴经济体再工业化趋势的加速等因素，将会给我国的"中国制造2025"战略带来空前的挑战。在其他条件不变的情况下，资本主义国家降低国内制造业所得税税率，一定会使本国制造业行业的税后利润大幅度增加，从而影响世界各国在制造业的资源配置，加速落后国家的资本流向这些降税率的发达国家，进而严重阻碍了我国制造业转型的进程。赵宗博（2008）认为，世界经济环境日益复杂，也给我国经济发展设置了重重障碍。一方面，世界货币宽松政策逐渐衰落，严重增加了全球债务，其中也包括中国。我国大量资金外流，国内投资和消费受到严重威胁，严重削弱了我国经济发展的动力。另一方面，恐怖主义、分裂主义等日益复杂的世界政治环境也在不断地威胁我国经济。黄鹏、汪建新和孟雪（2018）从经济全球化"再平衡"背景下中美经贸关系调整和基于全球价值链评估中美贸易摩擦的新视角出发，选取全球贸易分析模型（GTAP）并将其数据库加以更新，在中美两国已公布实际产品清单的基础上，详细分析了美国税改背景下中美贸易摩擦对两国乃至主要贸易伙伴全球价值链活动的影响效应。研究发现全球价值链在中美贸易摩擦中起到了缓冲作用，但随着摩擦规模的扩大，中国受到的负面影响将会叠加扩大。

2.2 对外开放与经济增长的研究

对外开放与经济增长的关系在国内外一直受到极大的重视，早在20世纪后期国外的学者就开始对其关系进行研究，得出了两种不同的观点：对外开放在一个国家或是一个地区的经济增长方面起推动作用；而另一个观点则考虑了发达国家与发展中国家的实际情况，认为两者的关系并不是那么显而易见的，对外开放的作用既有促进又有抑制，就发展中国家或地区来说，不合时宜的对外开放政策将对本国的经济有负面影响。然而在本书中，将主要研究对外开放对一个地区经济增长的影响关系。

其中，Sinha（2002）选择对经济发展比较良好的亚洲国家进行分析，使用实证检验的方法对经济增长与对外开放程度两者的关系进行研究，发现对外开放程度对经济增长存在着显著的正相关关系，在一定程度上坚定了亚洲国家想要对外开放的决心。Yanikkaya（2003）同时选择了发达国家还有欠发达国家1970~1997年的数据进行分析，用贸易开放度指标来衡量两者之间的作用机理，通过对100多个国家的面板数据进行分析，发现分别在贸易量度量和贸易限制度量的基础上，经济增长与贸易开放指标都呈正相关关系。对外开放并不能十分显著地作用于经济增长。Kunst和Marin（1989）利用实际情况证明了对外开放中出口额的增加不能一直促进产出的扩大，相反是产出的扩大促进了出口的规模。

在我国广阔的土地上，由于区域间的各种因素的差异性导致了其不同的发展空间变化。从国内学者的分析来看，刘学武（2000）选择对我国1989~1999年的经济增长数据进行分析，通过对模型中的误差进行修正，对消费、投资、进出口数据进行一一分析，发现它们之间在时间的延续上较为均衡。谢守红（2003）选择以各个省（区、市）的发展为单位，选取1990~2000年的对外开放度变化的数据，发现每个省（区、市）对外开放程度的主导因素渐渐由原来的资本劳动型慢慢向开放型进行转变，进而造成了各个省（区、市）在排序上的变动；并由此发现东部沿海地区与中西部内陆地区对外开放程度为何存在巨大的差距。黄蔚、方齐云（2006）直接选择进行构建新型的生产函数,主要观察对外开放程度的变化对经济增长的影响,研究发现对外开放度与实际产出以及劳动力、资本存量间存在很明显的因果关系,同时这种关系相互依存,构建了一个较为稳定的均衡网络,表明了对外开放能够促进我国经济的发展。康赞亮、张必松(2006)通过分析1983~2004年对外开放所吸引的对外贸易以及FDI对我国GDP的影响,进而发现三者之间的关系在时间轴上是均衡的。吴玉珊(2006)根据我国发布的对外开放的政策作用进行研究,发现其具有良好的推动作用,并认为我国的出口贸易以及外资的流入对我国的经济发展有益。王选选(2009)用东、中、西和东北四个方位来划分界限以研究FDI与居民收入的关系,发现FDI对东部地区经济的发展影响性较弱,因此要对其他三个区域进行重点开放规划。曹博(2015)通过整合分析1985~2015年的发展数据,研究了我国对外开放程度是如何影响居民收入的情况,发现在贸易程度扩大的环境下,收入的差异会越来越大。

2.2.1 贸易与经济增长的研究

对外开放的结果促进了对外贸易的发展,两者之间的关系至今还仍受学术界争议,目前仍未得到明确一致的结论。综合各个不同的观点,发现具有发展意义的理论大概有三种:其一,对外贸易对经济的增长有积极作用;其二,两者之间无关联性;其三,对外贸易在一定程度上抑制了经济的增长。罗伯特逊(Robertson)提出了增长引擎理论,解释了扩大出口是如何促进本国经济发展的作用机理。后来的学者纳克斯(Nurkse)更深地延展了该理论,得到对外贸易从两个方面来促进经济的增长:第一,根据比较优势原则进行分工的对外贸易,优化了资源配置,提高了产量和消费水平;第二,对外贸易的发展扩大了生产规模,形成了规模经济利益。虽然贸易乐观论得到了不断的更新发展,但是实际上有很多发展中国家的对外贸易却造成了负面效果,因此出现了贸易悲观主义。刘易斯(W. A. Lewis)在二元经济模型中指出发展中国家容易受到发达国家在经济上的制约,前者不断向后者出卖自己的劳动力来获得经济的增长,使发达国家得到了很大的剩余空间,从而发展中国家不能得到良好的发展以及资本的积累,更高程度地依赖于国际分工与对外贸易,必将导致本国贸易条件恶化,以至于影响本国的工业化进程,进而得出了发展中国家需要拥有并保持自己的工业技术才能减轻发达国家带来的冲击。

2.2.2 贸易与劳动力

贸易对于参与国家的影响不仅仅在于工资和就业水平,它具有自身的特点以及不同的风险种类,从而对劳动力市场有一定的威胁,在劳动经济学的某种情况下,就业风险的高低可以由劳动力需求弹性来反映。Rodrik(1997)第一次提出贸易影响劳动力需求弹性——劳动力需求弹性影响劳动力市场的机制,该理论引发了众多学者在不同领域内的实证研究。Slaughter(2001)选择对美国1961~1991年的数据进行研究,发现贸易能够提高劳动力弹性应该具备必要的条件——该市场为非生产性劳动力市场。然而Krishna、Mitra和Chinoy(2001)选择对土耳其的10个制造企业进行研究,其研究结果与Slaughter(2001)的理论相反,发现劳动力需求弹性的变动没有依赖于进口贸易的影响。Hasan等(2007)选择对印度1980~1990年15个邦的数据进行研究,发现越自由化的进口贸易越能够提升制造业的劳动力需求弹性,因为劳动者的工资水平和就业率主要依赖于对外改革带来的变动。Fajnzylber和Maloney(2005)在之前学者研究的基础上第一次将进口考虑其中,选择智利、哥伦比亚和墨西哥的数据进行研究,将劳动力分为熟练型和非熟练型,通过研究贸易自由化对两者劳动需求弹性的作用机制,发现贸易自由化与劳动需求弹性没有一定的关联性。

然而我国关于劳动力需求弹性的研究文献并不是很多,周博(2002)是第一位从行业角度看问题的学者,选择该类数据来研究行业的劳动力需求弹性。都阳(2013)是第一位选择从企业角度来研究各类数据,然后与劳动力交叉需求弹性相结合。周申(2006)将自身研究的视角转向中国的贸易问题,随着中国贸易在进口方面自由政策的扩大,中国30多个行业的劳动需求弹性都得到了提高。盛斌和牛蕊(2009)选择对贸易开放与劳动力自身需求弹性两者的关系进行研究,并构建了两者的影响与作用机制,发现出口因素影响到了贸易开放与劳动力需求弹性，前者的净影响使后者降低。魏浩等（2013）选择从行业数据中研究进口、出口与劳动力需求弹性的关系，发现出口对于弹性的降低有正相关作用，进口则恰恰相反。

2.2.3 进口贸易与技术溢出

Easterly 和 Levine（2001）认为能够改变经济增长变化的应该是技术的先进程度，而不是劳动力或是物质的积累，尤其是经济全球化所要求技术的积累。Keller（2004）认为本国技术改革的推动离不开生产力的发展，然而促进生产力的主要"发动机"在国外而非国内。在技术发展的不同时间段内，前一段时间主要集中在发达国家，因为其具备雄厚的资本条件，在多边贸易关系的作用下，由于技术外溢效应，发展中国家的技术水平也在不断地进步。有别于传统的内生经济增长理论的国内技术进步，他们的研究视角开始关注国外先进技术进步对国内经济增长的影响。自我国进行改革开放的这几十年中，FDI 与进出口在我国飞速发展的道路上有着很强的推动作用。在之前学者研究的基础上，很容易发现关注点往往在于出口贸易以及贸易顺差带来的优势，然而对于进口这一要素却没有过多关注。随着我国经济的崛起，成为最大的发展中国家，其贸易占比在世界上不容小觑，因此进口贸易也能够带来技术外溢的效应。中国不同城市之间的差异性比较明显，这是由基础环境条件、人才培养、对外开放程度以及资本等因素造成的，所以进口贸易能够给每个城市带来的作用也是不同的，因此学者将发展视角渐渐地细化到每个地级市进行研究。

Coe 和 Helpman（1995）是第一批从进口贸易的角度出发来研究其技术效应的学者，他们发现进口国能够从进口的货物以及技术上得到学习，那些处于发展劣势的国家也能够提高自己的全要素生产率。Sorin（2010）分别选择对发展中国家以及发达国家进行研究，发现 27 个发展中国家能够从进口贸易中获得更多的技术外溢福利，并且其经济的发展速度也得到了相应的提高。Abramovitz（1986）则认为一个国家所能够得到技术外溢带来的好处主要由该国吸收先进技术的能力来决定，这些能力包括自身的技术水平、工厂环境以及硬件设施等。后来的学者渐渐注意到在研究技术溢出的差异性时应该将进口国的转化吸收能力考虑其中。Abdoulaye（2012）选择对众多发展中国家进行研究，使用到了这个国家的面板数据，发现对外开放程度越高的国家越能够从进口贸易中获得好处，同时表现为人力资本的积累以及贸易活动的增加。Bin 和 Eric（2005）选择从国家的技术外溢进行研究，将研究范围扩展至 48 个国家，他们发现技术溢出效应在中低收入国家较为明显，同时该国对外开放的相关制度政策对其有很大的影响作用。我国学者对技术溢出进行研究时，更加关注 FDI 所带来的福利，很少将注意力放在进口贸易所带来的一切。沈能、李富有（2012）在研究进口贸易技术溢出效应的实例时，将相关的门槛效应考虑其中，发现我国的全要素生产率的增长受到了进口贸易溢出效应的影响，因为进口贸易带来的不仅仅是产品更是研发技术，但是不一定每个地区都能够完美地吸收技术溢出所带来的福利，因为存在着技术势差门槛效应，若是两个互相贸易的地区技术势差过大，那么就会因为不具备良好的吸收能力而显现出技术溢出效应的不明显，相反，如果进口贸易所带来的技术溢出相对于本国并不明显的话，那么溢出效应也不显著。

2.3 FDI 与经济增长的研究

2.3.1 FDI 与经济增长

随着国与国之间交流加深，经济环境在全球化下也出现了良好的发展局面，出现了大波的外商直接投资（FDI）热潮，其在一定程度上促进了流入国的经济增长和社会发展。

在 FDI 产生影响的研究中，其与东道国经济增长之间的关系一直被广大学者所争论。在国外学者的研究中，大部分认为两者之间的关系是正相关的，即 FDI 能够促进该国的经济增长。Husian 和 Jun（1992）对东亚国家的面板数据进行研究，他们选取了 1970～1988 年的区间进行回归分析；Balsubramanyam（1996）对包括亚洲国家在内的 46 个国家来进行研究；

Marta Beng（2003）对拉丁美洲范围内的18个国家进行研究，其面板数据在1970~1999年之间。在以上的研究中，都发现FDI能够明显地促进投资国的经济增长。相反，也有学者得出的研究结论与上述是相反的。Easterly（1993）发现，在如下情况下会出现FDI会抑制经济增长：一个国家利用便利政策来吸引FDI或者外资企业与本国企业之间有明显势差。Most（1996）从发展中国家的角度进行分析，结合理论与实际案例，发现FDI抑制了发展中国家的经济增长。

在我国的研究领域，众多学者对FDI与经济增长的关系进行大量的研究，其结论较为统一：FDI能够促进我国的经济增长。沈坤荣和耿强（2001）对FDI产生的影响进行整合建模分析，发现发展中国家能够从FDI得到很大的发展福利，可以从资本环境、劳动力水平以及缓解东道国就业压力等方面受益，其中FDI带来的技术外溢效应才是产生以上变动的源泉。窦祥胜（2002）从对外开放的角度研究中国的发展情况，首先是FDI对我国资本、技术、人力资本和制度等基本要素产生的影响，优秀外资企业的进入能够带给本国一定的竞争压力，进而加快我国市场体制的改革，推动中国经济的增长。江锦凡（2004）从中国的国内生产总值入手研究，发现在GDP每增长1个百分点的过程中，FDI贡献19.3%。渐渐地，学者的研究由原来全国的范围精细到区域。魏后凯（2002）分别从中国的东部地区和西部地区进行分析，使用了1985~1999年的面板数据来研究FDI对我国经济的影响，发现东部发达地区和西部落后地区吸收FDI福利的效果是不同的，前者比后者能够更好地利用FDI。毛英、闫敏（2011）利用实证研究的方法，对FDI的影响路径进行研究，发现GDP受到贸易等传导因素的影响，并分别衡量其影响程度，得出进口贸易为主要因素的结论。

对现有的研究进行总结来说，两者之间的关系大概有如下三个方面：资本积累效应、技术外溢效应、"门槛"效应。

（1）资本积累效应：在后凯恩斯主义增长模型中，指出FDI促进了东道国经济的资本积累，然后影响本国的经济发展。最为经典的理论就是钱纳里（1966）提出的两缺口理论，主要研究如何利用外资来填补发展中国家存在的储蓄缺口和外汇缺口的理论。每个发展中国家都会为不同的时期设定不同的经济发展目标，但是实际上的国内储蓄和外汇供给与所必需的资金一般存在着缺口,其中追加投资所需的国内储蓄缺口称为"储蓄缺口",筹集进口品所需的外汇短缺称为"外汇缺口"。在假设条件下,"储蓄缺口"和"外汇缺口"之间不相等并且没有替代性,那么这两个缺口能够有效地约束发展中国家的经济。发展中国家为了弥补这两个缺口通常会选择引进外资,原因如下:一是外资流入能够升级本国的投资规模和储蓄规模;二是外资的流入通常伴随着技术的流入,故而能够使外资发挥最大的作用——解决外汇紧张和提高实际经济增长率。但是两缺口论仅仅对发展中国家利用外资、保持经济增长提供了理论依据,不能解释那些不存在储蓄缺口和外汇缺口的国家是否需要外资的流入等问题。

(2)技术外溢效应:随着国外资本的流入,技术出现了外溢和扩散效应,那些东道国从中受益颇丰。而后的 Kokko(1998)将内生经济增长理论引入并继续深入研究,将 FDI 的技术溢出效应划分为广义的和狭义的,其外溢的路径也大概分为示范—模仿效应、竞争效应、人力资源流动效应、产业关联效应四种。

(3)门槛效应:东道国经济的增长不仅仅依赖于 FDI 的流入,更需要相应的条件基础,这就是"门槛效应"存在的形态。只有准备好相关的条件基础,东道国才能更好地利用 FDI 资源。Helliwell(1994)发现东道国越是扩大其开放程度,那么它就越可能完善升级自己的生产技术,因此对外开放与 FDI 技术外溢效应是正相关的。Borensztein(1998)利用实证研究的方法,得出了人力资本存量是东道国必要的基础条件,能够更好地利用 FDI 技术外溢效应。

2.3.2 FDI 与就业

FDI 的流入带来技术、产品等,同时也对东道国的就业问题产生了影响,其影响备受学者关注。Tomasz(2000)等学者对中欧国家进行研究,发现 FDI 在解决东道国的就业问题上有很显著的作用。Christoph Ernst(2005)的结论则恰恰相反,他从拉丁美洲国家的角度出发,发现两者之间的关系并不显著,甚至呈负向相关关系,他认为两国差距较大的 FDI 对于东道国在技术上有更高的要求。

那么FDI对中国就业方面的影响又是如何呢？中国的学者为此做出了大量的研究。蔡昉、王德文（2004）在研究中发现，虽然就业人员中FDI的比例比较低，但是FDI能够明显地提高我国的就业水平。王剑（2005）建立FDI与我国就业水平的相关模型，分别从直接和间接两个角度进行分析，发现直接影响带来的就业增加要超过间接影响带来的就业减少。牟俊霖（2007）认为FDI对中国就业水平的影响应该有一定的阶段性，在最初的阶段，FDI选择集中于低技术的劳动密集型产业，此时带来的就业效应是很明显的；然而，在FDI逐渐成熟的阶段中，其选择产业渐渐转向于高技术的劳动密集型产业，就业水平也不断下降。

2.4 对外直接投资与经济增长的研究

对外直接投资是指我国国内投资者以现金、实物、无形资产等方式在国外及港澳台地区设立、购买国（境）外企业，并以控制该企业的经营管理权为核心的经济活动。自对外开放的政策实施以来，中国经济的发展不断走向世界，对外直接投资（outward foreign direct investment，OFDI）占据极其重要的战略地位。在中国产业结构升级的转变过程中，OFDI具有很强的指导作用，因此中国在现在以及未来需要更为积极主动的对外投资策略，进一步增强中国与各国之间的经济交流，为国际分工合作共同努力。

2.4.1 OFDI与产业转移

随着中国作为经济大国的崛起，其OFDI的结构也逐渐得到了升级，中国的产业渐渐走向世界，这对中国的产业内部结构升级有一定的作用。但是在最初的研究中，主要就产业外移的动因进行分析。赤松要（1935）从生产专业化的观点出发，提出自己的观点——雁形产业发展形态说，Vernon（1966）从产品的发展阶段出发，母国OFDI带来跨国公司的建立，能够延长产品的存在年限，并且能够在国外市场发展母国的夕阳产业，为新兴产业的发展提供更为有利的条件。Kojima（1978）将一个国家位于劣势的产业与相对具有发展优势的产业进行比较，其中 OFDI 对两者进行筛选分配，能将较为劣势的产业转移到具有潜在发展空间的他国。随着 OFDI 规模的扩大，对外产业的转移变得难以衡量，但是研究学者渐渐发现其与产业结构之间存在一定的联系，所以在往后的研究中渐渐偏向于从产业结构的变化出发。江小涓、杜玲（2002）从 OFDI 影响产业结构的三个路径出发，发现企业内部结构调整、产业内部结构调整和产业之间的结构转移三个层次都有一定的作用。魏巧琴、杨大锴（2003）认为 OFDI 具有为母国带来技术外溢的效应，这一过程是逆向的，进而改变投资国的产业结构。

由于 OFDI 与贸易结构之间的关系十分紧密，因此两者的关系对于产业对外转移上也是至关重要的。Johnson（1967）发现，OFDI 和贸易之间的差别很小，在一定情况下可以互相替代，那么国外进行生产就可以替代国内的，进而产业得到了转移。Lipsey（2002）则发现，OFDI 与贸易间的关系不仅仅只有替代，还能够互补，由于逆向技术溢出效应的作用，不只是优化了国内的产业结构，并且也有助于中间商品的发展，尤其在资本与技术密集的产业。尽管学者的研究视角慢慢地在扩展，就贸易结构这个角度而言，仍未有比较统一的结论来解释 OFDI 产业转移效应，但 OFDI 的贸易替代效应和贸易互补效应均验证了 OFDI 会对本国贸易结构产生影响。同时，学者们也注意到了东道国的现实条件也会影响投资国的动机，不同的资源环境都会导致机的差异性。隋月红（2010）在之前学者研究投资动机的基础上，主要分析我国的实际情况，将产业对外转移国家分为发展中国家和发达国家来考虑，分别定义为"顺梯度"OFDI 和"逆梯度"OFDI。朱华（2014）从中国对发展中国家的对外直接投资的实际情况进行研究，发现其投资目的有规避贸易壁垒和利用当地廉价劳动力资源两种。揭水晶等（2013）研究逆向技术溢出的作用进而来对中国进行分析，发现其 OFDI 所成立的跨国公司若是设立在发达国家，那么该企业能够吸收到较为先进的生产技术和管理方案。但是，要特别区分不同 OFDI 动机分别带来的影响也是不相同的，因为投资国会选择不同程度的产业转移。再者，由于每个国家的发展水平是随着时间不断变化的，因此其 OFDI 动机也可能随之变化，进而产业对外转移所能带给投资国的效应也是不同的。

2.4.2 OFDI 与国内企业创新

随着中国企业发展的迅速崛起,学者渐渐将研究视角转向企业层面,进而分析 OFDI 与企业发展之间的关系。王方方和赵永亮(2012)对广东 2002~2009 年的企业进行分析,同时将地域差异考虑其中,发现具有 OFDI 的企业占据明显的优势并且其生产效率也比较高。田巍和余淼杰(2012)对江苏 2006~2008 年的制造业企业进行分析,反向考察企业是否进行 OFDI 与自身生产率之间的关系,发现后者对于前者的推动具有明显的正相关关系。Wang 等(2012)从政府参与的角度进行出发,对中国制造业企业 2006 年和 2007 年的数据进行研究,发现政府参与影响了企业进行 OFDI 的选择。Wang 等(2012)构建了企业、产业、国家三个维度系统,发现被投资国的福利政策支持以及产业结构都能够促进中国企业的 OFDI。Lu 等(2013)的研究主要在外资企业的经营方面,得出的结论如下:不同外资企业之间的经营之所以具有差异性是因为行业不同以及地域的差异性。从以上众多学者的研究来看,他们的研究主要集中于企业进行对外直接投资的良好条件,并没有给出 OFDI 反向给企业的发展带来了什么。李泳(2009)对中国上市公司以及中国商务部样本企业的层面进行考察,使用 1996~2006 年的数据研究中国企业对外直接投资对企业产出和技术人员占比的影响,得出如下结论:那些进行 OFDI 企业产出以及技术人员占比未能得到显著提高。由于结论并未达到理想的要求,学者们不得不将中国企业投资的阶段划分开来,主要研究 2005 年以后 OFDI 规模渐渐扩大的这一阶段。毛其淋、许家云(2014)更为精确地估计了 OFDI 对企业创新行为的影响,建议技术寻求型的 OFDI 更适合我国企业创新发展。

第3章

国内外开放经济发展评价方法与实践经验

20世纪90年代以来,随着经济全球化的深入发展,世界范围内很多国家(地区)纷纷实行开放经济策略,国与国之间的交流及融合逐步深化,国内外学者针对国际开放经济进行了丰富的研究,其充分利用统计、计量等分析方法,从"全球化""国际化"以及"自由化"等概念出发,构建相应的指标体系,对国际开放经济进行定量化研究,取得了丰硕的成果。本章针对现有典型的国际开放经济评价指标进行介绍和分析,具体包括全球化水平指标体系、经济自由度指标体系以及全球竞争力水平指标体系等。

3.1 衡量全球化指标体系的评价方法

在经济全球化进程中,谁是利益获得者或者受害者?如何衡量一个国家(地区)参与全球化程度?全球化指标体系应该包括哪些指标?对于以上问题,一些全球化组织以及智库机构展开了研究,构建不同的指数体系量化国家与全球化之间的关系,其中,比较典型的指数体系包括以下几个:一是2002年由联合国贸发会议在《世界投资报告》中提出的利用外商直接投资绩效指数(index FDI Performance index)和潜力指数(index FDI potential index);二是2001~2007年科尼尔公司和《外交政策》杂志连续7年推出的"科尼尔全球化指数";三是世界市场研究中心于2001年8月发布的"全球化指数";四是瑞士联邦苏黎世理工大学KOF经济研究所每年发布的 KOF 全球化指数（KOF index of globalization）。以下分别具体介绍各个全球化指标体系评价方法。

3.1.1 联合国贸发会议利用外商直接投资绩效指数和潜力指数

一国（地区）利用外商直接投资的层度可以反映该国（地区）在参与经济全球化分工的层度。以此为基础，2001 年联合国贸发会议在《世界投资报告》中提出，利用"外商直接投资指数"来衡量各个国家（地区）吸引外资的情况，并于次年修正该指数，简化其计算方法，提出"利用外商直接投资绩效指数"和"利用外国直接投资潜力指数"。

利用外商直接投资绩效指数是指一国（地区）在全球外国直接投资流动中所占比例与该国（地区）在全球国内生产总值中所占比例的比值，主要是衡量一个国家（地区）吸引外国直接投资的水平。具体来讲，该指数值大于 1，指该国（地区）在全球直接投资流动中所占比例大于其在全球国内生产总值中所占的比例，表明该国（地区）吸引的外国直接投资大于其经济总量，具有吸引外资的优势；若该指数值小于 1，则情况相反，表明该国（地区）吸引的外国直接投资小于其经济总量，在吸引外资方面具有劣势。若该指数等于 1，则表明该国（地区）吸引外国直接投资和其经济总量相等。

利用外国直接投资潜力指数主要是考察一国（地区）吸引外国直接投资的潜力，潜力指数越大，表明该国（地区）在吸引外资方面优势越明显。贸发会议以国家（地区）为单位，选取了 12 个变量构成指标体系来衡量这一潜力指数，且该指标体系权重相同，表明利用外国直接投资潜力指数值为该指标体系的平均数。该指数选取的各项指标如表 3-1 所示。

表 3-1　　利用外国直接投资潜力指数指标体系结构

序号	指标	含义	权重
1	人均 GDP	国内需求规模大小	1/12
2	过去 10 年的 GDP 增长率	未来经济增长趋势	1/12
3	出口额占 GDP 的比重	经济开放层度和竞争力水平	1/12

续表

序号	指标	含义	权重
4	每千人拥有的电话数	现代通信设施建设情况	1/12
5	人均能源消耗	传统基础设施的利用率状况	1/12
6	研发支出占 GDP 的比重	科技创新能力	1/12
7	本科学历及以上占总人口比重	高新技术人才状况	1/12
8	国家风险	影响投资风险的宏观因素	1/12
9	自然资源出口在世界市场中的份额	消耗能源 FDI 的供给保证层度	1/12
10	汽车和电子产品零部件进口在世界市场中的份额	参与全球化及跨国公司生产一体化的层度	1/12
11	服务业出口在世界市场中的份额	服务业部门 FDI 的重要层度	1/12
12	吸引外资占世界外资存量比重	对 FDI 的吸引力、吸收能力以及投资环境	1/12

资料来源：The Inward FDI Potential Index：Methodology. www.unctad.org.

3.1.2 科尼尔/外交政策的全球化指数

科尼尔/外交政策的全球化指数在研究全球化领域较为典型，该指数指标覆盖范围广泛以及层次清晰，影响较为深远，为以后学者的研究提供了借鉴。

2001～2007 年，科尼尔联合《外交政策》杂志连续发布《科尼尔全球化指数》，该指数从国际贸易、国际投资、国际旅游、国际组织、国际电话以及互联网使用等多个角度，全方面地定量研究各个国家（地区）全球化层度。此外，该指数从经济融合、人际交往、技术联络以及政治参与 4 个维度构建全球化指标体系，下设 14 个二级指标（详见表 3-2），各级指标权数确定主要采取"主观赋权"的方法。通过对一国（地区）二级指标数据的统计及分析，从而得到该国全球化指数。在 2007 年的报告中，测算了当时 72 个国家（地区）的全球化指数，并对其进行了整理和排序。

表3-2　　　　科尼尔/外交政策杂志全球化指数结构

一级指标	二级指标	含义
经济融合	对外贸易	商品和劳务进出口总额/GDP
	对外直接投资	FDI流量/GDP
	证券组合投资	证券投资组合收益流量/GDP
	投资收益	（非居民雇员工资补偿+对外投资收益）/GDP
人际交往	国际旅行与旅游数	每百个居民离开或者到达该国的次数
	国际电话使用率	人均打入和打出的国际电话的分钟数
	个人收益转移支付	个人收益转移支付包括不计算回报的侨汇、馈赠
技术联络	互联网用户数	互联网用户的绝对数/总人口
	互联网主机数	人均互联网主机数
	安全服务器数	人均安全服务器数
政治参与	参与国际组织数	参与国际组织的绝对数
	维和行动中人力财力支出	（财力支出/GDP+人力支出/总人口）/2
	通过的多边国际条约数	通过的多边国际条约绝对数
	政府间的转移支付数	政府转移支付的借贷总和/GDP

资料来源：A. T. Kearney. Foreign Policy Globalization Index 2004.

2008年，随着经济、政治、信息以及科技全球化发展，各国城市化发展态势迅猛。为了顺应世界范围内城市化发展态势，科尼尔公司改进、升级了其全球化指数，推出《科尼尔全球城市化指数》，更为全面、综合地衡量了城市全球化水平。该指数指标体系包含商业活动、人力资本、信息交流、文化体验以及政治参与等5个一级指标，每个一级指标包括若干次级指标，5个一级指标共计25个次级指标，该指标体系总体上保持稳定不变，但其城市覆盖范围逐年扩大，不断完善。其中，"商业活动"主要指世界顶级企业总部和公司、该城市资本市场价值以及对外商品流通量，是传统研究全球化指数所关注的重点，其权重为30%；"人力资本"主要指外来人口、高等院校以及高学历人口的数量，体现了该城市吸引人才以及人才储备能力，其权重为30%；"信息交流"主要包括新闻媒体数量、互联网普及度以及言论自由程度等，衡量该城市新闻等信息传播的便利程度，其权重为15%；"文化体验"主要反映该城市艺术、旅游等特色文化的吸引力，其权重为15%；"政治参与"考察该城市国际重要组织数及大型会议次数，衡量该城市在国际政治中的影响力，其权重为10%。

3.1.3 世界市场研究中心的全球化指数

世界市场研究中心于2001年8月首次推出全球化指数（globalization index），简称G-Index。G-Index旨在衡量一国经济与世界经济相互依赖的广度和深度。由于该指标计算方法全部采用指标与GDP的比值，因此该全球化指数实质上是"经济全球化指数"。

G-Index指标体系包含"传统经济"和"新经济"两部分，其权重分别为70%、30%。其中，"传统经济"下设国际货物贸易、外商直接投资以及净私人资本流动3个变量，权重各为50%、10%、10%；"新经济"设服务产品出口、互联网主机数以及国际长途电话使用率3个变量，权重分别为20%、5%、5%。此外，世界市场研究中心主要采用主观赋权的方法确定了各个变量权数，并测量和排序了当时185个国家（地区）的全球化指数。该全球化指数指标体系具体如表3-3所示。

表3-3　　　　世界市场研究中心全球化指数结构表

分类	变量名	变量含义	权重
传统经济	国际货物贸易	货物进出口总额占GDP比重	50%
	外国直接投资	外商直接投资额占GDP比重	10%
	净私人资本流动	私人资本流动额（债券、非债券信用凭证、证券投资组合等）占GDP比重	10%
新经济	服务产品出口	服务出口额占GDP比重	20%
	互联网主机数	互联网主机数占GDP比重	5%
	国际长途电话使用率	国际长途电话通话时间占GDP比重	5%

资料来源：Randolph, J. G-Index："Globalization Measured", World Markets ResearchCentre, 2002.

3.1.4 KOF 经济全球化指数

KOF 瑞士经济研究所在测量全球化方面享有盛誉,其每年发布的 KOF 全球化指数(KOF index of globalization)在全球范围内有着广泛的应用,具有较强的权威性和国际影响力。该指数由经济全球化、社会全球化和政治全球化三个维度构成,下设 6 个二级维度以及 23 个明晰指标,涵盖各个国家(地区)经济、政治、文化各个方面。具体来讲,经济全球化主要测量的是国家与国家间贸易、服务、资本以及市场交换的流动;社会全球化测量的是国家(地区)的思想、观念、信息和人员交流的程度;政治全球化测量的是一国(地区)政府政策在国际上扩散的影响程度,具体如表3-4所示。

表 3-4 KOF 全球化指数的指标体系

经济全球化	实际流通量	对外贸易额(占 GDP 比)
		对外直接投资(占 GDP 比)
		证券组合投资(占 GDP 比)
		外商在本国投资收益(占本国 GDP 比)
	流通限制	隐性的进口贸易壁垒
		平均关税率
		国际贸易整体税率
		资本账户限制
社会全球化	人员数据交流	国际电话话务量
		要素交换总额(占 GDP 比)
		国际游客数量
		外籍人口数量(占一国总人口比)
		国际邮件量
	信息流通量	互联网用户(每 1000 人)
		电视持有量(每 1000 人)
		报纸进出口销售额(占 GDP 比)

续表

社会全球化	文化交流接近数值	麦当劳餐厅数量（人均）
		宜家门店数量（人均）
		图书国际贸易额（占GDP比）
政治全球化	政治开放度	大使馆数量
		参加国际组织数量
		参加联合国安理会数量
		签署国际条约数量

资料来源：根据KOF全球化指数官方网站上提供的数据整理而成。

KOF全球化指数所设定的指标会基于全球化发展的事实不断更新和修正，其采用的数据比较客观，主要来源于世界银行数据库、联合国贸发会议数据库、国际货币基金组织数据库以及《全球竞争力报告》等。

在计算KOF全球化指数中，采用了百分制计分方法，所有指标转化成1~100的标准值，其中，1代表所赋予的最小值，100代表所赋予的最大值，通过对1970年以来200多个国家（地区）数据标准化计算，得出KOF经济全球化指数，一国（地区）该指数值越高，表明其全球化程度越高。此外，KOF全球化指数在考察次级指标时，采用主成分分析法，对原数据中的方差做出了合理的解释。

3.2 经济自由与竞争力典型指数指标体系评价方法

3.2.1 经济自由度指数

经济自由度是指政府在宪法范围内不干预或保护自由竞争、自由市场、自由选择、自由贸易及私有财产。经济自由度是国际上衡量一国（地区）市场化水平重要的指标，而一国（地区）市场化水平和经济开放程度息息相关，该国（地区）市场化水平越高，表明其经济开放程度越高。

《华尔街日报》和美国传统基金会（the heritage foundation）联合发布的经济自由度指数（index of economic freedom）在评价经济自由度机构中最具权威，其从1995年以来每年编制经济自由度指数，并对全球范围内不同国家（地区）经济自由化程度进行测量和排序。

经济自由度指数指标体系从法制、有限的政府权力、监管效率以及开放市场四个方面出发，设置了10个类别，下设50个具体指标，如表3-5所示。在对一国（地区）进行具体分析时，采用百分制计分方法，每个指标以1~100计分，以该国（地区）实际情况为准，指标所得分数越高，表明该国（地区）政府对经济的干预程度越高，其经济自由化程度越低。每个国家（地区）经济自由化指数得分由各个指标累计得分累加平均所得，然后计算所有国家（地区）经济自由度指数得分。经济自由度指数得分划分为五个等级：完全自由（80~100分）、比较自由（70~79.9分）、有限自由（60~69.9分）、比较封闭（50~59.9分）和封闭（49.9分及以下），根据所处的得分区间对每个国家（地区）进行评估、归类。根据美国传统基金会的观点，在经济长期发展方面，经济自由度较高的国家（地区）相比于较低的国家（地区）拥有较快的增长速度。

表3-5　　　　　　　　　经济自由度指数的指标构成

类别	序号	指标
（一）贸易政策	1	加权平均关税率
	2	非关税壁垒
	3	海关腐败
（二）政府财政开支	4	所得税最高边际税率
	5	公司税最高边际税率
	6	政府支出占GDP比重的年度变化值
（三）政府对经济的干预	7	政府开支在经济中所占比重
	8	政府拥有的企业和产业
	9	国有企业和资产收入占政府收入比重
	10	政府的经济产出
（四）货币政策	11	过去10年通货膨胀率的加权平均值

续表

类别	序号	指标
（五）资本流动与外国投资	12	外资企业法规
	13	对外资企业的限制
	14	外国投资行业限制
	15	对外资企业业绩要求
	16	外资的土地所有权限制
	17	外资企业的法律平等权利
	18	外资企业收入汇出的限制
	19	对资本交易的限制
	20	外资企业本地融资便利程度
（六）银行业和金融业	21	政府对金融机构的所有权
	22	对外资银行开设分支机构的限制
	23	政府对信贷配置的影响
	24	政府管制
	25	提供各类金融服务的自由度
（七）工资和物价	26	最低工资法
	27	非政府的独立定价权
	28	政府是否存在价格管制
	29	政府价格管制使用的程度
	30	政府对影响价格企业的补贴
（八）产权	31	司法自由是否受政府干扰
	32	规定合同的商法
	33	合同纠纷中外国仲裁机构认可程度
	34	政府对财产的征用
	35	司法系统腐败
	36	接受司法裁定与执行之间的延迟
	37	私有财产受法律承认和保护

续表

类别	序号	指标
（九）规章制度	38	经营企业的许可要求
	39	获取营业执照的便利度
	40	官僚机构腐败程度
	41	劳动保护，如带薪假期、产假等
	42	关于环境、消费者安全等的规制
	43	规章制度给企业带来的负担
（十）非正规市场活动	44	走私
	45	盗版
	46	非正规市场提供的农产品
	47	非正规市场提供的工业品
	48	非正规市场提供的服务
	49	非正规市场提供的运输
	50	非正规市场提供的劳动

3.2.2　IMD 世界竞争力指数

瑞士洛桑国际管理学院（IMD）从1989年起开始发布全球竞争力年度报告，对全球范围内不同国家（地区）世界竞争力进行评估和排名，是国际上公认的评价世界竞争力权威机构之一。国际竞争力是指一国（地区）管理自身资源以创造积累国民财富的能力，其与本国（地区）经济、政治、社会、历史以及价值体系等要素息息相关，并以此为基础，构建了IMD 世界竞争力指标评价体系。

IMD 世界竞争力指标评价体系由经济表现、政府效率、商业效率和设施建设4个要素构成，每个要素包含5个子要素，下设若干具体指标，具体指标个数根据每年具体情况而定，通过评价每个具体指标来考量一国（地区）世界竞争力水平。IMD 世界竞争力指标体系如表3-6所示。在表3-6中，经济表现主要是指国内经济的宏观表现；政府效率是指政府政策对竞争力的影响程度；商业效率是指企业在创新、盈利以及社会责任方面的表现；设施建设是指企业对基础设施、科学技术以及人才资源的需求程度。

表 3-6　　　　　　　　IMD 世界竞争力要素结构

要素项	子要素项	包含指标数目
经济表现	国内经济、国际贸易、国际投资、就业、价格	83
政府效率	公共财政、财政政策、体制框架、商业立法、社会框架	70
商业效率	生产率、劳动力市场、金融、管理水平、价值观	71
设施建设	基本基础设施、技术基础设施、科学基础设施、健康与环境、教育	144

资料来源：根据 IMD 全球竞争力指数官方网站上提供的资料整理而成。

3.2.3　WEF 全球竞争力指数

目前，全球范围内应用较为广泛、权威性较强的世界竞争力指数还有世界经济论坛（the world economic forum）构建的全球竞争力指数，该指数利用 12 个指标全面分析一国（地区）当前以及潜在竞争力状况。自 1979 年以来，WEF 每年发布一份《全球竞争力报告》，该系列报告是研究各个国家（地区）经济开放程度、全球化程度以及繁荣程度的参考，为各国（地区）发展对外开放经济提供了重要的指导意义。

WEF 全球竞争力指数的指标评价体系由 3 项要素和 12 项支柱构成，如表 3-7 所示。其中，该指数数值是由 3 项要素（基本需求、效率增强、创新与成熟度）乘以各自权重然后加总计算所得。与此同时，WEF 考虑到各个国家（地区）发展阶段的差异性，按照其人均 GDP（美元）等因素，将所评价的国家（地区）所处的阶段分为 5 类，分别为要素驱动阶段、效率驱动阶段、创新驱动阶段以及介于三个阶段中间的两个过渡转型阶段。一国（地区）所处的阶段不同，其发展重点关注的领域不同，且随着所处阶段由低向高发展，其子指数的权重也相应得到调整。

表3-7　　　　WEF全球竞争力指数指标评价体系构成

指数	要素	支柱
全球竞争力指数	基本需求要素	支柱1：制度
		支柱2：基础设施
		支柱3：宏观经济稳定性
		支柱4：卫生和基础教育
	效率增强要素	支柱5：高等教育和培训
		支柱6：商品市场效率
		支柱7：劳动力市场效率
		支柱8：金融市场的成熟度
		支柱9：技术准备度
		支柱10：市场规模
	创新与成熟度要素	支柱11：商务成熟度
		支柱12：创新

资料来源：根据WEF全球竞争力指数官方网站上提供的资料整理而成。

WEF把人均GDP在2000美元以下的阶段划分为第一阶段，此阶段是经济发展的初级阶段，其发展动力主要是要素驱动，要素丰裕程度在这一阶段决定了其竞争力水平。要素丰裕程度取决于一国（地区）基本条件，具体包括良好的制度体制、发达的基础设施、稳定有效的宏观经济环境以及完善的卫生和基础教育体系，这4个支柱是此阶段衡量一国（地区）竞争力的重要指标，其权重达到60%。

随着生产力的发展和资本的积累，一国（地区）要素成本会逐步上升，但产品价格基本保持不变，为了保持或提升竞争力，此国（地区）需要建立高效完善的生产流程，提高生产效率和质量。所以此阶段被称为效率驱动阶段，其国家（地区）人均GDP在3000~8999美元区间。在此阶段，一国（地区）竞争力的提升越来越受到效率增强要素的影响，具体包括高等教育和培训、商品市场效率、劳动力市场效率、金融市场的成熟度、技术准备度以及市场规模，这6个支柱作为此阶段衡量竞争力的主要指标,其权重达到50%。

随着国家(地区)生产力的进一步发展,基本条件要素和效率增强要素对竞争力的贡献逐步减小,而创新要素地位越来越重要。这一阶段被称为创新驱动阶段,其国家(地区)人均GDP在17000美元以上。此阶段,一国(地区)商务成熟度和创新要素为提升竞争力的关键因素,其权重达到30%。

此外,考虑到经济发展阶段的连续性和过渡性,在这三个阶段中间,WEF划分出两个转型阶段,为上一阶段到下一阶段平稳过渡的阶段,任一国家(地区)经济发展落入这一阶段代表其进入了经济转型期。

表3-8　　　　　WEF中不同发展阶段的子指数权重

主要因素	发展阶段				
	要素驱动(第一阶段)	转型阶段	效率驱动(第二阶段)	转型阶段	创新驱动(第三阶段)
人均GDP(美元)	<2000	2000~2999	3000~8999	9000~17000	>17000
基本条件权重	60%	40%~60%	40%	20%~40%	20%
效率增强权重	35%	35%~50%	50%	50%	50%
创新与成熟度权重	5%	5%~10%	10%	10%~30%	30%

资料来源:根据WEF全球竞争力指数官方网站上提供的资料整理而成。

3.3 国内区域综合开放评价方法

在分析评价国内区域发展状况时,如何对国内区域进行划分至关重要。由于多数数据按照行政区域统计,因此学者多以行政区域为单位评价国内区域,其操作性较强,应用较为广泛。目前,在中国行政划划分的四个层次中,省(区、市)和地级市是被关注最多的两个行政区域类型。本节以省(区、市)为单位,对现有区域开放的典型综合评价方法进行介绍和分析。

3.3.1 省域经济综合竞争力评价

省域经济本质上属于区域经济的范畴,省域经济综合竞争力,是指一个省域在国内吸引资源、争夺市场以及带动周边地区的能力。在经济全球化趋势不断加剧的形势下,对于省级区域来说,如何应对经济发展,如何建立并确保竞争优势,强劲的经济综合竞争力是其根本。所以学者们对区域开放经济的研究多以其经济综合竞争力为主,通过建立竞争力综合指标,构建竞争力理论模型,对省域经济竞争力进行研究。2017年2月发布的《中国省域经济综合竞争力发展报告(2015~2016年)》蓝皮书(简称蓝皮书),对2014~2015年中国内地31个省级行政区的经济综合竞争力进行综合排名。该系列报告自2007年发布以来,在社会上产生了强烈的反响,是当前国内知名的介绍省域经济综合竞争力的研究成果。

该报告构建了省域经济综合评价指标体系,包括总指标一个,即省域经济综合竞争力,这是衡量一个省域经济综合竞争力的综合性指标,也是用以衡量评价一个省域经济综合竞争力优劣的最终标准。根据省域经济综合竞争力的内涵和结构,该报告从宏观经济竞争力、产业经济竞争力、财政金融竞争力、知识经济竞争力、可持续发展竞争力、发展环境竞争力、政府作用竞争力、发展水平竞争力、统筹协调竞争力等9个二级指标,构建省域经济综合竞争力的主要方面和主体框架。在每个二级指标之下设置多个三级指标,三级指标在省域经济综合竞争力评价指标体系中是一个处于承上启下位置的一个合成性指标,并且需要有一组能够充分反映和代表其性质和作用的基础性指标来构成,而这一组指标是否客观、准确和具有代表性,直接决定着对省域经济综合竞争力的评价的真实性和准确性。根据三级指标的范围界定,按照代表性强、繁简得当和可得性的原则,选定210个有统计依据的客观指标作为四级指标,分属于不同的三级指标。最终形成的指标体系包括25个三级指标和210个四级指标,为中国省域经济综合竞争力的评价提供一个合理及有效的评价标准,如表3-9所示。

表 3-9　　　　　省域经济综合竞争力评价指标体系

一级指标	二级指标	三级指标	四级指标
省域经济综合竞争力	宏观经济竞争力	经济实力竞争力、经济结构竞争力、经济外向度竞争力	28个
	产业经济竞争力	农业竞争力、工业竞争力、服务业竞争力、企业竞争力	43个
	可持续发展竞争力	资源竞争力、环境竞争力、人力资源竞争力	25个
	财政金融竞争力	财政竞争力、金融竞争力	21个
	知识经济竞争力	科技竞争力、教育竞争力、文化竞争力	23个
	发展环境竞争力	基础设施竞争力、软环境	16个
	政府作用竞争力	政府发展经济竞争力、政府规调经济竞争力、政府保障经济竞争力	21个
	发展水平竞争力	工业化进程竞争力、城市化进程竞争力、市场化进程竞争力	18个
	科学和谐竞争力	发展方式竞争力、协调发展竞争力	17个

资料来源：《中国省域经济综合竞争力发展报告（2015－2016年）》，社会科学文献出版社。

在该指标体系中，即使是处于同一级别指标，它们的作用和地位也不是完全相同的，有的是起主导作用的指标，有的则是处于次要地位起辅助性作用的指标，因此需要在数学模型中对这些指标赋予不同的权重。为此，该报告采取并应用了层次分析法，其具有简洁性、实用性、系统性等特点，其确定的权重比较客观、科学，应用较为广泛，适合省域经济综合竞争力评价指标体系权重的确定。

3.3.2　中国区域创新能力评价

随着世界经济一体化进程加快，区域间竞争也日趋激烈，将区域创新能力作为区域获得竞争优势的决定因素已成为共识，区域创新能力逐渐成为提升区域综合竞争力的核心内容。国内外学者从不同的视角着手，构建了区域创新能力指标评价体系，在此仅以国家科技发展战略小组自2000年开始连续颁布的《中国区域创新能力报告》为例进行说明，该报告设计了完整的区域创新能力指标体系，具有较高的权威性和知名度。

《中国区域创新能力报告》主要是对中国各省、自治区、直辖市的创新能力做出一个客观全面的评价，该报告充分借鉴了《全球竞争力报告》《全球创新指数》以及《国家创新指数》等国内外权威报告指标选取及评价方法，报告中数据主要来源于《中国统计年鉴》《中国科技统计年鉴》《中国工业经济统计年鉴》以及《中国高新技术产业统计年鉴》等公开的年鉴数据，同时还包括从科技部、知识产权局以及工商总局等机关部门发布的统计数据，并根据中国区域创新体系的特质进行了动态性调整。此外，该报告指标的确定运用加权综合评价的定量分析方法，共分5个一级指标：知识创造（权重0.15）、知识获取（权重0.15）、企业创新（权重0.25）、创新环境（权重0.25）和创新绩效（权重0.20），二级细分指标20个，40个三级细分指标，137个四级细分指标，如表3-10所示。其中，知识创造用来衡量区域不断创造新知识的能力；知识获取用来衡量区域利用全球一切可用知识的能力；企业创新用来衡量区域内企业利用新知识、推出新产品或新工艺的能力；创新环境用来衡量区域为知识的产生、流动和应用提供相应环境的能力；创新指数用来衡量区域创新的产出能力。

表3-10　　　　　　　中国区域创新能力评价指标体系

一级指标及权重	二级指标
1. 知识创造（0.15）	1.1 研究开发投入综合指标
	1.2 专利综合指标
	1.3 科研论文综合指标
2. 知识获取（0.15）	2.1 科技合作综合指标
	2.2 技术转移综合指标
	2.3 外资企业投资综合指标
3. 企业创新（0.25）	3.1 企业研究开发投入综合指标
	3.2 设计能力综合指标
	3.3 技术提升能力综合指标
	3.4 新产品销售收入综合指标

续表

一级指标及权重	二级指标
4. 创新环境 (0.25)	4.1 创新基础设施综合指标
	4.2 市场环境综合指标
	4.3 劳动力素质综合指标
	4.4 金融环境综合指标
	4.5 创业水平综合指标
5. 创新绩效 (0.2)	5.1 宏观经济综合指标
	5.2 产业结构综合指标
	5.3 产业国际竞争力综合指标
	5.4 就业综合指标
	5.5 可持续发展与环保综合指标

3.3.3 全面建设小康社会评价

20世纪70年代末，党中央根据中国发展国情的需要，借鉴全球经济社会发展的经验，提出了中国社会发展的中长期目标——小康社会，为中国社会发展指明了方向。党的十八大明确提出了"2020年全面建成小康社会"的宏伟目标，即经济持续健康发展、人民民主不断扩大、文化软实力显著增强以及人民生活水平显著提高。自从提出全面建设小康社会以来，理论部门学者和实践工作者对小康社会指标体系展开了广泛的研究，并取得了一系列研究成果，在此仅以国家统计局统计科学研究所提出的"全面建设小康社会统计监测指标体系"为例进行说明。

该研究构建了包括经济发展、社会和谐、生活质量、民主法制、文化教育以及资源环境在内的5个检测指标和23个明细检测指标的指标体系，并对全国各地建设小康社会的进程进行了监测。在该检测指标中，经济发展所占的比重达到了29%，表明了经济发展在全面建设小康社会所占据的重要地位，如表3-11所示。

表 3-11　　全面建设小康社会指标评价体系

检测指标	单位	权重（%）	标准值（2020 年）
一、经济发展（29%）			
1. 人均 GDP	元	12	≥31400
2. R&D 经典支出占 GDP 比重	%	4	≥2.5
3. 第三产业增加值占 GDP 比重	%	4	≥50
4. 城镇人口比重	%	5	≥60
5. 失业率（比重）	%	4	≤6
二、社会和谐（15%）			
6. 基尼系数	—	2	≤0.4
7. 城乡居民收入比	—	2	≤2.80
8. 地区经济发展差异系数	%	2	≤60
9. 基本社会保险覆盖率	%	6	≥90
10. 高中阶段毕业生性别差异系数	%	3	=100
三、生活质量（19%）			
11. 居民人均可支配收入	元	6	≥15000
12. 恩格尔系数	%	3	≤40
13. 人均住房使用面积	平方米	5	≥27
14. 5 岁以下儿童死亡率	‰	2	≤12
15. 平均预期寿命	岁	3	≥75
四、民主法制（11%）			
16. 公民自身民主权利满意度	%	5	≥90
17. 社会安全系数	%	6	≥100
五、文化教育（14%）			
18. 文化产业增加值占 GDP 比重	%	6	≥5
19. 居民文教娱乐服务支出占家庭消费支出比重	%	2	≥16
20. 平均受教育年限	年	6	≥10.5
六、资源环境（12%）			
21. 单位 GDP 能耗	吨标准煤/万元	4	≤0.84
22. 耕地面积指数	%	2	≥94
23. 环境质量指数	%	6	=100

注：①人均国内生产总值、居民人均可支配收入、单位 GDP 能耗按 2000 年不变价计算。②因目前城镇调查失业率统计数据没有对外公开使用，可暂用城镇登记失业率代替。农村居民人均可支配收入暂用农村居民人均纯收入代替。

资料来源：国家统计局统计科学研究所发布的资料。

3.3.4 生态文明建设评价

生态文明是人类在改造客观世界的过程中建立的科学有序的生态运行机制。建设生态文明就是要求我们树立生态文明观念，创造良好生态环境，使生态环境保持良性循环。建设生态环境任重而道远，我们要积极树立生态文明理念，推进生态文明建设。

随着中国经济的发展，环境问题日益严重，对生态文明体系建设的研究逐渐深入化、全面化、系统化。目前较为权威的生态文明建设评价指标体系是中国省级生态文明建设的评价指标体系（ECCI2011），ECCI2011 是在 ECCI2010 的基础上进行了一定的改进，完善了相应的算法，对各省域的生态文明建设进行了测评并做了相应的分析。ECCI2010 设置了 4 个二级指标——生态活力、环境质量、社会发展、协调程度，ECCI2011 在此的基础之上增加了一个新的二级指标——转移贡献，主要用于反映资源、能源、人口等要素在各省区市之间相互贡献的情况。在三级指标设计方面，该指标体系保留了大部分原来使用的三级指标，仅仅对个别指标进行了调整，修改完善后的三级指标有 25 项。随着二级指标、三级指标的调整，相应的权重也有所改变，经完善后的生态文明建设评价指标体系如表 3 - 12 所示。

表 3 - 12　　生态文明建设评价指标体系（ECCI2011）

指标	二级指标	三级指标	权重（%）	性质
生态文明指数	生态活力（25%）	森林覆盖率	9.62	正指标
		建成区绿化覆盖率	3.85	正指标
		自然保护区的有效保护	7.69	正指标
		湿地面积占国土面积比重	3.85	正指标
	环境质量（15%）	地表水体质量	5.00	正指标
		环境空气质量	2.50	正指标
		水土流失率	2.50	逆指标
		农药施用强度	5.00	逆指标

续表

指标	二级指标	三级指标	权重（%）	性质
生态文明指数	社会发展（20%）	人均 GDP	6.25	正指标
		服务业产值占 GDP 比例	5.00	正指标
		城镇化率	2.50	正指标
		人均预期寿命	2.50	正指标
		人均教育经费投入	2.50	正指标
		农村改水率	1.25	正指标
	协调程度（25%）	工业固体废物综合利用率	2.27	正指标
		工业污水达标排放率	2.27	正指标
		城市生活垃圾无害化率	3.79	正指标
		环境污染治理投资占 GDP 比重	4.90	正指标
		单位 GDP 能耗	4.90	正指标
		单位 GDP 水耗	2.94	正指标
		单位 GDP 二氧化硫排放量	3.92	正指标
	转移贡献	农林牧渔业人均总产值	3.75	正指标
		煤油气能源自给率	3.75	逆指标
		用水自给率	3.75	逆指标
		人口密度	3.75	逆指标

根据修改后的 ECCI2011 最新评价结果分析可知：（1）我国生态文明建设仍处于初级阶段，与发达国家相比仍然有一定差距，在单位 GDP 能耗、单位 GDP 二氧化硫排放量、服务业产值占 GDP 比例、城镇化比例、城市垃圾无害化率、森林覆盖率、农药施用强度等方面，有很大的发展潜力，亟须改善；（2）我国大多数省区市生态文明建设有较大改善，预示着全国生态文明建设发展趋势良好；（3）不同省区市生态文明建设都有各自的优势，一定要突出自身优势，通过优势带动劣势，最终实现协调发展。

3.4 典型城市开放综合评价方法

城市是人类进步的结晶，城市化是社会进步的表现。根据不完全统计，预计到2050年，全球将会有2/3的人口生活在城市。因此，如何管理好城市，增强大家的经营城市意识，对城市资源进行聚集、重组和运营，进一步完善城市发展是我们当今面临的最重要的挑战之一。本节内容将主要介绍和梳理现有典型城市相关评价理论。

3.4.1 城市综合竞争力指数

城市竞争力就是城市在竞争、合作和发展过程中与其他城市相比较所具有的吸引要素，利用环境，发展产业，生产产品，提供服务，占领市场，更多、更高效、更快地创造财富，为其居民提供福利的能力。中国城市综合竞争力评价指标体系如表3-13所示。

表3-13　　中国城市综合竞争力评价指标体系

分项指标名称	分项指标构成
人才竞争力	人力资源数量指数、人力资源质量指数、人力资源配置指数、人力资源需求指数和人力资源教育指数
金融资本竞争力	资本数量指数、资本质量指数、金融控制力指数和资本获得便利性指数
科技竞争力	科技综合实力、科技创新能力和科技转化能力
结构竞争力	产业结构高级化程度指数、经济结构转化速度指数、经济体系健全度指数、经济体系灵活适应性指数、产业聚集程度指数
基础设施竞争力	对外基础设施指数、信息技术基础设施指数、基础设施成本指数
综合区位竞争力	自然区位便利度指数、经济区位优势度指数、资源区位优势度指数、政治文化区位优势指数
环境竞争力	城市环境质量指数、城市环境舒适度指数、城市自然环境优美度指数和城市人工环境优美度指数
文化竞争力	价值取向指数创业精神指数、创新氛围指数、交往操守指数
制度竞争力	产权保护程度指数、个体经济决策自由度指数、市场发育程度指数、政府审批与管制指数、法制健全程度指数

续表

分项指标名称	分项指标构成
政府管理竞争力	政府规划能力指数、政府推销能力指数、政府社会凝聚力指数、政府财政能力指数、政府执法能力指数、政府服务能力指数和政府创新能力指数
企业管理竞争力	管理应用水平、管理技术和经验、激励和约束绩效、产品和服务质量、企业管理经济效益
开放竞争力	经济国际化程度、经济区域化程度、人文国际化指数和社会交流指数

3.4.2 新型城镇化健康发展指数

在人类发展历史过程中，城镇化一般表现为非农产业在城镇的集聚，农村人口向城镇迁移，这是社会发展的必然趋势，也是国家现代化发展的标志。近年来，在城镇化快速推进、城镇化率不断提升的过程中，随之而来的各种突出问题表明了传统城镇化道路与我国国情的严重不符。在此背景下，国内外学者逐步对新型城镇化进行研究，其中最具有代表性的研究是中国社会科学院城市发展与环境研究所对城镇化质量进行的分析与评价。该研究在分析城镇化内容的基础上设立了4个一级指标、10个二级指标和21个三级指标，如表3-14所示。

表3-14　　　　城镇化健康发展评价指标体系

一级指标（权重）	二级指标（权重）	三级指标	权重	指标类型
水平适当性（0.2）	经济发展水平适当性（0.1）	人均GDP适当性 人均GDP（万元）城镇化率比值	0.05	正向
		产业结构适当性 第二产业或第三产业产值比重城镇化率比值	0.05	适中
	社会发展水平适当性（0.1）	医疗条件适当性 万人拥有医院卫生院床位数城镇化率比值	0.05	正向
		社会保障适当性 养老参保率城镇化率比值	0.05	正向

续表

一级指标（权重）	二级指标（权重）	三级指标	权重	指标类型
速度适中性（0.3）	经济建设速度适中性（0.1）	GDP增速适中性 人均GDP增速与城镇化增速比值	0.05	适中
		产业结构调整适中性 第二产业或第三产业比重增速与城镇化增速比值	0.05	适中
	社会建设速度适中性（0.1）	医疗条件适中性 人均医院卫生院床位增速与城镇化增速比值	0.05	适中
		社会保障适中性 社保参保率增速与城镇化增速比值	0.05	适中
	生态建设速度适中性（0.1）	二氧化硫排放适中性 二氧化硫排放率增速与城镇化增速比值	0.05	适中
		污水集中处理适中性 污水集中处理率增速与城镇化增速比值	0.05	适中
发展可持续性（0.3）	人口承载力（0.1）	劳动生产率 单位劳动力实现的GDP（万元/人）	0.05	正向
		失业率	0.05	反向
	资源利用率（0.1）	能源利用效率 工业单位GDP耗电量（千瓦时/万元）	0.033	反向
		土地利用效率 单位面积实现的GDP（万元/平方公里）	0.033	正向
		水资源利用效率 单位GDP耗水量（吨/万元）	0.033	反向
	环境保护度（0.1）	二氧化硫排放度 二氧化硫排放率（%）	0.033	反向
		绿化覆盖度 绿化覆盖率（%）	0.033	正向
		污水集中处理度 污水集中处理率（%）	0.033	正向

续表

一级指标（权重）	二级指标（权重）	三级指标	权重	指标类型
城乡协调性（0.2）	城乡经济发展协调性（0.1）	城乡人均GDP差距 全市与市辖区人均GDP比值	0.10	正向
	城乡社会发展协调性（0.1）	城乡教育差距 全市与市辖区中小学师生比值	0.05	正向
		城乡医疗条件差距 全市与市辖区人均医院卫生院床位比值	0.05	正向

注：本次评价的数据来源为《中国统计年鉴》《中国城市统计年鉴》《中国城市建设统计年鉴》以及各城市国民经济和社会发展统计公报。

从研究结论来看，面对当下城镇化建设存在的各种问题，首先，加强对各城镇薄弱环节的投入，重视城市基础设施建设，制订实施差别化的城镇化发展政策。其次，扩大城市自主权，充分发挥市场在资源配置中的决定性作用；加快中小城市建设，理清城镇化进程中县、镇两级的发展思路。

3.4.3 中国智慧城市评价体系

智慧城市是指以"数字化、智能化、网络化、互动化、协同化"为主要特征，通过利用信息技术和产品，大幅度提升城市运行的效率和效益，从而构建便捷生活、友好环境、节约资源的可持续发展城市。建设智慧城市，实现以"智慧"引领城市发展模式变革，推动形成更为先进的城市发展理念和管理模式。"智慧城市评价指标体系2.0"在"智慧城市指标体系1.0"基础上，更为准确地反映了智慧城市建设现状和发展水平，为进一步提升城市竞争力提供有益参考。

该指标体系主要可分为智慧城市基础设施、智慧城市公共管理和服务、智慧城市信息服务经济发展、智慧城市人文科学素养、智慧城市市民主观感知、智慧城市软环境建设等6个维度，包括18个要素、37个指标，具体如表3-15所示。

表3-15　　　　中国智慧城市评价2.0指标体系

二级指标	主要内涵	三级指标	四级指标
1. 智慧城市基础设施	指保障智慧城市各项功能通畅、安全、协同运作的相关基础设施	1.1 宽带网络建设水平	1.1.1 家庭光纤可接入率
			1.1.2 主要公共场所无线网络覆盖率
			1.1.3 户均网络接入水平
2. 智慧城市公共管理和服务	城市公共管理和服务是智慧城市建设的最核心领域，主要包括智慧化的政府行政、道路交通、医疗卫生、教育、环境监测、安全防控、能源管理、社会保障等方面的管理和服务，是城市居民生活智慧程度和幸福感的直接影响因素	2.1 智慧化的政府服务	2.1.1 行政审批事项网上办理水平
			2.1.2 政府非涉密公文网上流转率
		2.2 智慧化的交通管理	2.2.1 智能公交站牌建设水平率
			2.2.2 市民交通诱导信息使用率
		2.3 智慧化的医疗体系	2.3.1 市民电子健康档案建档率
			2.3.2 病历电子化率
		2.4 智慧化的环境保护	2.4.1 环境质量自动化监测比例
			2.4.2 重点污染源监控水平
		2.5 智慧化的能源管理	2.5.1 家庭智能表具安装率
			2.5.2 新能源汽车比例
			2.5.3 建筑物数字化节能比例
		2.6 智慧化的城市安全	2.6.1 重大突发事件应急系统建设率
			2.6.2 危化品运输监控率
		2.7 智慧化的教育体系	2.7.1 城市教育支出水平
			2.7.2 网络教学比例
		2.8 智慧化的社区管理	2.8.1 社区综合信息服务能力

续表

二级指标	主要内涵	三级指标	四级指标
3. 智慧城市信息服务经济发展	主要指由于智慧城市建设和发展而催生衍化或支撑智慧城市建设运行的信息服务业的发展情况	3.1 产业发展水平	3.1.1 信息服务业增加值占地区生产总值比重
			3.1.2 信息服务业从业人员占社会从业人员总数的比例
		3.2 企业信息化运营水平	3.2.1 企业网站建站率
			3.2.2 企业电子商务行为率
			3.2.3 企业信息化系统使用率
4. 智慧城市人文科学素养	主要衡量市民对智慧城市发展理念的认知、对基本科学技术（包括信息化技术）的掌握，以及市民网络化程度等	4.1 市民收入水平	4.1.1 人均可支配收入
		4.2 市民文化科学素养	4.2.1 大专及以上学历占总人口比重
		4.3 市民生活网络化水平	4.3.1 市民上网率
			4.3.2 家庭网购比例
5. 智慧城市市民主观感知	主要以市民主观感知性的指标为主，采取抽样调研的形式，对智慧城市建设的相关重要方面进行评价和衡量	5.1 生活的便捷感	5.1.1 交通信息获取便捷度
			5.1.2 城市医疗信息获取便捷程度
			5.1.3 政府服务信息获取便捷程度
		5.2 生活的安全感	5.2.1 食品药品安全电子监控满意度
			5.2.2 环境安全信息监控满意度
			5.2.3 交通安全信息系统满意度
6. 智慧城市软环境建设	主要包括在智慧城市发展方面的规划设计、环境营造等	6.1 智慧城市规划设计	6.1.1 智慧城市发展规划
			6.1.2 智慧城市组织领导机制
		6.2 智慧城市氛围营造	6.2.1 智慧城市论坛会议及培训水平

注：①本"指标体系"所涉及的各项指标均所对应的时间期限为"十二五"期间（2011~2015年），"指标体系"将根据不同历史发展阶段的实际需求进行动态调整；

②本"指标体系"所说的"城市"特指城市化区域，一般行政区划中乡镇不包含在内；

③本"指标体系"所说的城市市民一般指城市常住人口。

通过分析可以看出,目前中国的智慧城市建设还处于起步阶段,智慧城市建设标准化程度低,技术研发水平不高。在智慧城市的发展进程中,必须加强顶层设计,突出区域特色,优化发展环境和完善智慧城市标准体系,健全法律法规制度。

第4章

构建河南省开放经济发展指数

4.1 构建河南开放经济发展评价标准的主要依据

国民经济发展"十三五"规划把"开放"作为发展的五大基本理念之一,强调开放是中国繁荣发展的必由之路。习近平总书记指出:"改革开放是决定当代中国命运的关键一招,也是决定实现'两个一百年'奋斗目标、实现中华民族伟大复兴的关键一招。"对河南而言,作为一个内陆省份,发展开放经济就显得更为重要。第一,发展开放经济可以利用国外资金,缓解河南省资本不足的问题,为河南省经济和社会发展提供资金支持;第二,发展开放经济可以引进国外先进技术和管理经验,解决河南省生产技术和生产经验落后的问题,为河南省经济和社会发展提供技术支撑;第三,发展开放经济可以促进中原文化和国外不同文化的交流融合,积极吸收国外文化的优秀之处,扬长避短,为河南省经济和社会发展提供潜在动力。鉴于此,河南省提出要大力发展外向型经济,积极融入国家"一带一路"倡议建设,打造内陆开放高地。为了更深入、具体地反映河南省开放经济的发展现状,在参考相关研究成果的基础上,本章梳理了经济、技术和社会三大核心要素对对外开放的影响机理,提出了评价河南省开放经济发展的理论依据。

4.1.1 经济开放是河南省对外开放发展的基础

经济开放度是指某一经济体在国内和国际两个层面与其他经济体进行

贸易往来、投资往来以及各种生产要素互通流动的程度。开放是当今时代的主题，是经济和社会可持续发展的客观要求，对河南省这样一个内陆省份更为重要。一方面，开放的经济体系能够带来商品和服务贸易，可有效解决河南省内部某些商品或服务短缺的问题，也可以把河南省具有比较优势的商品和服务输出到国内其他经济体，进而提高河南省居民的整体福利水平；另一方面，开放的经济体系可以推动人才、资本和技术等各类生产要素在不同区域之间流动更加便利。大量生产要素的流动不仅可以缓解河南省优质生产要素不足的问题，而且有助于形成要素的集聚效应，对河南省经济和社会发展带来显著的正外部效应。可见，开放的经济体系是推动区域技术进步、创新能力提升和社会可持续发展的重要影响因素。考虑到经济开放度对区域经济和社会发展的重要作用，科学选定每一个影响区域经济开放水平的指标就至关重要。具体而言，对河南省经济开放水平进行判断时，要统筹考察国际贸易和投资往来与河南省经济实力的比较，既要看绝对经济指标，也要看国际贸易和投资数量占整个河南经济总量的相对指标。要素流动作为衡量开放经济发展水平的重要维度之一，主要考察人口和货物的开放流动情况。

4.1.2 技术开放是影响河南省开放经济发展的重要因素

技术开放是指某一区域通过获取外部新知识、新技术和新经验，模仿和消化吸收以后进行创新升级，最终推动该区域技术水平不断提升。发展经济学理论认为，技术进步是实现经济内生增长的核心因素，而区域之间的技术差距则是导致区域之间经济发展水平差异的重要原因。随着互联网和通信技术的发展，不同经济主体之间信息交流更为便捷和高效，越来越有助于不同经济主体之间技术的扩散传播。一般来说，技术进步主要从技术创新、技术模仿和技术扩散三个途径来实现。事实上，发展中国家或者落后地区大多存在着劳动力和自然资源等生产要素丰富、资本匮乏的要素结构，在这种要素结构下，通过自身技术创新来实现技术进步的难度较大，且所需时间周期较长。因此，一些发展经济学家认为，发展中国家或地区应该坚持技术引进与技术创新、技术扩散相结合的技术战略来促进技术进步升级（张培刚和张建华，2008）。河南省作为一个内陆农业大省、人口大省，对外开放较晚，经济发展水平较为落后，因此，河南省应把技术模仿和技术引进作为地区技术发展战略的重点，把技术开放放到更为突出的地位。为了准确反映技术开放对河南省开放经济发展水平的影响，本章主要从知识获取和创新能力两个方面选取指标进行综合评估。

4.1.3 创新是河南省经济可持续发展的核心动力

党的十九大报告指出，"创新是引领发展的第一动力，是建设现代化经济体系的战略支撑"，同时还强调要坚定实施创新驱动发展战略，加快建设创新型国家。习近平总书记考察河南省时指出，河南省要以构建自主创新体系为主导推进创新驱动发展，这为河南省经济社会的高质量发展指明了方向。区域经济学理论认为，区域创新能力的提升可以带动区域内产业结构升级，有效增强该区域的经济竞争力。第二次世界大战后，日本、韩国等国家的经济发展经验表明，通过发展开放经济在学习和模仿发达国家先进技术的基础上，不断自主创新，提高本国或本地区的技术、管理等创新能力，培育自身的技术优势才是可行之路。从中国改革开放40年的发展经验来看，通过国际贸易和国际投资的方式学习和消化吸收发达国家的先进技术和生产管理经验，并实现了我国科技实力、经济和社会发展水平的快速提升。因此，河南省要进一步整合区域内外资源，提升区域综合创新能力，为经济和社会的可持续发展提供持久动力。

4.1.4 社会开放是影响河南省对外开放的重要因素

借鉴国家发改委国际合作中心的定义，社会开放指在某一特定区域与其他国内或国外区域在人员、信息和文化等各方面交流互动的程度，反映的是该地区对外交流的繁荣和便捷水平，是影响区域对外开放交流水平的另一核心因素。社会开放主要从经济发展和技术进步两个方面来影响地区对外开放水平。一方面，社会开放对区域经济开放和经济发展具有重要推动作用，能够为区域经济开放和发展提供优质的发展环境；另一方面，社会开放有助于推动区域技术进步，开放、包容的社会不仅能够大幅提高对其他区域优秀人才的吸引力，而且可以有助于来自不同文化背景的人才进行交流学习，进而提升区域创新能力。在对河南省社会开放度进行评估时，要总结其他国家和地区社会开放发展的优秀经验，同时还要考虑到河南省的社会、文化等发展的自身特点，主要从人员交往、信息流动和文化交流三个层面综合评估区域社会开放水平。

4.2 河南省开放经济发展指数的主要内容

本章构建的河南省开放经济发展指数，主要是为了综合评估河南省的对外开放度。本章在借鉴本书第三章所述的各类国内外开放经济发展评价方法和评价标准的基础上，通过结合国内外经济发展形势以及河南省经济发展特点，从经济、技术和社会三个层面全面界定了河南省对外开放度的含义，突出强调河南省与国外其他国家或地区的经济和社会的联系密度，旨在科学、全面地反映河南省开放经济发展的基本状况，这对指导河南省以及中西部欠发达省份发展开放型经济具有重要指导意义。

4.2.1 河南省开放经济发展指数指标的选取原则

为了提高河南省开放经济发展指数的应用价值，确保计算出来的开放经济发展指数能够综合评价河南省的开放经济发展状况，本章在构建河南省开放发展指数时主要遵循以下三个原则。

（1）科学性。

在对河南省开放经济发展水平进行评价时，可以借鉴统计学等相关理论来选取指标和相关数据，同时，在数据的处理分析上也应该使用当前主流的计量统计分析方法。只有坚持上述两点，才能确保对河南省开放经济发展程度和水平作出较为科学的分析和评价。

（2）系统性。

系统性原则是指开放经济发展指数评价体系里的各指标之间要有一定

的逻辑关系和关联度。在具体操作过程中，要对指标进行合理的分类和取舍，同时还要合理地设定每一个指标在总体评价体系中所占权重，使指标体系既能够突出重点也能够保持其相对的一致性，进而达到综合评价河南省开放经济发展水平的目的。

（3）可操作性。

数据可得性是量化分析河南省开放经济发展指数的基础，因此，在选取影响开放经济发展情况的各指标时要充分考虑到各指标数据可获得性，尽可能地选择数据记录详尽且易得的指标，以便于数学计算和分析，确保整个评价指标的可操作性。

（4）可比性。

可比性是指选取的评价指标应具有普遍统计含义，使整个评价体系适用的范围更为广泛，同时，要确保各指标的计算量度和方法一致，从而实现不同区域之间和不同时间维度之间的比较。

4.2.2 河南省开放经济发展指数的基本构成

河南省开放经济发展包括经济开放、技术开放和社会开放三大方面。这三个方面分别具有各自不同的丰富含义，同时又相互联系、相互影响。需要强调的是，本书研究的河南开放经济发展指数不仅是研究河南省这一特定区域的对外开放水平和质量，而且该研究的评价体系能够适用于更大区域范围，可以对不同省区市或者不同城市的开放经济发展水平进行评估分析。河南省开放经济发展指数的基本构成如下。

（1）经济开放度。

考量河南省对外开放情况，首先就要分析河南省涉外经济活动的发展情况。具体内容包括贸易往来、投资往来和要素流动三个方面。贸易往来是衡量河南省经济活动对国外市场的依赖度，主要指标包括出口和进口依存度、进出口贸易总额等。投资往来反映的是资本在河南省和国（境）外经济体之间的相互流动情况，主要包括外商直接投资（FDI）和对外直接投资（OFDI）两个方面；外商直接投资可以带来新进生产技术和管理经验，并解决目的国地区资本存量不足的问题，有助于提升区域经济的国际竞争力；对外直接投资则可以更为有效地利用国外优秀人才等生产要素，推动本土企业进一步利用国内和国外两个市场做大做强。要素流动则是指区域之间人口、资金和货物的流动状况，能够反映地区资源集聚和物流运输效率等的发展水平。

（2）技术开放度。

技术进步是实现经济内生增长的核心动力，也是推动经济全球化的主要力量之一。随着全球技术革命的不断推进，技术在对外贸易和国际投资中的作用愈发突出，能否拥有获取先进技术的能力和途径已经成为影响区域经济竞争力和发展潜力的关键因素。本章所述的技术开放度主要是指某一地区通过获取外部新知识、新技术和新经验，模仿和消化吸收以后进行创新升级的能力。它具体包括知识获取和创新能力两个方面。知识获取主要是通过人员的学习和跨区域流动来实现，体现了该区域在对外交流中学习和吸收各类信息、技术等各类生产要素的能力；创新能力是一个广义的概念，按创新主体的不同，可分为国家创新能力、区域创新能力和企业创新能力。本书中的创新能力主要指区域创新能力，其不仅体现了区域具有大量的理论创新，而且体现了区域内研究机构和企业具有较强的技术成果转化能力。区域创新能力的提升能够促进地区产业价值链不断升高，使企业获得更高的附加值和利润，有助于增强区域经济的竞争优势，进而吸引更多的人才、资金等生产要素流入。

（3）社会开放度。

社会开放是地区对外开放的高级形式。社会开放和经济发展相互影响，一方面，社会开放是经济发展、技术进步的结果。一般来说，经济越是发达的地区，该地区的社会开放度、包容度越高。另一方面，社会开放也会对地区经济发展起到正向推动作用。一个地区社会开放度升高，会提高该区域对优秀人才的吸引力，有助于该地区创新能力的提升，进而促进该地区经济快速发展。本书中的社会开放度主要包括人员交往、信息流动和文化交流三个方面。人员交往是指不同国家或地区之间人员的面对面交流，其是传播新知识和新技术的重要渠道之一，对地区经济发展具有重要作用。英国经济学家马歇尔（1890）就指出大量经济活动主体之间的面对面交流会促进知识和技术的交流传播，进而提升生产效率。信息流动主要指信息技术革命改变了人们传统的交流方式,拓宽了人们信息交流的渠道,同时提高了信息传播的速度和效率,是社会开放的基础因素。文化交融是促进社会多元化的重要渠道,积极推动本土文化和国外文化、传统文化和现代文化深入融合,形成更为开放、现代和多元的文化形式和形态,对提升国家或地区文化软实力有重要作用。习近平总书记曾强调,要积极提高国家文化软实力,要努力提高国际话语权。一个国家或地区文化软实力越强,越能够在激烈的国际竞争中国占据核心地位。

综合前面的分析,河南省开放经济发展指数的基本结构由经济开放、技术开放和社会开放三大方面组成,详见表4-1。这三个方面具有不同的丰富含义,但又相互联系、相互影响,形成了一个严密、完整的研究评价体系。

表4-1　　河南省开放经济发展指数的构成

指标名称	内涵
经济开放度	
贸易往来	河南经济活动对国外市场的依赖度
投资往来	资本在河南省和外国经济体之间的相互流动情况
要素流动	区域之间人口、资金和货物的流动状况,反映地区资源集聚和物流运输效率
技术开放度	
知识获取	体现区域在对外交流中学习和吸收各类信息、技术等各类生产要素的能力
创新能力	体现区域内研究机构和企业具有较强的技术成果转化能力
社会开放度	
人员交往	不同国家或地区之间人员的面对面交流,是传播新知识和新技术的重要渠道
信息流动	拓宽了信息交流的渠道,提高了信息传播的速度和效率
文化交融	推动各种文化相互融合,形成更为开放、现代和多元的文化形式和形态

4.2.3 河南省开放经济发展指数的指标选取

根据上述河南省开放经济发展指数的基本构成,结合现有社会经济的统计分类和统计数据,本部分建立了河南省开放经济发展指数的指标体系,以期对河南省对外经济发展状况进行综合评估。具体的指标体系见图4-1。接下来,本书将详细分析每一个指标所代表的经济学含义。

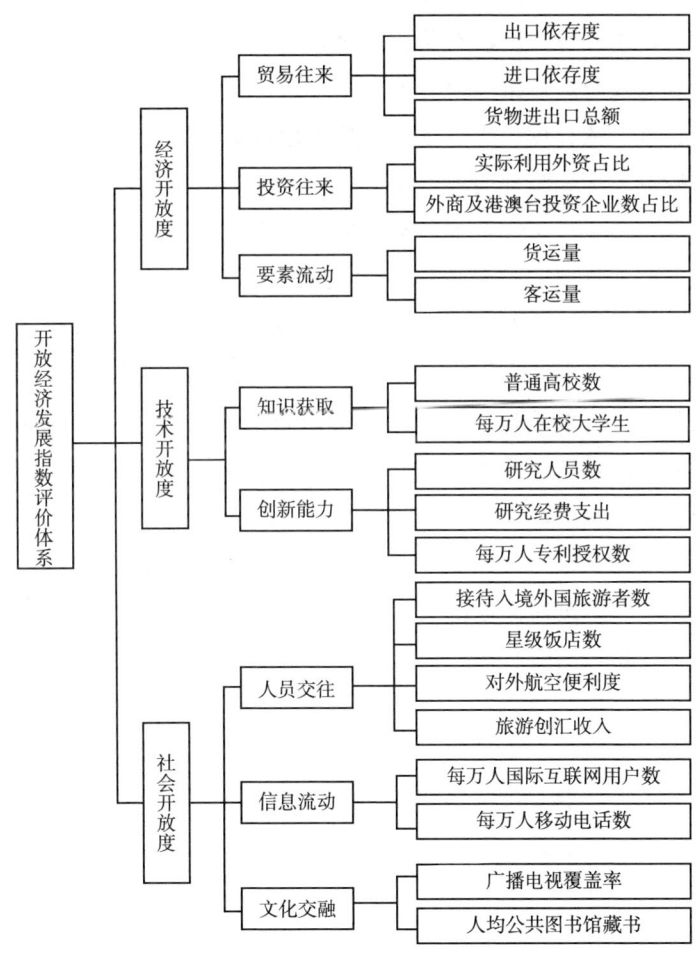

图4-1 开放经济发展指数评价体系

(1) 贸易往来指标。

第一，出口依存度。出口依存度反映的是地区出口贸易量对整个地区经济增长的影响，计算方法为地区出口总额与地区生产总值的比值。出口依存度越高说明该地区与国外经济体的联系越密切，融入国际分工体系的程度越深，也说明地区经济发展对出口的依赖度越高，容易受到国际市场风险的影响。需要强调的是，出口依存度并不是越高越好，而是应该根据本国或地区的发展现状来确定一个合适的出口依存度。很多国际经济理论都认为，一国或者一个地区存在一个最优的出口依存度，其应该和一国或地区的经济规模和发展阶段有关，同时还受该国或地区经济发展目标、国际贸易形势以及政府政策导向有关。

第二，进口依存度。进口依存度是指地区进口总额与地区生产总值的比值，是衡量地区经济外向程度的另一指标。进口量的增加对地区经济和社会发展具有重要意义，首先，扩大进口有助于促进贸易平衡发展，对有效利用国外要素资源，打破本国或本地区资源要素"瓶颈"具有积极作用。其次，扩大进口也有助于满足人民群众日益增长的美好生活的需求，为人民群众提供更多、更优质的产品和服务。最后，扩大进口有助于促进当地产业升级。一般来说，进口产品的质量要高于本国生产产品的质量，大量国外的高质量产品流入本地市场必然会加剧和本国或本地区同类产品的竞争。在产品竞争激烈的市场环境下，本地的产品和服务提供商必然会通过加大科技研发投入、积极学习先进生产管理经验等方式提升自身产品和服务的竞争力，进而促进区域产业转型升级。

第三，货物进出口总额。在评价体系指标选取时，不仅要选择相对指标，而且要选择绝对指标。前面提到的出口依存度和进口依存度两个指标都是相对指标，主要反映的是出口或者进口占整个国内生产总值的比重。货物进出口总额指标则是一个绝对指标，反映地区货物进出口的总量变化，能够体现地区贸易往来的总体情况。

(2) 投资往来。

第一，实际利用外资占比。实际利用外资占比是实际利用外商直接投资数额占国内生产总值的比重，反映的是外商直接投资的流入量，体现了地区对外商投资的实际利用水平。实际利用外资占比越高，说明地区吸引外商直接投资的能力越强。大量外资的流入对地区经济社会发展有重要意义,一方面,外资流入能够创造更多的就业机会,提高当地劳动者的收入水平;另一方面,外资流入也会带来新技术、新经验,促进地区产业升级。当然,外资流入也存在一些负面问题,如环境污染(Walter ang Ugelow,1972)、金融安全(郭妍和张立光,2004)等问题。

第二,外商及港澳台投资企业数占比。该指标是指外商及港澳台投资企业占全部企业的比重。实际利用外资占比主要是从实际利用外资的总数额来衡量外资的利用情况,并不能反映外商投资企业的数量和规模。而外商及港澳台投资企业占比则是从企业数量层面反映外商投资往来的情况,可以结合实际利用外资总额和外商投资企业的数量来确定外商投资企业规模的大小,对外商直接投资从企业微观层面进行把握。

(3)要素流动。

第一,货运量。货运量指某一个地区公路、铁路、水路和航空的货物运输总量,反映的是各类中间投入要素和最终产品的运输流动情况。一般来说,地区货运量越多,该地区流入和流出的要素和产品越多,说明该地区的要素流动性越强。

第二,客运量。客运量指某一个地区公路、铁路、水路和航空的人口运输总量,反映的是各类人员的运输流动情况。人口流动既代表着劳动力要素的跨区域流动,也代表着消费者的跨区域流动,对地区经济发展具有重要作用。有学者认为,中国改革开放40年来取得巨大成绩的其中一个原因就在于劳动力从农村流入了城市,为经济和社会发展提供了巨大的人口红利。

(4)知识获取。

第一,普通高校数。高等学校是传播知识、促进创新的重要场所之一。一个地区高校数量越多,尤其是重点大学的数量越多,则说明该地区知识获取的能力越强。纵观城市或地区的发展历史,不少城市都是因高校而兴、因教育而兴。美国硅谷的崛起离不开斯坦福大学教育和培养的各类优秀人才,波士顿的金融创新能一直位居全球领先地位离不开坐落在当地的哈佛大学、麻省理工等全球顶级高校的支持。

第二,每万人在校大学生数。每万人在校大学生数是衡量地区技能水平的主要指标，该指标数值越大，说明该地区的劳动者的技能水平越高。一般来说，技能水平较高的劳动者学习新技术、适应新情况的能力越强，知识获取的能力也越强。劳动者技能水平对地区经济增长有重要影响，美国学者 Card（2001）研究发现，如果一个工人上学读书时间增加 1 年，他的收入会增加 8% 左右。美国的经验证据还发现，全国总人口评价受教育时间增加一年，会带来人均国内生产总值 30% 以上的增长（Barro and Lee，1996）。

（5）创新能力。

第一，研究人员数和研究经费支出。R&D 人员数和 R&D 经费支出是衡量地区创新能力的主要指标，两者反映的是地区对创新的投入情况，包括人员投入和经费投入两个方面。R&D 人员数和 R&D 经费支出越高，地区创新能力越强。

第二，每万人专利授权数。专利数是地区创新能力的最终表现，专利数越多，地区创新能力越强。需要指出的是，专利授权数和研发人员数、研发经费支出存在一定的区别。研发人员数和研发经费支出是创新投入，其未必一定能够产生创新产出，而专利授权数是研发人员投入和研发经费支出的产出结果。

（6）人员交往。

第一，接待入国（境）外旅游者数。该指标是反映国际人员往来的直接指标之一。外国游客的流入不仅有助于地区之间文化交流，而且会给旅游景点所在地带来大量的旅游消费，对促进地区经济发展也具有积极意义。

第二，星级饭店数。酒店等各类基础设施是人员交往的必要条件之一。选择星际饭店数量的原因在于来国内旅游的外国居民收入往往较高，他们对居住条件和服务标准的要求也较高，因此，本书选择设施和服务较好的星际酒店作为衡量人员往来的指标之一。

第三，对外航空便利度。交通基础实施是否便利也是影响人员交往的因素之一。本书主要考察的是跨国之间的人员流动往来，这类人员流动主要通过航空运输来实现，因此，本书选择对外航空便利度这一指标来反映影响人员交往的密切程度。

第四,旅游创汇收入。旅游创汇收入指境外旅客到本地区旅游消费情况,是国际人员交往的一种结果表现。一个地区的旅游创汇收入越高,说明该地区国际人员交往越为频繁,且人员的收入和消费水平都较高。

(7) 信息流动。

第一,每万人国际互联网用户数。随着信息技术的发展,互联网已经成为国内外信息交流的主要渠道。对于国际信息交流而言,交流双方物理距离相距较远,而国际互联网业务的快速发展为国际信息交流提供了便利条件,且大大降低了国际信息交流的成本。

第二,每万人移动电话数。与国际互联网业务的发展类似,移动通信技术的发展也为国际信息交流提供了便捷、低成本的交流渠道,因此,本书还选择了每万人移动电话数作为衡量国际信息流动的指标之一。

(8) 文化交融。

第一,广播电视覆盖率。广播影视作品是文化交流和传播的渠道之一,通过观看不同国家或地区的广播影视作品,可以了解和学习不同国家的语言、风俗以及价值观等文化特征。对于广大普通群众而言,广播电视是他们接触国内外广播影视作品的主要媒介,因此,本书使用广播电视覆盖率作为衡量文化交融程度的指标之一。

第二,人均公共图书馆藏书数。与广播影视作品类似,书籍也是文化交流和传播的渠道之一,因此,本书还选择了人均公共图书馆藏书数作为衡量文化交融程度的另一指标。

表4-2　　　　　　　河南省开放经济发展指数评价体系

指标名称	指标含义
出口依存度	地区出口总额与地区国内生产总值的比值,衡量出口贸易量对整个地区经济发展的影响
进口依存度	地区进口总额与地区国内生产总值的比值,衡量进口贸易对整个地区经济发展的影响
货物进出口总额	反映地区货物进出口的总量变化,能够体现地区贸易往来的总体情况
实际利用外资占比	实际利用外商直接投资数额占国内生产总值的比重,体现了地区对外商投资的实际利用水平

续表

指标名称	指标含义
外商及港澳台投资企业数占比	外商及港澳台投资企业占全部企业的比重，反映外商投资企业的数量和规模
货运量	反映的是各类中间投入要素和最终产品的运输流动情况
客运量	反映的是各类人员的运输流动情况
普通高校数	衡量地区知识获取的能力
每万人在校大学生	衡量地区劳动者技能水平的主要指标
研究人员数	衡量地区对创新人才的投入情况
研究经费支出	衡量地区对创新经费的投入情况
每万人专利授权数	是研发人员投入和研发经费支出的产出结果，衡量地区创新能力的核心指标
接待入境外国旅游者人数	是反映国际人员往来的直接指标之一，衡量该地区服务业国际开放程度
星级饭店数	衡量国际人员交往的各类服务基础设施水平
对外航空便利度	衡量国际人员交往的各类交通基础设施水平
旅游创汇收入	衡量国际人员交往所带来的服务业开放的实际收益
每万人国际互联网用户数	衡量国际信息交流的便利程度的指标
每万人移动电话数	衡量国际信息交流的便利程度的指标
广播电视覆盖率	衡量国际文化交融程度的指标
人均公共图书馆藏书数	衡量国际文化交融程度的指标

4.3 开放经济发展指数的评价方法

4.3.1 评价方法概述

国内外关于综合评价方法的研究仍然处于快速发展完善的进程中，当前已经建立和演化出了十几种综合评价方法。之所以会出现这么多不同的评价方法，主要原因在于所研究问题的复杂性和特殊性，不同的评价方法适用于不同的研究问题和不同的研究目的。综合来看，现有综合评价方法可以分为两大类：基于专家意见的主观赋权法和基于客观数据的客观赋权法。

主观赋权法是指通过咨询专家的意见来确定各指标的权重，并加以综合评价的方法。该方法的优势在于在对复杂的概念进行评价时，可以参考专家的意见，从不同的角度综合考虑多种因素的影响。但主观赋权法也存在较大的缺陷：一是对专家的要求较高。该方法主要通过专家的意见来确定各指标的权重，专家的主观选择性就会对结果产生较大的影响，因此，对专家的要求较高。二是耗费时间较长且成本较高。主观赋权法需要通过发放问卷等方式向目标专家收集意见，这一过程持续时间较长，且耗费的人力成本较高。主观赋权法的主要发展方向是借鉴统计学相关分析方法，改造专家赋权方式，尽量减弱专家主观意志对各指标权重的影响，确保综合评价结果的客观性。当前，主观赋权法中的德尔菲法（Delphi method）和层次分析法（analytic hierarchy process，AHP）被广为应用。

客观赋权法是指根据原始数据之间的关系通过一定的数学统计方法运算来确定各评价指标权重，完全排除了人为主观意志的干扰因素，反映出的评价结果较为可观。但是该方法对于收集数据和研究模型的质量要求较高。较为广泛的方法有主成分分析法、因子分析法和灰色关联度分析法等。随着计算机应用技术的快速发展，数据的收集以及储存工具的逐步完善，客观赋权法应用空间较为广泛。本书以客观性和独立性为核心构建对外开放指数，因此选用的方法是客观赋权法中的主成分分析法。

4.3.2 主成分分析法的基本思路

主成分分析（principal components analysis，PCA）是一种简化数据集的技术，也称主分量分析，旨在利用降维的思想，把多个指标转化为少数几个综合指标。主成分分析经常用减少数据集的维数，同时保持数据集对方差贡献最大的特征，这是通过保留低阶主成分，忽略高阶主成分做到的，这样低阶成分往往能够保留住数据的最重要信息。主成分回归分析是为了克服最小二乘法（OLS）估计在数据矩阵 A 存在多重共线时表现出的不稳定性而提出来的。

在实证研究中，主成分分析的目的是用较少的变量去解释原来资料中的大部分变量，将高相关性的变量转化成彼此相互独立或不相关的变量。通常是选出比原始变量个数少，能解释大部分资料中变量的几个新变量，即所谓主成分，并用以解释资料的综合性指标。由此可见，主成分分析实际上是一种降维方法。

在使用主成分回归分析时，具体步骤如下：

（1）对原始数据进行标准化。

假设进行主成分分析的指标变量有 m 个，分别为 x_1，x_2，…，x_m，共有 n 个评价对象，第 i 个评价对象的第 j 个指标的取值为 a_{ij}。将各指标值 a_{ij} 转换成标准化标值，有：

$$\tilde{a}_{ij} = \frac{a_{ij} - \mu_j}{s_j} \quad i = 1, 2, \cdots, n; j = 1, 2, \cdots, m \qquad (4-1)$$

其中，$\mu_j = \frac{1}{n} \sum_{i=1}^{n} a_{ij}$，$s_j = \sqrt{\frac{1}{n-1} \sum_{i=1}^{n} (a_{ij} - \mu_j)^2}$，j = 1，2，…，m，即 μ_j、s_j 为第 j 个指标的样本均值和样本标准差。对应地，称 $\tilde{x}_j = \frac{x_j - \mu_j}{s_j}$，（j = 1，2，…，m）为标准化指标变量。

（2）计算相关系数矩阵 R。

相关系数矩阵 $R = (r_{ij})_{m*m}$，有：

$$r_{ij} = \frac{\sum_{k=1}^{n} \bar{a}_{ki} * \bar{a}_{ki}}{n-1}, \quad i, j = 1, 2, \cdots, m \qquad (4-2)$$

其中，$r_{ii} = 1$，$r_{ij} = r_{ji}$ 是第 i 个指标与第 j 个指标的相关系数。计算特征值与特征向量，计算相关系数矩阵 R 的特征值（λ_1，λ_2，…，λ_m）及对应的特征向量（μ_1，μ_2，…，μ_m），其中 $\mu_j = [\mu_{1j}, \mu_{2j}, \cdots, \mu_{mj}]^T$，由特征向量组成 m 个新的指标变量：

$$y_1 = \mu_{11}\tilde{x}_1 + \mu_{21}\tilde{x}_2 + \cdots \mu_{m1}\tilde{x}_m$$

$$y_2 = \mu_{12}\tilde{x}_1 + \mu_{22}\tilde{x}_2 + \cdots \mu_{m2}\tilde{x}_m$$

……

$$y_m = \mu_{1m}\tilde{x}_1 + \mu_{2m}\tilde{x}_2 + \cdots \mu_{mm}\tilde{x}_m \quad (4-3)$$

其中，y_1 是第一个主成分，y_2 是第二主成分，$\cdots$，y_m 是第 m 主成分。

(3) 选择 p（p≤m）个主成分，计算主成分贡献率及累计贡献率。

计算特征值 λ_j 的信息贡献率和累计贡献率，称 $b_j = \dfrac{\lambda_j}{\sum_{k=1}^{m}\lambda_k}$，(j = 1，2，$\cdots$，m) 为主成分 y_j 的信息贡献率，同时，有 $a_p = \dfrac{\sum_{k=1}^{p}\lambda_k}{\sum_{k=1}^{m}\lambda_k}$ 为主成分 y_1，y_2，$\cdots$，y_p 的累积贡献率。当 a_p 接近于 1（一般取值为 0.85、0.9、0.95）时，则选择前 p 个指标变量 y_1，y_2，$\cdots$，y_p 作为 p 个主成分，代替原来 m 个指标变量，从而可对 p 个主成分进行综合分析。

(4) 计算综合得分。

$$Z = \sum_{j=1}^{p} b_j y_j \quad (4-4)$$

其中，b_j 为第 j 个主成分的信息贡献率，根据综合得分值就可以进行评价。

可以看出，主成分分析法的基本原理是：将彼此相关的变量转变为彼此不相关的新变量；方差较大的几个新变量就能综合反映原来多个变量所包含的主要信息；新变量各自带有独特的专业含义。同时可以看出主成分分析的内涵为：将彼此相关的指标变量转化为彼此不相关的指标变量；将个数较多的指标变量转化为个数较少的指标变量；将意义单一的指标变量转化为意义综合的指标变量。

综上所述，主成分回归分析采用的方法是将原来的回归自变量变换到另一组变量，即主成分，选择其中一部分重要的主成分作为新的自变量，丢弃了一部分影响不大的自变量，实际上达到了降维的目的，然后用最小二乘法对选取主成分后的模型参数进行估计，最后再变换回原来的模型求出参数的估计值。

第 5 章

河南省开放经济发展的国内比较

自"一带一路"倡议提出以来,我国的开放经济进入了一个新的发展阶段。作为我国的人口大省和经济大省,河南省连通南北、横贯东西,位于丝绸之路经济带的重要节点,近两年来更是迎来了中原城市群、郑州航空经济综合试验区以及河南自贸区等开放经济发展的战略机遇。本章根据第 3 章构建的开放经济评价指标体系,基于河南省及其他各省(区、市)2016 年的相关数据,采用 SPSS 方法计算各省(区、市)的开放经济发展指数,对河南省开放经济的发展水平及其在全国、中部地区以及内陆省(区、市)的地位进行综合评价和比较,为河南省在新时期发展开放经济提供政策依据和借鉴。

5.1 主成分分析法的相关检验及模型结果输出

5.1.1 主成分分析法的适用性检验

由于主成分分析评价方法合理使用的前提是样本数据满足一定的前提条件,因此首先对本章 31 个省(区、市)的样本数据进行主成分分析法的适用性检验。通常情况下,可通过 Bartlett 球形度检验、KMO 检验和 SMC 检验来判断样本数据是否适合做主成分分析。Bartlett 球形度检验是基于相关矩阵是否为单位阵进行判断,如果统计结果不拒绝原假设,说明变量可以独立提供一些信息,因此不适合做主成分分析,反之,则适合。KMO 检验是通过比较两个变量的相关系数与偏相关系数得到的,取值介于 0~1 之间。统计量值越高,表明变量的共性越强。如果偏相关系数相对于相关系数比较高,则 KMO 值比较低,主成分分析不能起到很好的数据约化效果。一般来说,当 KMO 统计量大于 0.7 时,进行主成分分析就会得到较好的结果。SMC 是通过一个变量与其他所有变量的复相关系数的平方,也就是复回归方程的可决系数进行判断。统计值越高表明变量的线性关系越强,共性越强,主成分分析就越合适。表 5-1 是 Bartlett 球形度检验的结果,表 5-2 是 KMO 检验和 SMC 检验的结果。根据检验结果及其各自的判断标准,本章 31 个省(区、市)的样本数据满足主成分分析的前提条件,适合采用主成分分析法进行分析。

表 5-1　　　　　　　　Bartlett 球形度检验结果

Bartlett 的球形度检验	近似卡方	860.042
	df	190
	Sig.	0.000

注:结果由 SPSS 软件输出。

表 5-2　　　　　　　　变量的 KMO 和 SMC 检验结果

变量	KMO 检验结果	SMC 检验结果
出口依存度(X1)	0.7170	0.9839
进口依存度(X2)	0.7961	0.9881
货物进出口总额(X3)	0.8584	0.9932
实际利用外资额占比(X4)	0.6638	0.8094
外商及港澳台商投资企业数占比(X5)	0.8331	0.9695
货运量(X6)	0.7523	0.9320
客运量(X7)	0.5247	0.9235
普通高校数(X8)	0.6812	0.9498
每万人在校大学生数(X9)	0.6941	0.9446
研究人员数(X10)	0.7597	0.9862
研究经费支出(X11)	0.7741	0.9751

续表

变量	KMO 检验结果	SMC 检验结果
每万人专利授权数（X12）	0.7892	0.9750
接待入境国（境）外旅游者数（X13）	0.7850	0.9624
星级饭店数（X14）	0.4561	0.9008
对外航空便利度（X15）	0.7256	0.9617
旅游创汇收入（X16）	0.6830	0.9263
每万人国际互联网用户数（X17）	0.7828	0.9771
每万人移动电话数（X18）	0.7744	0.9760
广播电视覆盖率（X19）	0.8720	0.7200
人均公共图书馆藏书数（X20）	0.7579	0.9732
合计	0.7541	—

注：①结果由 Stata 软件输出；②由于本章是对河南省与其他省（区、市）进行比较，因此在具体指标数据的选取上对一些指标进行了人均化处理，以消除省与直辖市在人口和经济总规模上的影响。

5.1.2 主成分分析模型结果输出

在对 31 个省（区、市）的样本数据进行标准化处理的基础上，运用 SPSS 软件进行主成分分析。根据主成分提取标准，这里提取了特征值大于 1 的 4 个主成分（见表 5-3），4 个主成分的方差贡献率分别为 53.593%、16.245%、9.183%、6.200%，累计方差贡献率为 85.221%，超过了 85% 的一般判断标准。这说明提取的 4 个主成分能较好地反映原始数据中 20 个变量的绝大部分信息，具有较强的代表性。因此，可以选取这 4 个主成分作为综合变量来考察河南省及其他省（区、市）开放经济的发展水平。

表 5-3　　　　4 个主成分的特征值与方差贡献率

成分	初始特征值			提取平方和载入		
	合计	方差的 %	累积 %	合计	方差的 %	累积 %
1	10.719	53.593	53.593	10.719	53.593	53.593
2	3.249	16.245	69.838	3.249	16.245	69.838
3	1.837	9.183	79.021	1.837	9.183	79.021
4	1.240	6.200	85.221	1.240	6.200	85.221

注：结果由 SPSS 软件输出。

表 5 - 4 是 20 个原始变量在所提取的 4 个主成分上的载荷值。基于各变量的载荷值，可根据式（5 - 1）计算出各个主成分表达式中关于 20 个原始变量标准化后变量的对应系数。

表 5 - 4   各变量在 4 个主成分上的载荷值

变量	成分			
	1	2	3	4
出口依存度（X1）	0.700	0.544	-0.300	0.112
进口依存度（X2）	0.906	0.166	-0.205	-0.221
货物进出口总额（X3）	0.911	0.251	-0.206	-0.143
实际利用外资额占比（X4）	0.466	0.137	0.567	-0.503
外商及港澳台商投资企业数占比（X5）	0.897	0.117	-0.184	-0.216
货运量（X6）	0.517	0.733	-0.286	0.022
客运量（X7）	-0.042	0.847	0.114	0.335
普通高校数（X8）	0.571	-0.560	0.458	-0.073
每万人在校大学生数（X9）	0.699	-0.145	0.622	-0.032
研究人员数（X10）	0.919	-0.154	0.158	0.165
研究经费支出（X11）	0.896	0.250	0.141	0.063
每万人专利授权数（X12）	0.860	0.054	0.223	0.307
接待入境国（境）外旅游者数（X13）	0.844	-0.195	-0.246	-0.158
星级饭店数（X14）	0.192	-0.760	-0.414	0.278
对外航空便利度（X15）	0.719	-0.525	-0.193	-0.094
旅游创汇收入（X16）	0.682	-0.099	-0.239	-0.226
每万人国际互联网用户数（X17）	0.814	-0.225	0.067	0.454
每万人移动电话数（X18）	0.832	-0.244	-0.019	0.407
广播电视覆盖率（X19）	0.596	0.367	0.365	0.121
人均公共图书馆藏书数（X20）	0.803	-0.072	-0.237	-0.254

注：结果由 SPSS 软件输出。

$$\alpha_{ij} = \frac{a_{ij}}{d_j}, i = 1, 2, \cdots\cdots, 20, j = 1, 2, 3, 4 \qquad (5 - 1)$$

其中，α_{ij} 表示第 j 个主成分关于第 i 个变量的系数，a_{ij} 表示第 i 个变量在第 j 个主成分上的载荷值，d_j 表示第 j 个主成分特征值的平方根。

根据得到的系数可列出各主成分关于原始变量标准化后变量的线性表达式。进一步，根据式（5-2）可构造综合评价模型：

$$F = \beta_1 \times F_1 + \beta_2 \times F_2 + \beta_3 \times F_3 + \beta_4 \times F_4 \quad (5-2)$$

其中，β_i（i=1，2，3，4）为第 i 个主成分的方差贡献率占所提取的 4 个主成分方差贡献率之和的比例。代入 β_i 数值得到：

$$F = 0.6289 \times F_1 + 0.1906 \times F_2 + 0.1078 \times F_3 + 0.0728 \times F_4 \quad (5-3)$$

将各主成分的线性表达式带入式（5-3），即可得到综合评价模型的最终表达式：

$$\begin{aligned}F = &\; 0.1754 \times ZX_1 + 0.1609 \times ZX_2 + 0.1758 \times ZX_3 + 0.1162 \times ZX_4 \\&+ 0.1561 \times ZX_5 + 0.1556 \times ZX_6 + 0.1124 \times ZX_7 + 0.0819 \times ZX_8 \\&+ 0.1663 \times ZX_9 + 0.1836 \times ZX_{10} + 0.2139 \times ZX_{11} + 0.2087 \times ZX_{12} \\&+ 0.1115 \times ZX_{13} - 0.0583 \times ZX_{14} + 0.0611 \times ZX_{15} + 0.0868 \times ZX_{16} \\&+ 0.1674 \times ZX_{17} + 0.1591 \times ZX_{18} + 0.1902 \times ZX_{19} + 0.1113 \times ZX_{20}\end{aligned}$$

$$(5-4)$$

5.2 开放经济发展水平得分计算及分析

5.2.1 全国层面分析

根据各原始变量所属的不同指标维度，将其标准化后的数据代入式（5-4）的综合评价模型中，可以得到河南省及其他省（区、市）2016年开放经济发展水平的综合得分和综合排名以及各分项指标的得分和排名（见表5-5和图5-1）。根据综合得分可将全国各省（区、市）的开放经济发展水平分为五个层次：第一层次得分大于2，属于全国开放经济发展水平极高的省（区、市）；第二层次得分处于0~2之间，属于全国开放经济发展水平较高的省（区、市）；第三层次得分处于 -1~0 之间，属于全国开放经济发展水平一般的省（区、市）；第四层次得分处于 -1.5~-1 之间，属于全国开放经济发展水平较低的省（区、市）；第五层次得分小于 -1.5，属于全国开放经济发展水平极低的省（区、市）。

表5-5　河南省开放经济发展水平得分及在全国的排名

省份	综合得分	综合排名	经济开放度 得分	排名	技术开放度 得分	排名	社会开放度 得分	排名
上海	6.2415	1	2.6818	1	1.5664	2	1.9933	2
北京	5.1105	2	0.3476	7	2.7337	1	2.0292	1
广东	3.9457	3	2.2908	2	0.7260	5	0.9289	3
天津	2.4742	4	0.8541	4	1.1945	3	0.4256	5
浙江	2.3903	5	0.8384	5	0.7802	4	0.7717	4
江苏	1.9829	6	0.9726	3	0.6927	6	0.3176	7
福建	0.7965	7	0.3481	6	0.0277	10	0.4206	6
辽宁	0.4559	8	0.3310	8	-0.0311	11	0.1560	8
重庆	0.1530	9	-0.0892	14	0.1695	8	0.0727	11
陕西	0.1390	10	-0.4144	20	0.4176	7	0.1357	9
山东	-0.0817	11	0.2511	9	-0.1894	14	-0.1433	15
安徽	-0.2654	12	0.0823	10	-0.0311	12	-0.3165	22
湖北	-0.2835	13	-0.2010	16	0.1492	9	-0.2317	19
河北	-0.5134	14	0.0565	11	-0.3849	20	-0.1850	17
吉林	-0.6686	15	-0.3543	19	-0.2763	16	-0.0379	12
海南	-0.7524	16	-0.0629	13	-0.5420	24	-0.1475	16
江西	-0.7801	17	-0.0985	15	-0.0755	13	-0.6061	28
河南	-0.9100	18	-0.0141	12	-0.4577	22	-0.4382	25
内蒙古	-1.0320	19	-0.5786	25	-0.5854	28	0.1320	10
黑龙江	-1.0747	20	-0.5312	23	-0.3382	18	-0.2054	18
四川	-1.0844	21	-0.4282	21	-0.3612	19	-0.2949	21
山西	-1.0961	22	-0.5152	22	-0.3242	17	-0.2567	20
广西	-1.2428	23	-0.3455	18	-0.5130	23	-0.3843	24

续表

省份	综合得分	综合排名	经济开放度		技术开放度		社会开放度	
			得分	排名	得分	排名	得分	排名
湖南	-1.2655	24	-0.2501	17	-0.2327	15	-0.7827	30
宁夏	-1.3176	25	-0.8147	29	-0.3899	21	-0.1130	13
云南	-1.3659	26	-0.6772	27	-0.5665	26	-0.1222	14
新疆	-1.7393	27	-0.5454	24	-0.6368	29	-0.5571	27
甘肃	-1.7954	28	-0.7354	28	-0.5545	25	-0.5055	26
青海	-1.9754	29	-0.9120	31	-0.7040	31	-0.3595	23
贵州	-2.1661	30	-0.6236	26	-0.5844	27	-0.9580	31
西藏	-2.2794	31	-0.8626	30	-0.6789	30	-0.7379	29

注：根据 SPSS 软件输出结果计算整理。

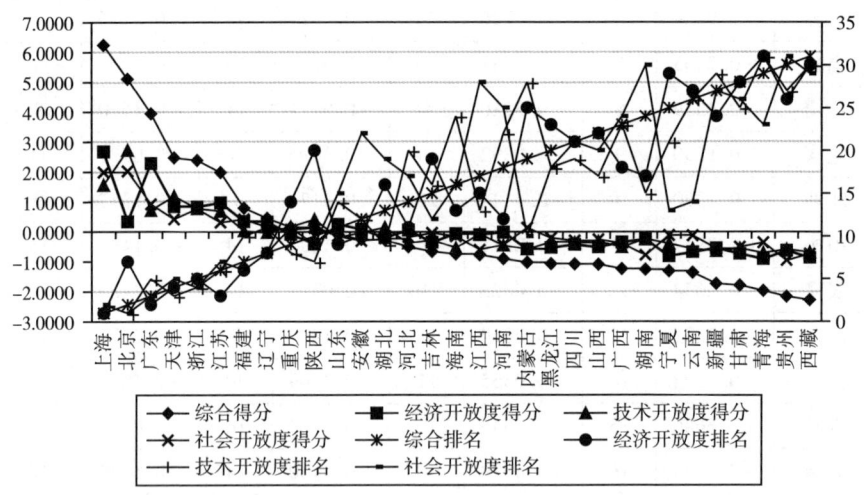

图 5-1 河南省开放经济发展水平得分及在全国的排名

具体来看，河南省 2016 年开放经济发展水平综合得分为 -0.9100，小于全国平均水平（全国平均水平为 0）。按照上述标准进行判断，河南省处于第三层次的末尾，开放经济发展水平应归于一般发展水平之列。进一步，从排名上来看，河南省在全国排在第 18 位，处于中等稍偏下的位置，这与经济总量位居全国第五的人口大省的地位不相符合。与综合得分及排名相比，河南省经济开放度的得分较高，排名相对较为靠前，而技术开放度和社会开放度的得分较低,排名相对较为靠后。这意味着,技术开放程度和社会开放程度的滞后已经成为河南省开放经济发展水平提升的制约因素。因此,提升技术开放水平和社会开放水平是提升河南省开放经济发展水平的关键。

5.2.2 区域层面分析

从中部六省比较来看(见表5-6和图5-2),河南省开放经济发展水平综合得分低于安徽、湖北、江西三省,而高于山西、湖南两省,在中部六省中排在中等稍偏下的位置(排第四)。从平均水平来看,河南省开放经济发展水平综合得分低于中部地区-0.7668的平均水平。与在中部地区的综合得分排名相比,河南省的经济开放度排名较为靠前,排在中部地区第二的位置,社会开放度排名与综合排名相同,而技术开放度则较为落后,排在中部地区最后一位。这说明,从中部地区来看,河南省技术开放水平尤其低,已经成为其与中部其他省份在开放经济发展中开展竞争的制约因素。

表5-6　河南省开放经济发展水平得分及在中部地区的排名

省份	综合得分	区域综合排名	经济开放度		技术开放度		社会开放度	
			得分	排名	得分	排名	得分	排名
安徽	-0.2654	1	0.0823	1	-0.0311	2	-0.3165	3
湖北	-0.2835	2	-0.2010	4	0.1492	1	-0.2317	1
江西	-0.7801	3	-0.0985	3	-0.0755	3	-0.6061	5
河南	-0.9100	4	-0.0141	2	-0.4577	6	-0.4382	4
山西	-1.0961	5	-0.5152	6	-0.3242	5	-0.2567	2
湖南	-1.2655	6	-0.2501	5	-0.2327	4	-0.7827	6
平均	-0.7668	—	-0.1661	—	-0.1620	—	-0.4386	—

注:根据SPSS软件输出结果计算整理。

从内陆十二省(区、市)的比较来看(见表5-7和图5-3),河南省开放经济发展水平得分低于重庆、陕西、安徽、湖北、江西等五省(市),而高于四川、山西、湖南、宁夏、青海、贵州等六省(区),在内陆十二省(区、市)中处于中间位置(排第六位)。从平均水平来看,河南省开放经济发展水平综合得分低于内陆十二省(区、市)-0.9043的平

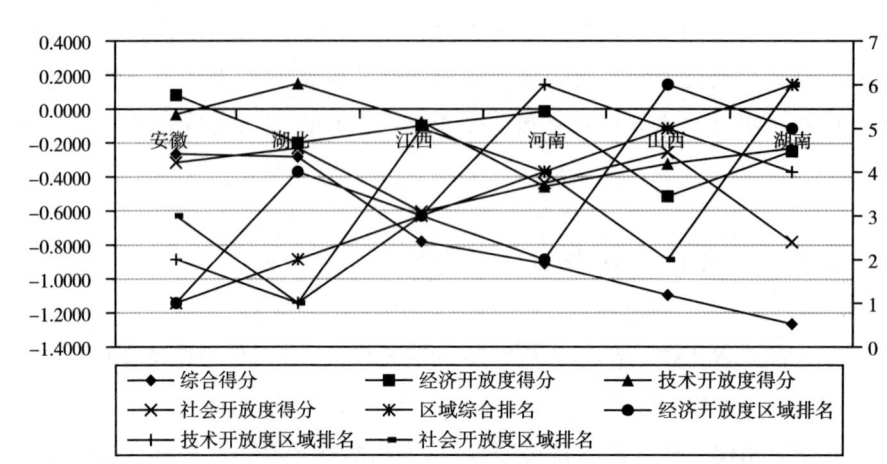

图 5-2 河南省开放经济发展水平得分及在中部地区的排名

均水平。与在内陆省（区、市）的综合排名相比，河南省同样在经济开放度上表现突出，排在十二省（区、市）第二的位置，但技术开放度和社会开放度排名十分靠后，分别排在内陆省（区、市）的第十和第九的位置，严重拉低了河南省开放经济发展水平在内陆十二省（区、市）中的排名。

表 5-7 河南省开放经济发展水平得分及在内陆省（区、市）的排名

省份	综合得分	区域综合排名	经济开放度		技术开放度		社会开放度	
			得分	排名	得分	排名	得分	排名
重庆	0.1530	1	-0.0892	3	0.1695	2	0.0727	2
陕西	0.1390	2	-0.4144	7	0.4176	1	0.1357	1
安徽	-0.2654	3	0.0823	1	-0.0311	4	-0.3165	7
湖北	-0.2835	4	-0.2010	5	0.1492	3	-0.2317	4
江西	-0.7801	5	-0.0985	4	-0.0755	5	-0.6061	10
河南	-0.9100	6	-0.0141	2	-0.4577	10	-0.4382	9
四川	-1.0844	7	-0.4282	8	-0.3612	8	-0.2949	6
山西	-1.0961	8	-0.5152	9	-0.3242	7	-0.2567	5
湖南	-1.2655	9	-0.2501	6	-0.2327	6	-0.7827	11
宁夏	-1.3176	10	-0.8147	11	-0.3899	9	-0.1130	3
青海	-1.9754	11	-0.9120	12	-0.7040	12	-0.3595	8
贵州	-2.1661	12	-0.6236	10	-0.5844	11	-0.9580	12
平均	-0.9043	—	-0.3566	—	-0.2020	—	-0.3457	—

注：根据 SPSS 软件输出结果计算整理。

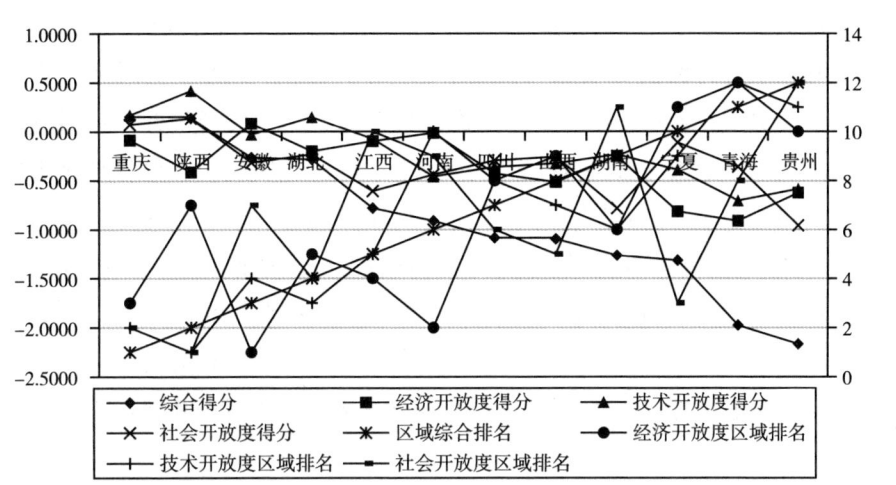

图 5-3 河南省开放经济发展水平得分及在内陆省（区、市）的排名

可见，河南省开放经济发展水平虽然在全国层面处于一般发展水平之列，但整体来看仍然较弱，得分值不仅低于全国平均水平，而且也不及中部六省和内陆十二省（区、市）的平均水平。较低的开放经济发展水平已经成为河南省在新时期经济持续健康发展的障碍。

5.3 河南省经济开放度的国内比较

5.3.1 经济开放度总体分析

表 5-8 是根据原始变量所属的二级指标维度，按照式（5-4）计算得到的河南省经济开放度得分及在全国的排名。根据各省（区、市）的经济开放度得分，可将经济开放水平划分为五个层次：第一层次得分大于 0.5，属于全国经济开放程度极高的省（区、市）；第二层次得分处于 0～0.5 之间，属于全国经济开放程度较高的省（区、市）；第三层次得分处于 -0.5～0 之间，属于全国经济开放程度一般的省（区、市）；第四层次得分处于 -0.7～-0.5 之间，属于全国经济开放程度较低的省（区、市）；

第五层次得分小于-0.7，属于全国经济开放程度极低的省（区、市）。

具体来看，河南省经济开放度得分为-0.0141，低于全国平均水平（全国平均水平为0）。按照上述标准进行判断，河南省经济开放度得分和开放经济发展水平综合得分一样，处于第三层次，应归于一般发展水平之列。不同的是，河南省经济开放度得分位于第三层次之首，相对靠前。相应地，河南省经济开放度得分在全国的排名也比较靠前，排在第12位，相对于第18位的综合得分排名，河南省经济开放水平较高，具有一定的优势。这主要是因为，河南省是全国重要的交通枢纽，优越的地理位置和四通八达的交通条件加速了河南与外界的经济交往，从而使其在经济层面开放程度相对较高。

表5-8　　　　　　河南省经济开放度得分及在全国的排名

省份	综合排名	经济开放度 得分	经济开放度 排名	省份	综合排名	经济开放度 得分	经济开放度 排名
上海	1	2.6818	1	江西	17	-0.0985	15
北京	2	0.3476	7	河南	18	-0.0141	12
广东	3	2.2908	2	内蒙古	19	-0.5786	25
天津	4	0.8541	4	黑龙江	20	-0.5312	23
浙江	5	0.8384	5	四川	21	-0.4282	21
江苏	6	0.9726	3	山西	22	-0.5152	22
福建	7	0.3481	6	广西	23	-0.3455	18
辽宁	8	0.3310	8	湖南	24	-0.2501	17
重庆	9	-0.0892	14	宁夏	25	-0.8147	29
陕西	10	-0.4144	20	云南	26	-0.6772	27
山东	11	0.2511	9	新疆	27	-0.5454	24
安徽	12	0.0823	10	甘肃	28	-0.7354	28
湖北	13	-0.2010	16	青海	29	-0.9120	31
河北	14	0.0565	11	贵州	30	-0.6236	26
吉林	15	-0.3543	19	西藏	31	-0.8626	30
海南	16	-0.0629	13				

注：根据SPSS软件输出结果计算整理。

5.3.2 经济开放明细维度分析

(1) 全国层面分析。

表5-9是根据原始变量所属的二级和三级指标维度,按照式(5-4)计算得到的河南省经济开放度明细指标得分及在全国的排名。根据各省(区、市)的贸易往来得分,可将全国31个省(区、市)划分为五个层次:第一层次得分大于0.5,属于全国贸易经济极强的省(区、市);第二层次得分处于0~0.5之间,属于全国贸易经济较强的省(区、市);第三层次得分处于-0.2~0之间,属于全国贸易经济发展一般的省(区、市);第四层次得分处于-0.3~-0.2之间,属于全国贸易经济发展较弱的省(区、市);第五层次得分小于-0.3,属于全国贸易经济发展极弱的省(区、市)。河南省贸易往来得分为-0.1993,低于全国平均水平(全国平均水平为0)。按照上述标准判断,河南省处于第三层次的末尾,贸易经济发展一般,在全国排在第16位,相比于经济开放度第12位的排名靠后,而相比于综合得分第18位的排名则稍微靠前。

根据各省(区、市)的投资往来得分,也可将全国31个省(区、市)划分为五个层次:第一层次得分大于0.2,属于全国投资往来经济极强的省(区、市);第二层次得分处于0~0.2之间,属于全国投资往来经济较强的省(区、市);第三层次得分处于-0.1~0之间,属于全国投资往来经济发展一般的省(区、市);第四层次得分处于-0.2~-0.1之间,属于全国投资往来经济发展较弱的省(区、市);第五层次得分小于-0.2,属于全国投资往来经济发展极弱的省(区、市)。河南省投资往来得分为-0.0850,低于全国平均水平(全国平均水平为0)。按照上述标准判断,河南同样处于第三层次的末尾,投资往来经济发展一般,在全国排在中等偏下的第18位,相比于经济开放度第12位的排名靠后,而与综合得分排名一致。

根据各省(区、市)的要素流动得分,同样可将全国31个省(区、市)划分为五个层次:第一层次得分大于0.25,属于全国要素流动极强的省(区、市);第二层次得分处于0~0.25之间,属于全国要素流动较强的省（区、市）；第三层次得分处于 -0.15~0 之间，属于全国要素流动一般的省（区、市）；第四层次得分处于 -0.2~-0.15 之间，属于全国要素流动较弱的省（区、市）；第五层次得分小于 -0.2，属于全国要素流动极弱的省（区、市）。河南省要素流动得分为 0.2702，远高于全国平均水平（全国平均水平为 0）。按照上述标准判断，河南处于第一层次，要素流动性极强，在全国排名十分突出，排在第 4 位，相比于排在第 12 位的经济开放度和排在第 18 位的综合得分远远靠前。

总的来看，河南省经济开放度相对于综合得分排名表现出一定的优势，主要得益于其较为活跃的要素流动。这主要是因为，河南省四通八达的铁路交通承载了巨大规模的客运量和货运量。相对来说，贸易经济和投资往来发展较弱，这与河南省地处内陆的封闭区位因素和有待完善的营商环境不无关系。不过，这也从另一个层面说明，对外经济合作在促进河南省经济开放度提升方面具有较大的空间和潜力。因此，对河南来说，未来要紧抓国家"一带一路"倡议、郑州航空港经济综合试验区和河南自贸区建设等重要机遇，注重对外经济合作，以提高开放经济发展水平（见图 5-4）。

表 5-9　河南省经济开放度明细指标得分及在全国的排名

省份	综合排名	经济开放度排名	贸易往来		投资往来		要素流动	
			得分	排名	得分	排名	得分	排名
上海	1	1	1.7228	1	0.6715	1	0.2875	3
北京	2	7	0.3038	6	0.2814	4	-0.2377	27
广东	3	2	1.2677	2	0.2885	3	0.7346	1
天津	4	4	0.4753	5	0.5750	2	-0.1962	26
浙江	5	5	0.5623	4	0.0726	11	0.2035	8
江苏	6	3	0.5764	3	0.1666	6	0.2297	7
福建	7	6	0.2026	7	0.1580	7	-0.0125	13
辽宁	8	8	0.0978	8	-0.0067	13	0.2399	6
重庆	9	14	-0.0540	10	0.0869	8	-0.1221	19
陕西	10	20	-0.2283	18	-0.1336	21	-0.0524	16
山东	11	9	0.0971	9	-0.0488	14	0.2028	9

续表

省份	综合排名	经济开放度排名	贸易往来		投资往来		要素流动	
			得分	排名	得分	排名	得分	排名
安徽	12	10	-0.2189	17	0.0403	12	0.2609	5
湖北	13	16	-0.2634	22	-0.0641	17	0.1265	11
河北	14	11	-0.1417	13	-0.1158	19	0.3140	2
吉林	15	19	-0.2520	21	0.0798	10	-0.1822	25
海南	16	13	-0.0658	11	0.2669	5	-0.2640	28
江西	17	15	-0.1921	15	0.0846	9	0.0090	12
河南	18	12	-0.1993	16	-0.0850	18	0.2702	4
内蒙古	19	25	-0.3130	26	-0.1540	24	-0.1116	17
黑龙江	20	23	-0.3045	25	-0.0549	15	-0.1717	23
四川	21	21	-0.2431	19	-0.1471	23	-0.0380	15
山西	22	22	-0.2477	20	-0.1300	20	-0.1374	21
广西	23	18	-0.1418	14	-0.1724	25	-0.0313	14
湖南	24	17	-0.3214	27	-0.0611	16	0.1324	10
宁夏	25	29	-0.2930	24	-0.2483	28	-0.2734	29
云南	26	27	-0.2795	23	-0.2223	27	-0.1754	24
新疆	27	24	-0.1168	12	-0.2619	30	-0.1667	22
甘肃	28	28	-0.3401	28	-0.2740	31	-0.1213	18
青海	29	31	-0.3825	31	-0.2495	29	-0.2800	30
贵州	30	26	-0.3576	30	-0.1385	22	-0.1275	20
西藏	31	30	-0.3493	29	-0.2040	26	-0.3093	31

注：根据 SPSS 软件输出结果计算整理。

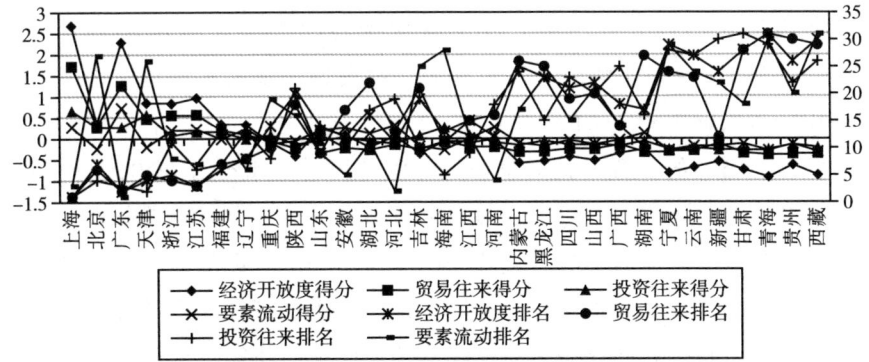

图 5-4　河南省经济开放度明细指标得分及在全国的排名

(2) 区域层面分析。

从中部六省经济开放度各明细指标的比较来看（见表5-10和图5-5），河南省贸易往来较有优势，得分位于中部地区平均水平之上，仅次于江西省排在中部六省第二的位置。与综合得分和经济开放度在中部地区的排名相比，河南省贸易往来得分在中部地区的排名与经济开放度排名一致，而较综合得分排名靠前。就投资往来而言，河南省发展较弱，得分低于中部地区-0.0359的平均水平，也落后于经济开放度和综合得分在中部地区的排名。就要素流动而言，河南省在中部地区表现得尤为突出，排在中部六省第一的位置，得分远高于中部地区的平均水平。与在综合得分和经济开放度在中部地区的排名相比，河南省要素流动得分在中部地区的排名遥遥领先，成为其经济开放度在中部地区排名靠前的重要支撑因素。

表5-10　河南省经济开放度明细指标得分及在中部地区的排名

省份	区域综合排名	经济开放度排名	贸易往来		投资往来		要素流动	
			得分	排名	得分	排名	得分	排名
安徽	1	1	-0.2189	3	0.0403	2	0.2609	2
湖北	2	4	-0.2634	5	-0.0641	4	0.1265	4
江西	3	3	-0.1921	1	0.0846	1	0.0090	5
河南	4	2	-0.1993	2	-0.0850	5	0.2702	1
山西	5	6	-0.2477	4	-0.1300	6	-0.1374	6
湖南	6	5	-0.3214	6	-0.0611	3	0.1324	3
平均	—	—	-0.2405	—	-0.0359	—	0.1102	—

注：根据SPSS软件输出结果计算整理。

从内陆十二省（区、市）经济开放度各明细指标的比较来看（见表5-11和图5-6），河南省贸易往来、投资往来和要素流动三者得分均大于内陆省（区、市）的平均水平，在十二省（区、市）中分别排在第三、第六和第一的位置。相对来说，河南省贸易往来得分在内陆省（区、市）的排名不及经济开放度的区域排名，但比综合得分排名要靠前。投资往来发展较弱，其排名与综合得分的区域排名一致，但远弱于经济开放度的排名。而要素流动表现得较为突出，排名优于经济开放度和开放经济发展水平的综合得分，同样是河南省经济开放度在内陆省（区、市）表现良好的重要支撑因素。

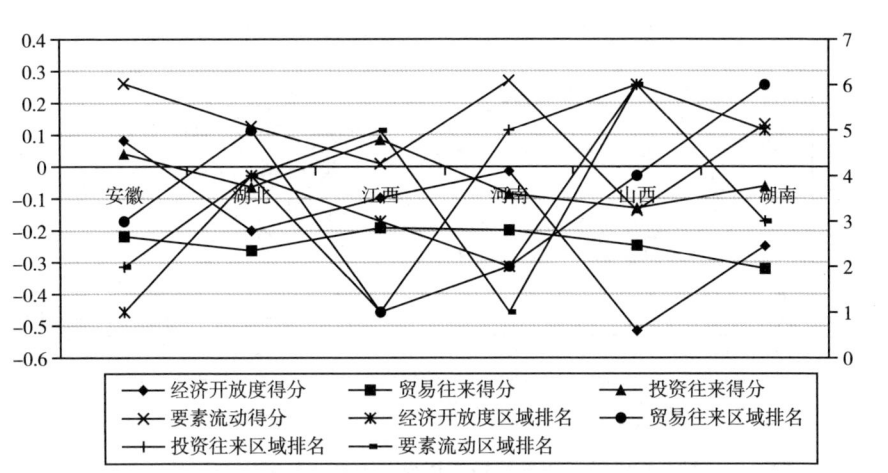

图 5-5 河南省经济开放度明细指标得分及在中部地区的排名

表 5-11 河南省经济开放度明细指标得分及在内陆省（区、市）的排名

省份	区域综合排名	经济开放度排名	贸易往来		投资往来		要素流动	
			得分	排名	得分	排名	得分	排名
重庆	1	3	-0.0540	1	0.0869	1	-0.1221	8
陕西	2	7	-0.2283	5	-0.1336	8	-0.0524	7
安徽	3	1	-0.2189	4	0.0403	3	0.2609	2
湖北	4	5	-0.2634	8	-0.0641	5	0.1265	4
江西	5	4	-0.1921	2	0.0846	2	0.0090	5
河南	6	2	-0.1993	3	-0.0850	6	0.2702	1
四川	7	8	-0.2431	6	-0.1471	10	-0.0380	6
山西	8	9	-0.2477	7	-0.1300	7	-0.1374	10
湖南	9	6	-0.3214	10	-0.0611	4	0.1324	3
宁夏	10	11	-0.2930	9	-0.2483	11	-0.2734	11
青海	11	12	-0.3825	12	-0.2495	12	-0.2800	12
贵州	12	10	-0.3576	11	-0.1385	9	-0.1275	9
平均	—	—	-0.2501	—	-0.0871	—	-0.0193	—

注：根据 SPSS 软件输出结果计算整理。

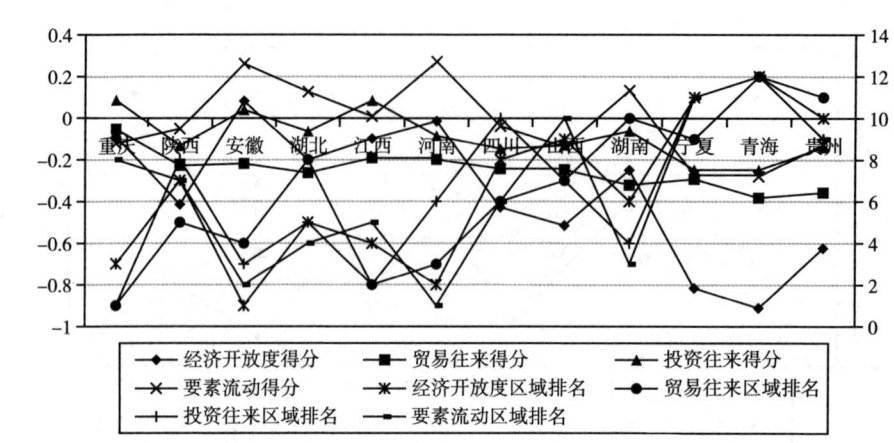

图 5-6 河南省经济开放度明细指标得分及在内陆省（区、市）的排名

5.4 河南省技术开放度的国内比较

5.4.1 技术开放度总体分析

表 5-12 是根据原始变量所属的二级指标维度，按照式（5-4）计算得到的河南省技术开放度得分及在全国的排名。根据各省（区、市）的技术开放度得分，可将技术开放水平划分为五个层次：第一层次得分大于 0.5，属于全国技术开放程度极高的省（区、市）；第二层次得分处于 0～0.5 之间，属于全国技术开放程度较高的省（区、市）；第三层次得分处于 -0.3～0 之间，属于全国技术开放程度一般的省（区、市）；第四层次得分处于 -0.5～-0.3 之间，属于全国技术开放程度较低的省（区、市）；第五层次得分小于 -0.5，属于全国技术开放程度极低的省（区、市）。

具体来看，河南省技术开放度得分为 -0.4577，低于全国平均水平（全国平均水平为 0）。按照上述标准进行判断，河南省处于第四层次，技术开放度较低。相应地，河南省技术开放度得分在全国的排名也比较靠后，排在第 22 位，相对于第 18 位的综合得分排名较为靠后，低水平的技术开放度已成为河南省开放经济发展的劣势因素。这主要是因为,河南省教育资源匮乏、创新资源投入不足,从而使其在技术开放层面表现较为落后。

表 5-12　　　　河南省技术开放度得分及在全国的排名

省份	综合排名	技术开放度得分	排名	省份	综合排名	技术开放度得分	排名
上海	1	1.5664	2	江西	17	-0.0755	13
北京	2	2.7337	1	河南	18	-0.4577	22
广东	3	0.7260	5	内蒙古	19	-0.5854	28
天津	4	1.1945	3	黑龙江	20	-0.3382	18
浙江	5	0.7802	4	四川	21	-0.3612	19
江苏	6	0.6927	6	山西	22	-0.3242	17
福建	7	0.0277	10	广西	23	-0.5130	23
辽宁	8	-0.0311	11	湖南	24	-0.2327	15
重庆	9	0.1695	8	宁夏	25	-0.3899	21
陕西	10	0.4176	7	云南	26	-0.5665	26
山东	11	-0.1894	14	新疆	27	-0.6368	29
安徽	12	-0.0311	12	甘肃	28	-0.5545	25
湖北	13	0.1492	9	青海	29	-0.7040	31
河北	14	-0.3849	20	贵州	30	-0.5844	27
吉林	15	-0.2763	16	西藏	31	-0.6789	30
海南	16	-0.5420	24				

注:根据 SPSS 软件输出结果计算整理。

5.4.2　技术开放明细维度分析

(1)全国层面分析。

表 5-13 是根据原始变量所属的二级和三级指标维度,按照式(5-4)计算得到的河南省技术开放度明细指标得分及在全国的排名。根据各省(区、市)的知识获取得分,可将全国 31 个省(区、市)划分为五个层

次:第一层次得分大于 0.2,属于全国知识获取能力极强的省(区、市);第二层次得分处于 0~0.2 之间,属于全国知识获取能力较强的省(区、市);第三层次得分处于 -0.1~0 之间,属于全国知识获取能力一般的省(区、市);第四层次得分处于 -0.15~-0.1 之间,属于全国知识获取能力较弱的省(区、市);第五层次得分小于 -0.15,属于全国知识获取能力极弱的省(区、市)。河南省知识获取得分为 -0.1475,低于全国平均水平(全国平均水平为0)。按照上述标准判断,河南省处于第四层次,知识获取能力较弱,在全国排在第 24 位,相比于技术开放度第 22 位的排名和综合得分第 18 位的排名都靠后。

表 5-13 河南省技术开放度明细指标得分及在全国的排名

省份	综合排名	技术开放度排名	知识获取		创新能力	
			得分	排名	得分	排名
上海	1	2	0.2524	4	1.3140	2
北京	2	1	0.8536	1	1.8801	1
广东	3	5	-0.1315	21	0.8575	3
天津	4	3	0.5398	2	0.6548	5
浙江	5	4	-0.0707	15	0.8509	4
江苏	6	6	0.0853	9	0.6074	6
福建	7	10	-0.0031	12	0.0308	11
辽宁	8	11	0.1420	5	-0.1731	15
重庆	9	8	0.1210	7	0.0484	9
陕西	10	7	0.2734	3	0.1442	7
山东	11	14	-0.0729	16	-0.1165	13
安徽	12	12	-0.0918	18	0.0607	8
湖北	13	9	0.1017	8	0.0475	10
河北	14	20	-0.1501	25	-0.2347	17
吉林	15	16	0.1271	6	-0.4034	24
海南	16	24	-0.0863	17	-0.4557	30
江西	17	13	0.0382	10	-0.1137	12
河南	18	22	-0.1475	24	-0.3102	19

续表

省份	综合排名	技术开放度排名	知识获取		创新能力	
			得分	排名	得分	排名
内蒙古	19	28	-0.1414	22	-0.4440	29
黑龙江	20	18	-0.0209	14	-0.3173	20
四川	21	19	-0.1608	26	-0.2004	16
山西	22	17	-0.0163	13	-0.3079	18
广西	23	23	-0.1432	23	-0.3698	22
湖南	24	15	-0.1097	19	-0.1230	14
宁夏	25	21	0.0015	11	-0.3914	23
云南	26	26	-0.2329	30	-0.3337	21
新疆	27	29	-0.2025	29	-0.4343	27
甘肃	28	25	-0.1139	20	-0.4406	28
青海	29	31	-0.2945	31	-0.4095	25
贵州	30	27	-0.1668	27	-0.4176	26
西藏	31	30	-0.1794	28	-0.4995	31

注：根据 SPSS 软件输出结果计算整理。

根据各省（区、市）的创新能力得分，也可将全国 31 个省（区、市）划分为五个层次：第一层次得分大于 0.6，属于全国创新能力极强的省（区、市）；第二层次得分处于 0~0.6 之间，属于全国创新能力较强的省（区、市）；第三层次得分处于 -0.3~0 之间，属于全国创新能力一般的省（区、市）；第四层次得分处于 -0.4~-0.3 之间，属于全国创新能力较弱的省（区、市）；第五层次得分小于 -0.4，属于全国创新能力极弱的省（区、市）。河南省创新能力得分为 -0.3102，低于全国平均水平（全国平均水平为 0）。按照上述标准判断，河南同样处于第四层次，创新能力较弱，在全国排在中等偏下的第 19 位，相比于技术开放度第 22 位的排名靠前，而略靠后于综合得分排名。

总的来看，河南省技术开放水平发展较为落后，相对于综合得分排名存在一定的劣势。这主要是因为，一方面，河南省教育资源落后导致知识获取能力较弱。作为超过一亿的人口大省，河南没有一所"985"高校，仅有郑州大学一所"211"高校。而且在 2017 年国家"双一流"高校和学科评选中，河南只有郑州大学和河南大学两所高校入选，这与河南巨大的人口和经济规模严重不匹配；另一方面，河南省 R&D 经费投入强度较低，导致创新能力较弱。2016 年河南省 R&D 经费投入占 GDP 的比例仅为 1.23%，与全国 2.11% 的平均水平存在较大差距。① 两方面因素共同制约着河南技术开放水平的提高，这同时也意味着，通过知识获取能力和创新能力的提升来促进河南省开放经济发展水平的提高具有较大的空间和潜力。因此，河南未来要注重教育资源的培养和建设，加大创新资源的投入，以提高开放经济发展水平（见图 5-7）。

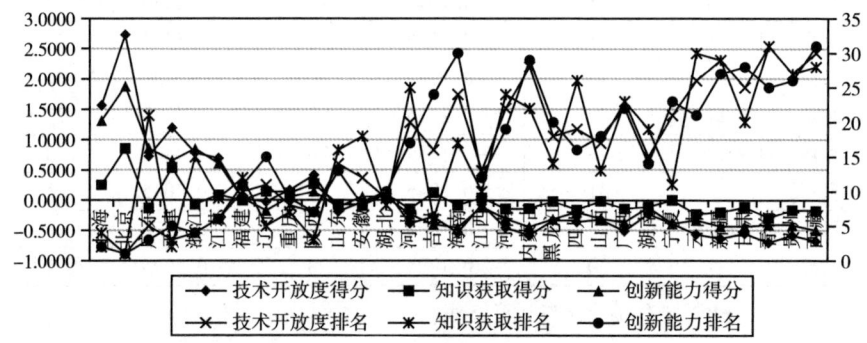

图 5-7 河南省技术开放度明细指标得分及在全国的排名

（2）区域层面分析。

从中部六省技术开放度各明细指标的比较来看（见表 5-14 和图 5-8），河南省的知识获取能力和创新能力都十分落后，得分远低于中部地区的平均水平，在中部六省中均排在最后一位。两者的排名与河南省技术开放度在中部地区的排名一致，但落后于综合得分在中部地区的排名。

表 5-14 河南省技术开放度明细指标得分及在中部地区的排名

省份	区域综合排名	技术开放度排名	知识获取		创新能力	
			得分	排名	得分	排名
安徽	1	2	-0.0918	4	0.0607	1
湖北	2	1	0.1017	1	0.0475	2
江西	3	3	0.0382	2	-0.1137	3

---

① 数据来自 2016 年全国科技经费投入统计公报。

续表

省份	区域综合排名	技术开放度排名	知识获取		创新能力	
			得分	排名	得分	排名
河南	4	6	-0.1475	6	-0.3102	6
山西	5	5	-0.0163	3	-0.3079	5
湖南	6	4	-0.1097	5	-0.1230	4
平均	—	—	-0.0375	—	-0.1244	—

注：根据 SPSS 软件输出结果计算整理。

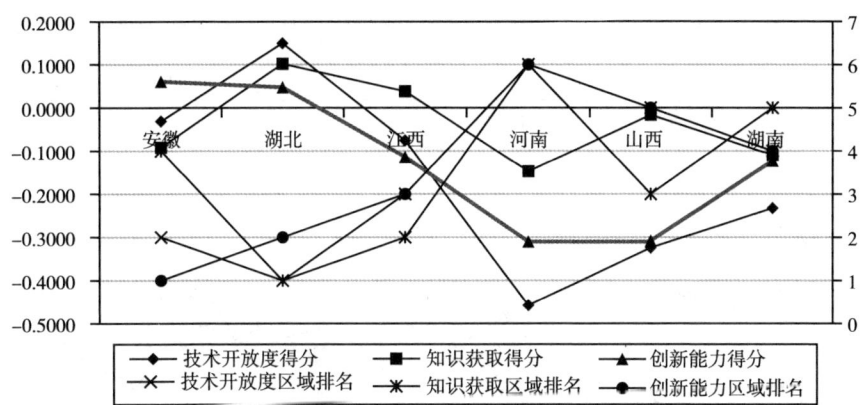

图 5-8 河南省技术开放度明细指标得分及在中部地区的排名

从内陆十二省（区、市）技术开放度各明细指标的比较来看（见表 5-15 和图 5-9），河南省知识获取和创新能力得分同样均远低于内陆省（区、市）的平均水平，在十二省（区、市）中排名一致，都比较靠后（均排在区域第九位）。相对来说，两者在内陆省（区、市）的排名稍靠前于技术开放度，但落后于综合得分的区域排名。

表 5-15 河南省技术开放度明细指标得分及在内陆省（区、市）的排名

省份	区域综合排名	技术开放度排名	知识获取		创新能力	
			得分	排名	得分	排名
重庆	1	2	0.1210	2	0.0484	3
陕西	2	1	0.2734	1	0.1442	1
安徽	3	4	-0.0918	7	0.0607	2
湖北	4	3	0.1017	3	0.0475	4

续表

省份	区域综合排名	技术开放度排名	知识获取得分	知识获取排名	创新能力得分	创新能力排名
江西	5	5	0.0382	4	-0.1137	5
河南	6	10	-0.1475	9	-0.3102	9
四川	7	8	-0.1608	10	-0.2004	7
山西	8	7	-0.0163	6	-0.3079	8
湖南	9	6	-0.1097	8	-0.1230	6
宁夏	10	9	0.0015	5	-0.3914	10
青海	11	12	-0.2945	12	-0.4095	11
贵州	12	11	-0.1668	11	-0.4176	12
平均	—		-0.0376	—	-0.1644	—

注：根据 SPSS 软件输出结果计算整理。

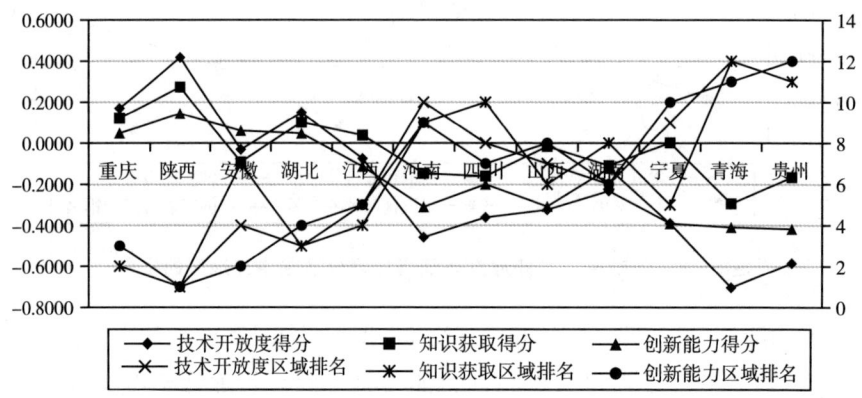

图 5-9 河南省技术开放度明细指标得分及在内陆省（区、市）的排名

5.5 河南省社会开放度的国内比较

5.5.1 社会开放度总体分析

表 5-16 是根据原始变量所属的二级指标维度，按照式（5-4）计算

得到的河南省社会开放度得分及在全国的排名。根据各省（区、市）的社会开放度得分，可将社会开放水平划分为五个层次：第一层次得分大于 0.5，属于全国社会开放程度极高的省（区、市）；第二层次得分处于 0～0.5 之间，属于全国社会开放程度较高的省（区、市）；第三层次得分处于 -0.3～0 之间，属于全国社会开放程度一般的省（区、市）；第四层次得分处于 -0.6～-0.3 之间，属于全国社会开放程度较低的省（区、市）；第五层次得分小于 -0.6，属于全国社会开放程度极低的省（区、市）。

表 5-16　　　　河南省社会开放度得分及在全国的排名

省份	综合排名	社会开放度 得分	排名	省份	综合排名	社会开放度 得分	排名
上海	1	1.9933	2	江西	17	-0.6061	28
北京	2	2.0292	1	河南	18	-0.4382	25
广东	3	0.9289	3	内蒙古	19	0.1320	10
天津	4	0.4256	5	黑龙江	20	-0.2054	18
浙江	5	0.7717	4	四川	21	-0.2949	21
江苏	6	0.3176	7	山西	22	-0.2567	20
福建	7	0.4206	6	广西	23	0.3843	24
辽宁	8	0.1560	8	湖南	24	-0.7827	30
重庆	9	0.0727	11	宁夏	25	-0.1130	13
陕西	10	0.1357	9	云南	26	-0.1222	14
山东	11	-0.1433	15	新疆	27	-0.5571	27
安徽	12	-0.3165	22	甘肃	28	-0.5055	26
湖北	13	-0.2317	19	青海	29	-0.3595	23
河北	14	-0.1850	17	贵州	30	-0.9580	31
吉林	15	-0.0379	12	西藏	31	-0.7379	29
海南	16	-0.1475	16				

注：根据 SPSS 软件输出结果计算整理。

具体来看，河南省社会开放度得分为 -0.4382，低于全国平均水平（全国平均水平为 0）。按照上述标准进行判断，河南省社会开放度同技术开放度一样，得分处于第三层次，社会开放程度也较低。相应地，河南省社会开放度得分在全国的排名也比较靠后，排在第 25 位，与排在第 18 位的综合得分以及排在第 12 位和第 22 位的经济开放度和技术开放度相比均存在差距,尤其是与前两者差距明显。这主要是因为,河南省对外人员交往平台、信息基础设施建设不完善,从而社会交往缺乏平台支撑,导致社会开放水平十分落后,这已经成为河南省提升开放经济发展水平的制约因素。

5.5.2 社会开放明细维度分析

(1) 全国层面分析。

表 5 – 17 是根据原始变量所属的二级和三级指标维度,按照式(5 – 4)计算得到的河南省社会开放度明细指标得分及在全国的排名。根据各省(区、市)的人员交往得分,可将全国 31 个省(区、市)划分为五个层次:第一层次得分大于 0.2,属于全国人员交往水平极高的省(区、市);第二层次得分处于 0 ~ 0.2 之间,属于全国人员交往水平较高的省(区、市);第三层次得分处于 – 0.1 ~ 0 之间,属于全国人员交往水平一般的省(区、市);第四层次得分处于 – 0.2 ~ – 0.1 之间,属于全国人员交往水平较低的省(区、市);第五层次得分小于 – 0.2,属于全国人员交往水平极低的省(区、市)。河南省人员交往得分为 – 0.1511,低于全国平均水平(全国平均水平为 0)。按照上述标准判断,河南省处于第四层次,人员交往水平较低,在全国排在第 24 位,相比于社会开放度第 25 位的排名稍微靠前,而相比于综合得分第 18 的排名则明显靠后。

表 5 – 17　河南省社会开放度明细指标得分及在全国的排名

省份	综合排名	社会开放度排名	人员交往		信息流动		文化交融	
			得分	排名	得分	排名	得分	排名
上海	1	2	0.7697	1	0.4818	3	0.7418	1
北京	2	1	0.4410	2	1.2651	1	0.3232	2
广东	3	3	0.2789	3	0.4407	4	0.2093	6
天津	4	5	0.1770	6	– 0.0683	16	0.3168	3
浙江	5	4	– 0.0220	15	0.5034	2	0.2903	4
江苏	6	7	– 0.0977	19	0.1428	5	0.2724	5

续表

省份	综合排名	社会开放度排名	人员交往		信息流动		文化交融	
			得分	排名	得分	排名	得分	排名
福建	7	6	0.2094	5	0.1113	8	0.0998	8
辽宁	8	8	-0.0107	12	0.0364	10	0.1303	7
重庆	9	11	0.0301	9	0.0126	12	0.0300	14
陕西	10	9	0.0882	8	0.0917	9	-0.0442	20
山东	11	15	-0.1019	21	-0.0474	14	0.0060	16
安徽	12	22	-0.0166	13	-0.2952	29	-0.0047	18
湖北	13	19	-0.0428	17	-0.2690	27	0.0801	10
河北	14	17	-0.1640	26	-0.0591	15	0.0381	12
吉林	15	12	-0.0264	16	-0.0427	13	0.0311	13
海南	16	16	0.0959	7	0.1141	7	-0.3575	29
江西	17	28	-0.1590	25	-0.3919	31	-0.0552	21
河南	18	25	-0.1511	24	-0.2061	25	-0.0810	23
内蒙古	19	10	0.0233	10	0.0178	11	0.0910	9
黑龙江	20	18	-0.1014	20	-0.1540	22	0.0500	11
四川	21	21	-0.0439	18	-0.0869	17	-0.1641	26
山西	22	20	-0.1469	23	-0.1376	19	0.0279	15
广西	23	24	0.0183	11	-0.2529	26	-0.1497	24
湖南	24	30	-0.1318	22	-0.3011	30	-0.3498	28
宁夏	25	13	-0.2558	30	0.1403	6	0.0025	17
云南	26	14	0.2194	4	-0.1889	24	-0.1526	25
新疆	27	27	-0.1736	27	-0.1513	21	-0.2322	27
甘肃	28	26	-0.2723	31	-0.1762	23	-0.0570	22
青海	29	23	-0.2378	29	-0.0959	18	-0.0257	19
贵州	30	31	-0.1755	28	-0.1440	20	-0.6385	31
西藏	31	29	-0.0198	14	-0.2896	28	-0.4284	30

注：根据 SPSS 输出结果计算整理。

根据各省（区、市）的信息流动得分，也可将全国 31 个省（区、市）划分为五个层次：第一层次得分大于 0.2，属于全国信息流动水平极高的省（区、市）；第二层次得分处于0~0.2之间，属于全国信息流动水平较高的省（区、市）；第三层次得分处于-0.1~0之间，属于全国信息流动水平一般的省（区、市）；第四层次得分处于-0.2~-0.1之间，属于全国信息流动水平较低的省（区、市）；第五层次得分小于-0.2，属于全国信息流动水平极低的省（区、市）。河南省信息流动得分为-0.2061，低于全国平均水平（全国平均水平为0）。按照上述标准判断，河南省处于第五层次，信息流动水平极低，在全国排在较为靠后的第25名，与社会开放度排名一致，而明显落后于综合得分排名。

根据各省（区、市）的文化交融得分，同样可将全国31个省（区、市）划分为五个层次：第一层次得分大于0.2，属于全国文化交融水平极高的省（区、市）；第二层次得分处于0.05~0.2之间，属于全国文化交融水平较高的省（区、市）；第三层次得分处于-0.05~0.05之间，属于全国文化交融水平一般的省（区、市）；第四层次得分处于-0.2~-0.05之间，属于全国文化交融水平较低的省（区、市）；第五层次得分小于-0.2，属于全国文化交融水平极低的省（区、市）。河南省文化交融得分为-0.0810，低于全国平均水平（全国平均水平为0）。按照上述标准判断，河南省处于第四层次，文化交融水平较低，在全国排在第23的位置，与人员交往、信息交流排名不相上下，比社会开放度排名稍微靠前，但明显落后于综合得分排名（见图5-10）。

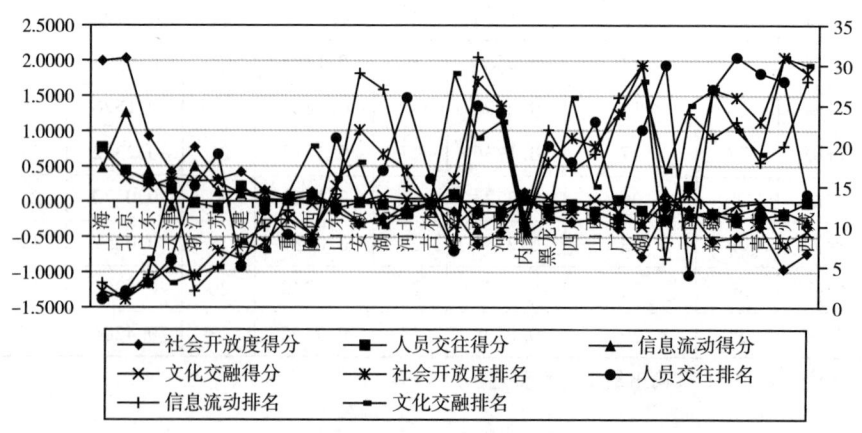

图5-10 河南省社会开放度明细指标得分及在全国的排名

总的来看，河南省社会开放水平十分落后，相对于综合得分排名存在较为明显的劣势。这主要是因为，一方面河南省虽然有丰富的旅游资源，文化底蕴也较为深厚，但旅游基础设施和文化交流平台建设较为落后，导致境外旅游交往和文化交融不足；另一方面，河南省信息基础设施不完善，导致信息流动不通畅。两方面因素共同制约着河南省社会开放水平的提高，这也同样说明，通过旅游、文化、信息等相关基础设施和支撑平台的建设和完善来促进河南省开放经济发展水平的提升具有较大的空间和潜力。因此，河南省未来也要注重相关资源的投入，以提高开放经济发展水平。

（2）区域层面分析。

从中部六省社会开放度各明细指标的比较来看（见表5-18和图5-11），河南省人员交往和文化交融两指标的得分均低于中部地区的平均水平，分别高于江西省和湖南省排在中部六省倒数第二的位置，稍微落后于均排在区域第四位的社会开放度和综合得分。相对而言，河南省信息流动水平在中部六省中则较为突出，得分高于中部地区的平均水平。从排名上看，仅次于山西省排在中部地区第二的位置。

表5-18 河南省社会开放度明细指标得分及在中部地区的排名

省份	区域综合排名	社会开放度排名	人员交往		信息流动		文化交融	
			得分	排名	得分	排名	得分	排名
安徽	1	3	-0.0166	1	-0.2952	4	-0.0047	3
湖北	2	1	-0.0428	2	-0.2690	3	0.0801	1
江西	3	5	-0.1590	6	-0.3919	6	-0.0552	4
河南	4	4	-0.1511	5	-0.2061	2	-0.0810	5
山西	5	2	-0.1469	4	-0.1376	1	0.0279	2
湖南	6	6	-0.1318	3	-0.3011	5	-0.3498	6
平均	—	—	-0.1080	—	-0.2668	—	-0.0638	—

注：根据SPSS软件输出结果计算整理。

从内陆十二省（区、市）社会开放度各明细指标的比较来看（见表5-19和图5-12），河南省人员交往和信息流动的得分均低于内陆省（区、市）的平均水平，在十二省（区、市）中排名都比较靠后，均排在区域第八的

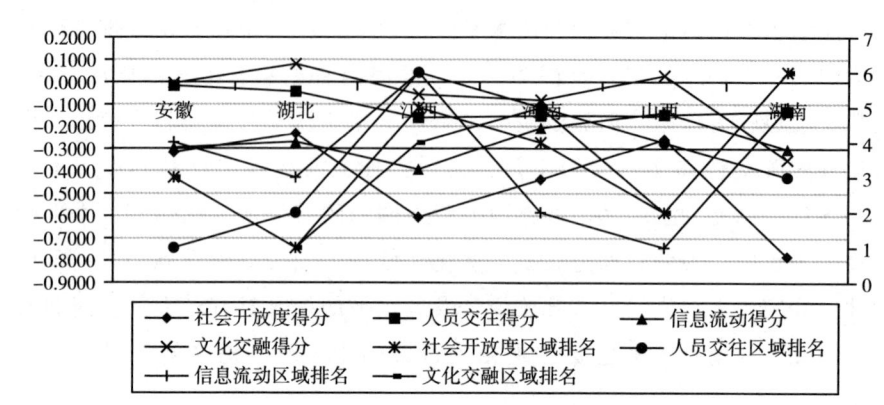

图 5-11 河南省社会开放度明细指标得分及在中部地区的排名

位置。而河南省文化交融得分高于内陆省（区、市）的平均水平，但排名仍然较为靠后。相对来说，河南省人员交往和信息流动的排名稍微靠前于社会开放度的区域排名，但不及综合得分的区域排名，而文化交融在内陆省（区、市）的排名与社会开放度的区域排名一致，但同样不及综合得分的区域排名。

表 5-19 河南省社会开放度明细指标得分及在内陆省（区、市）的排名

省份	区域综合排名	社会开放度排名	人员交往		信息流动		文化交融	
			得分	排名	得分	排名	得分	排名
重庆	1	2	0.0301	2	0.0126	3	0.0300	2
陕西	2	1	0.0882	1	0.0917	2	-0.0442	7
安徽	3	7	-0.0166	3	-0.2952	10	-0.0047	5
湖北	4	4	-0.0428	4	-0.2690	9	0.0801	1
江西	5	10	-0.1590	9	-0.3919	12	-0.0552	8
河南	6	9	-0.1511	8	-0.2061	8	-0.0810	9
四川	7	6	-0.0439	5	-0.0869	4	-0.1641	10
山西	8	5	-0.1469	7	-0.1376	6	0.0279	3
湖南	9	11	-0.1318	6	-0.3011	11	-0.3498	11
宁夏	10	3	-0.2558	12	0.1403	1	0.0025	4
青海	11	8	-0.2378	11	-0.0959	5	-0.0257	6
贵州	12	12	-0.1755	10	-0.1440	7	-0.6385	12
平均	—	—	-0.1036	—	-0.1403	—	-0.1019	—

注：根据 SPSS 软件输出结果计算整理。

第5章 河南省开放经济发展的国内比较

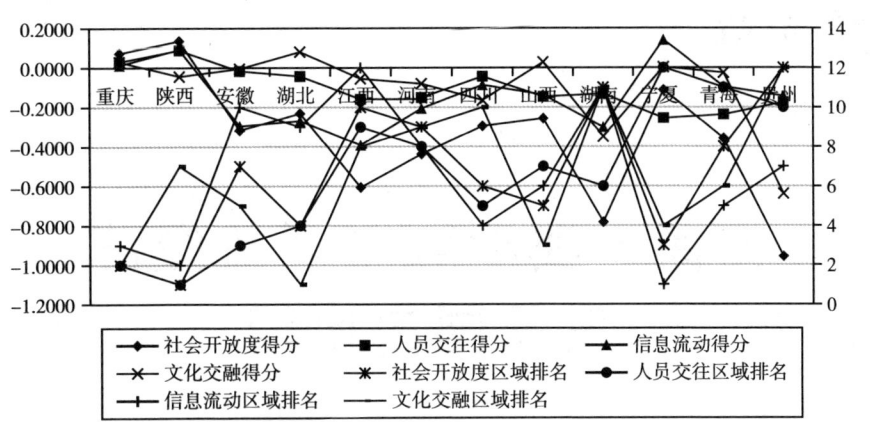

图 5-12 河南省社会开放度明细指标得分及在内陆省（区、市）的排名

第6章

河南省典型城市开放经济发展国内比较

本章将在第5章河南省整体对外开放程度比较的基础上,基于主成分分析方法,对河南省典型城市的开放程度与全国其他典型城市进行比较,从而明确河南省典型城市在全国典型城市中的位置与差距。

6.1

河南省典型城市开放经济发展国内比较

改革开放使中国取得了巨大的经济和社会成就,中国经济正在与世界经济高度融合。中国改革开放发端于东南沿海地区,但是,随着扩大内需,产业转移,内陆地区也逐步加快了对外开放的进程。尤其是像河南省这样地域区位特殊的中部省份,承东启西、连南贯北,对于形成全方位的对外开放格局能够发挥独特作用。

为响应国家对外开放的战略,构建对外开放经济新体制,推动河南省经济的快速发展,近年来河南省持续实施开放带动"主战略",坚持统筹规划、完善政策、创新机制,把"引进来"和"走出去"相结合,主动承接国内外产业转移,积极利用国际国内两种资源、两个市场,形成了全方位、多层次、宽领域的开放型经济发展格局。尤其是"一带一路"倡议的实施,为河南省对外开放带来了前所未有的机遇。河南省正不断提升对外开放水平,努力构建内陆省份改革开放新格局,打造更高层次内陆开放高地[①]。

在此背景下,本节拟在前面所构建的对外开放指数指标的基础上,对河南省典型城市整体的对外开放程度与全国主要城市进行对比。

6.1.1 典型城市的界定——河南省典型城市的样本选择

基于以下几个方面的考虑,选取了郑州市、开封市、洛阳市、新乡市、许昌市和南阳市等6个城市为河南省的典型城市。

首先,郑州市作为河南省的省会,不仅是河南省的行政中心,也是河南省经济发展的"领头羊"。同时,郑州市也是中原城市群建设的中心、全国区域性中心城市、全国重要的现代物流中心、区域性金融中心和现代服务业中心、先进制造业和高新技术产业基地。郑州市是河南省开放度最高、开放平台最广阔的地方,以郑州市作为河南省对外开放的典型城市,更能体现出河南省对外开放程度的最高水平;开封市作为中国历史文化名城,国际文化旅游城市,是河南省文化高地建设的先行区,代表了河南省文化交融层面的对外开放水平;洛阳市不仅被定位为中原城市群的副中心,是河南省重要的科研基地,全国重要的装备制造业、原材料基地和先进制造业基地,同时,洛阳也是以历史文化、自然风光和花卉为特色的旅游中心城市,因此,洛阳市在技术和文化开放层面在河南省具有一定的代表性;新乡市是河南省高新技术产业和加工制造业基地,河南省职业培训基地,中国现代农业示范基地,中原城市群北部区域物流中心;许昌市作为新兴产业城市,也被定位为中原城市群高新技术产业、轻纺、食品、电力装备制造业基地,农业科技示范基地和生态观光区;南阳市是中原经济区对接西南地区的重要门户,西南政治、经济、文化、科教、交通、金融和商贸中心,具有诸多的旅游资源,并拥有良好的投资环境。

其次,上述6个城市在河南省融入"一带一路"建设中具有重要的战略地位。例如,在2015年11月河南省发展改革委发布的《河南省参与建

---

① 河南省2010年形成了要更加积极主动地实施开放带动"主战略",在河南省的"十三五"规划中,明确提出"突出实施开放带动主战略、创新驱动发展战略和人才强省战略,切实把厚植优势作为引领发展行动的着眼点和立足点"。

设丝绸之路经济带和 21 世纪海上丝绸之路实施方案》中，上述城市均在河南省"一带一路"建设中赋予了重要的地位，郑州市和洛阳市被视为河南省参与"一带一路"建设的主要节点。郑州航空港经济综合实验区、郑洛新国家自主创新示范区、中国（郑州）跨境电子商务综合试验区，以郑州、洛阳、开封为重点开发开放载体的中国（河南）自由贸易试验区，南阳市在河南省参与"一带一路"建设中，在能源储运能力建设、口岸开放、拓展航空网络等方面具有重要的作用。

最后，在区位分布上，以河南省省会郑州市为中心，开封市、洛阳市、新乡市、许昌市、南阳市分别位于郑州市的东部、西部、北部与南部地区。

6.1.2 国内典型城市的样本选择

河南省属于内陆地区，相对于沿海发达地区，改革开放的步伐较慢，发展也相对滞后。但是，近年来随着开放带动"主战略"的持续实施，以及国家"一带一路"建设所带来的机遇，河南省的对外开放程度不断提高。因此，为了明确河南省典型城市在全国典型城市对外开放程度的位置，与中国东部、中部和西部其他地区的对外开放程度进行对比[①]，找出与东部沿海发达地区和中部其他开放程度比较高的中部地区的差距，并学习和借鉴对外开放程度比较高的地区的对外开放经验。我们重点选取了东部地区和中部六省的典型城市为参照样本，并对比分析了西部地区对外开放程度比较高的两个省——陕西省和四川省典型城市的对外开放度。典型城市的具体选取步骤如下。

首先，国家发展改革委国际合作中心课题组 2013 年发布的中国 83 个典型城市的对外开放指数报告研究发现，北京市、上海市、深圳市、广州市是中国对外开放水平最高的城市，属于中国对外开放程度的第一梯队。为与这些城市的对外开放程度进行对比，找出河南省各个维度对外开放程

---

① 中国东中西地区的划分标准采用国家统计局的划分标准，即东部地区包括：北京、天津、河北、辽宁、上海、江苏、浙江、福建、山东、广东、海南 11 个省（市）；中部地区包括：山西、吉林、黑龙江、安徽、江西、河南、湖北、湖南 8 个省；西部地区包括：内蒙古、广西、重庆、四川、贵州、云南、西藏、陕西、甘肃、青海、宁夏、新疆 12 个省（区、市）。

第6章 河南省典型城市开放经济发展国内比较

度与其的具体差距，我们选取了北京市、上海市、深圳市、广州市作为对外开放程度比较高的典型城市的参照样本。

其次，东部沿海地区和中部一些较为发达的城市以及西部地区的成都市和西安市则属于对外开放度水平较高的第二和第三梯队，其中，郑州市作为河南省对外开放程度水平最高的城市，也归属于此梯队。因此，重点选取了东部地区和中部地区的典型城市，具体省份包括东部地区的广东省、浙江省、山东省和江苏省，中部地区主要包括山西省、安徽省、江西省、湖北省和湖南省。为了与西部地区对比，我们也选取了对外开放程度较高的四川省和陕西省的典型城市。

最后，为了使研究对象具有可比性，我们以各个城市2016年的GDP规模为基准，进行典型城市的筛选。具体步骤如下：第一，根据《2017年中国城市统计年鉴》中所报告的全国290多个城市的GDP规模数据，计算出每个城市GDP规模所在三分位的分位数水平。第二，从上述的计算中，发现选取的河南省的六个典型城市的GDP规模大多处于国内城市中的二分位和三分位水平。因此，保留每个省份城市处于二分位和三分位水平的城市样本，并对每个省的GDP规模按照从大到小进行排序，最终在选取了每个省GDP规模水平最大的4个城市为参照样本。

最终，我们选取了包括河南省在内的56个典型城市为样本，具体如表6-1所示。

表6-1 样本选择

序号	地区	省份	城市名称
1	河南省	河南省	郑州市
2		河南省	开封市
3		河南省	洛阳市
4		河南省	新乡市
5		河南省	许昌市
6		河南省	南阳市
7	北上广深	北京市	北京市
8		上海市	上海市
9		广东省	广州市
10		广东省	深圳市

续表

序号	地区	省份	城市名称
11	东部地区	广东省	东莞市
12		广东省	佛山市
13		江苏省	南京市
14		江苏省	南通市
15		江苏省	苏州市
16		江苏省	无锡市
17		浙江省	杭州市
18		浙江省	宁波市
19		浙江省	绍兴市
20		浙江省	温州市
21		山东省	济南市
22		山东省	青岛市
23		山东省	潍坊市
24		山东省	烟台市
25	中部六省	安徽省	合肥市
26		安徽省	安庆市
27		安徽省	马鞍山市
28		安徽省	芜湖市
29		湖北省	武汉市
30		湖北省	荆州市
31		湖北省	襄阳市
32		湖北省	宜昌市
33		湖南省	长沙市
34		湖南省	常德市
35		湖南省	衡阳市
36		湖南省	岳阳市
37		江西省	南昌市
38		江西省	赣州市
39		江西省	九江市

续表

序号	地区	省份	城市名称
40	中部六省	江西省	上饶市
41		山西省	太原市
42		山西省	临汾市
43		山西省	运城市
44		山西省	长治市
45	西部地区	吉林省	长春市
46		吉林省	吉林市
47		吉林省	四平市
48		吉林省	松原市
49		陕西省	西安市
50		陕西省	宝鸡市
51		陕西省	咸阳市
52		陕西省	榆林市
53		四川省	成都市
54		四川省	德阳市
55		四川省	绵阳市
56		四川省	宜宾市

6.1.3 数据来源

本书主要数据来源如下：《2017 年中国统计年鉴》《各省 2017 年统计年鉴》《各市 2016 年国民经济和社会发展统计公报》《各省 2016 年研发经费投入统计公报》《各市 2017 年统计年鉴》、各省市旅游局官网、各省市知识产权局等。

6.1.4 典型城市对外开放度的计算

如前所述，我们将采用主成分分析法构建各城市的对外开放指数。为考察样本是否适合做主成分分析，首先对样本数据进行了 KMO（Kaiser -

Meyer – Olkin）检验和 SMC（Square Multiple Correlation）检验。

检验结果如表 6 – 2 所示。

表 6 – 2　　　　　　　变量的 KMO 和 SMC 检验结果

变量	KMO 值	SMC 值
出口依存度（X1）	0.6643	0.9555
进口依存度（X2）	0.8083	0.953
货物进出口总额（X3）	0.6586	0.9731
实际利用外资占比（X4）	0.5197	0.3092
外商及港澳台投资企业数占比（X5）	0.8036	0.9158
货运量（X6）	0.709	0.6777
客运量（X7）	0.6963	0.8539
普通高校数（X8）	0.6212	0.9573
每万人在校大学生数（X9）	0.5338	0.9586
研究人员数（X10）	0.7935	0.9723
研究经费支出（X11）	0.7815	0.9793
每万人专利授权数（X12）	0.7444	0.9025
接待入境国（境）外旅游者数（X13）	0.192	0.7921
星际饭店数（X14）	0.7015	0.9481
对外航空便利度（X15）	0.7614	0.9648
旅游创汇收入（X16）	0.848	0.9581
每万人国际互联网用户数（X17）	0.0894	0.589
每万人移动电话数（X18）	0.7121	0.7968
广播电视覆盖率（X19）	0.3453	0.2829
人均公共图书馆藏书数（X20）	0.8163	0.8337
合计	0.7026	

从表 6 – 2 的 KMO 检验和 SMC 的检验结果可知，样本变量的 KMO 值大于 0.7，各变量之间的共线性较强。除了广播电视的覆盖率之外，各变量的 SMC 值均比较大，即每个变量与其他所有变量之间的复相关系数的平方值较大。因此，KMO 和 SMC 的检验结果表明，对外开放指数的各个分项指标之间存在较强的共线性，所构建的对外开放度指数适合做主成分

第6章 河南省典型城市开放经济发展国内比较

分析。

基于包括河南在内的56个典型城市数据,利用SPSS进行主成分分析。为消除样本数据数量级和量纲的所造成的误差,首先对样本数据进行标准化处理,得到变量ZX1~ZX20,然后,进行主成分分析。

主成分分析的特征值与方差贡献率如表6-3所示。

表6-3　　　　　　主成分特征值与方差贡献率

主成分	特征值	方差贡献率(%)	累积方差贡献率(%)
F1	9.13943	0.4570	0.4570
F2	2.5427	0.1271	0.5841
F3	1.4960	0.0748	0.6589
F4	1.27636	0.0638	0.7227
F5	1.01417	0.0507	0.7734
F6	1.00931	0.0505	0.8239
F7	0.958848	0.0479	0.8718
F8	0.584447	0.0292	0.9011
F9	0.527639	0.0264	0.9274
F10	0.470612	0.0235	0.951
F11	0.326399	0.0163	0.9673
F12	0.203068	0.0102	0.9774
F13	0.176416	0.0088	0.9863
F14	0.116863	0.0058	0.9921
F15	0.0475827	0.0024	0.9945
F16	0.0351283	0.0018	0.9962
F17	0.0262964	0.0013	0.9976
F18	0.0210428	0.0011	0.9986
F19	0.0191757	0.001	0.9996
F20	0.0085202	0.0004	1

由表6-3可知,样本的前6个主成分F1~F6对应的特征根大于1,其方差贡献率分别为 0.4570、0.1271、0.0748、0.0638、0.0507 和

0.0505，其主成分的累计方差贡献率达到82.39%，超过80%。因此，根据主成分分析主成分提取的原则，F1~F6主成分基本可以反映全部指标的信息，可以代替原始的20个指标。故提取了前6个主成分F1~F6，计算城市的综合对外开放指数。

首先，根据6个主成分的载荷值，结合各主成分的特征值，计算出6个主成分的特征向量。

6个主成分的特征向量的具体结果如表6-4所示。

表6-4　　　　　　　　　6个主成分的特征向量

变量	F1	F2	F3	F4	F5	F6
出口依存度（X1）	0.1865	0.4554	0.0441	0.1804	0.1219	-0.1184
进口依存度（X2）	0.2403	0.3704	0.038	0.1347	-0.0913	-0.0842
货物进出口总额（X3）	0.2604	0.3156	-0.0495	0.0062	-0.1245	-0.0338
实际利用外资占比（X4）	0.0666	-0.0501	0.3632	0.3179	-0.3574	0.1895
外商及港澳台投资企业数占比（X5）	0.2576	0.3069	0.0613	0.1269	-0.0785	-0.1095
货运量（X6）	0.1562	-0.2129	0.1898	0.0919	0.3424	-0.4344
客运量（X7）	0.2048	-0.1672	0.1058	-0.364	-0.0789	-0.266
普通高校数（X8）	0.2245	-0.3028	0.326	0.0017	-0.0439	0.0252
每万人在校大学生数（X9）	0.1974	-0.3126	0.3604	0.1255	-0.0384	-0.237
研究人员数（X10）	0.2878	-0.1008	-0.2278	0.0211	-0.064	0.2488
研究经费支出（X11）	0.2927	-0.1172	-0.2243	-0.0479	-0.0881	0.2253
每万人专利授权数（X12）	0.2378	-0.0598	-0.1666	0.2372	0.4426	0.1437
接待入境国（境）外旅游者数（X13）	0.0278	0.3286	0.4459	-0.4132	-0.1019	-0.0291
星际饭店数（X14）	0.2685	-0.1492	-0.1117	-0.2225	-0.1741	0.2232

续表

变量	F1	F2	F3	F4	F5	F6
对外航空便利度（X15）	0.2941	-0.157	-0.073	-0.1072	-0.1246	-0.0339
旅游创汇收入（X16）	0.3032	0.0107	-0.1094	-0.1187	-0.1323	-0.0108
每万人国际互联网用户数（X17）	0.0259	0.1011	0.3322	-0.4062	0.4341	0.5164
每万人移动电话数（X18）	0.2395	0.0251	0.0162	0.0735	0.4783	-0.0506
广播电视覆盖率（X19）	0.0354	-0.0436	0.3169	0.4422	-0.0407	0.3988
人均公共图书馆藏书数（X20）	0.2785	0.0345	-0.0744	-0.0679	-0.0117	-0.01

其次，基于表 6-4 中 F1~F6 等 6 个主成分的特征向量，可得到各主成分表达式：

$$\begin{aligned} F1 = & ZX1 \times 0.1865 + ZX2 \times 0.2403 + ZX3 \times 0.2604 + ZX4 \times 0.0666 \\ & + ZX5 \times 0.2576 + ZX6 \times 0.1562 + ZX7 \times 0.2048 + ZX8 \times 0.2245 \\ & + ZX9 \times 0.1974 + ZX10 \times 0.2878 + ZX11 \times 0.2927 \\ & + ZX12 \times 0.2378 + ZX13 \times 0.0278 + ZX14 \times 0.2685 \\ & + ZX15 \times 0.2941 + ZX16 \times 0.3032 + ZX17 \times 0.0259 \\ & + ZX18 \times 0.2395 + ZX19 \times 0.0354 + ZX20 \times 0.2785 \end{aligned} \quad (6-1)$$

$$\begin{aligned} F2 = & ZX1 \times 0.4554 + ZX2 \times 0.3704 + ZX3 \times 0.3156 + ZX4 \times -0.0501 \\ & + ZX5 \times 0.3069 + ZX6 \times -0.2129 + ZX7 \times -0.1672 \\ & + ZX8 \times -0.3028 + ZX9 \times -0.3126 + ZX10 \times -0.1008 \\ & + ZX11 \times -0.1172 + ZX12 \times -0.0598 + ZX13 \times 0.3286 \\ & + ZX14 \times -0.1492 + ZX15 \times -0.157 + ZX16 \times 0.0107 \\ & + ZX17 \times 0.1011 + ZX18 \times 0.0251 + ZX19 \times -0.0436 \\ & + ZX20 \times 0.0345 \end{aligned} \quad (6-2)$$

$$F3 = ZX1 \times 0.0441 + ZX2 \times 0.038 + ZX3 \times -0.0495 + ZX4 \times 0.3632$$

$$+ ZX5 \times 0.0613 + ZX6 \times 0.1898 + ZX7 \times 0.1058 + ZX8 \times 0.326$$
$$+ ZX9 \times 0.3604 + ZX10 \times -0.2278 + ZX11 \times -0.2243 + ZX12$$
$$\times -0.1666 + ZX13 \times 0.4459 + ZX14 \times -0.1117 + ZX15 \times -0.073$$
$$+ ZX16 \times -0.1094 + ZX17 \times 0.3322 + ZX18 \times 0.0162$$
$$+ ZX19 \times 0.3169 + ZX20 \times -0.0744 \quad (6-3)$$

$$F4 = ZX1 \times 0.1804 + ZX2 \times 0.1347 + ZX3 \times 0.0062 + ZX4 \times 0.3179$$
$$+ ZX5 \times 0.1269 + ZX6 \times 0.0919 + ZX7 \times -0.364 + ZX8 \times 0.0017$$
$$+ ZX9 \times 0.1255 + ZX10 \times 0.0211 + ZX11 \times -0.0479 + ZX12 \times 0.2372$$
$$+ ZX13 \times -0.4132 + ZX14 \times -0.2225 + ZX15 \times -0.1072$$
$$+ ZX16 \times -0.1187 + ZX17 \times -0.4062 + ZX18 \times 0.0735$$
$$+ ZX19 \times 0.4422 + ZX20 \times -0.0679 \quad (6-4)$$

$$F5 = ZX1 \times 0.1219 + ZX2 \times -0.0913 + ZX3 \times -0.1245 + ZX4 \times -0.3574$$
$$+ ZX5 \times -0.0785 + ZX6 \times 0.3424 + ZX7 \times -0.0789$$
$$+ ZX8 \times -0.0439 + ZX9 \times -0.0384 + ZX10 \times -0.064 + ZX11 \times -0.0881$$
$$+ ZX12 \times 0.4426 + ZX13 \times -0.1019 + ZX14 \times -0.1741$$
$$+ ZX15 \times -0.1246 + ZX16 \times -0.1323 + ZX17 \times 0.4341$$
$$+ ZX18 \times 0.4783 + ZX19 \times -0.0407 + ZX20 \times -0.0117 \quad (6-5)$$

$$F6 = ZX1 \times -0.1184 + ZX2 \times -0.0842 + ZX3 \times -0.0338 + ZX4$$
$$+ ZX5 \times 0.1095 + ZX6 \times -0.4344 + ZX7 \times 0.266 + ZX8$$
$$\times 0.0252 + ZX9 \times 0.237 + ZX10 \times 0.2488 + ZX11 \times 0.2253$$
$$+ ZX12 \times 0.1437 + ZX13 \times 0.0291 + ZX14 \times 0.2232 + ZX15$$
$$\times 0.0339 + ZX16 \times 0.0108 + ZX17 \times 0.5164 + ZX18 \times -0.0506$$
$$+ ZX19 \times 0.3988 + ZX20 \times -0.01 \quad (6-6)$$

以所提取主成分 F1~F6 的特征值与其特征值之和之比为权重，得到了主成分的综合模型：

$$F = 0.1919Z1 + 0.1935Z2 + 0.1794Z3 + 0.07645Z4 + 0.1942Z5$$
$$+ 0.0726Z6 + 0.0481Z7 + 0.1064Z8 + 0.0868Z9 + 0.1364Z10$$
$$+ 0.1286Z11 + 0.1620Z12 + 0.0665Z13 + 0.1015Z14 + 0.1142Z15$$
$$+ 0.1419Z16 + 0.0870Z17 + 0.1702Z18 + 0.0979Z19 + 0.1465Z20$$
$$(6-7)$$

将样本数据代入以上主成分 F1~F6 和综合模型的计算公式 F，最终，得到了 56 个典型城市对外开放指数的分项得分与综合得分。

具体分析结果如表 6-5 和表 6-6 所示。其中，表 6-5 为各典型城市的主成分得分和对外开放程度的综合得分与排名，表 6-6 为其分项指标得分与排名。

表 6-5　典型城市主成分得分与对外开放度水平综合得分和排名

地区	城市	F1	F2	F3	F4	F5	F6	总得分	排名/分位
河南省	郑州市	0.177	1.082	2.446	-2.179	1.943	2.612	0.598	16/3
	开封市	-2.431	0.307	0.403	-1.072	0.356	1.261	-1.248	42/2
	洛阳市	-1.495	0.805	1.926	-2.284	0.128	1.299	-0.620	26/3
	新乡市	-2.118	0.354	0.990	-1.173	0.714	1.605	-0.979	36/2
	许昌市	-2.337	0.196	0.187	-0.828	0.561	1.255	-1.202	41/2
	南阳市	-2.166	-0.076	-0.477	-1.734	0.359	0.439	-1.342	48/1
	平均	-1.728	0.445	0.912	-1.545	0.677	1.412	-0.799	35/2
北上广深	北京市	10.139	-3.584	-2.389	-2.014	-2.152	2.411	4.713	3/4
	上海市	9.695	0.890	-1.241	0.371	-2.253	0.100	5.299	1/4
	广州市	7.828	-2.755	1.395	-1.912	0.268	-2.934	3.732	4/4
	深圳市	7.827	3.981	-2.272	1.088	1.315	0.928	4.971	2/4
	平均	8.872	-0.367	-1.126	-0.617	-0.705	0.126	4.679	3/4
东部地区	东莞市	3.598	5.209	-0.264	2.856	0.702	-0.906	2.984	5/4
	佛山市	0.823	1.221	-1.212	0.820	1.484	0.105	0.696	14/4
	南京市	1.587	0.286	2.245	-1.055	-0.402	-0.710	0.978	11/4
	南通市	-0.775	0.995	0.182	-0.196	-0.585	-0.185	-0.323	22/3
	苏州市	3.311	5.895	3.196	-2.293	-1.301	-1.294	2.699	6/4
	无锡市	0.025	2.128	0.811	-0.314	-0.231	-0.210	0.365	19/3
	杭州市	3.064	-1.587	-0.279	-0.020	0.972	1.214	1.562	8/4
	宁波市	1.282	-0.769	-0.810	0.688	1.425	1.150	0.730	13/4
	绍兴市	0.701	0.599	-1.350	0.890	2.101	0.850	0.609	15/4
	温州市	-0.473	0.034	-0.953	-0.524	1.240	-0.304	-0.327	23/3
	济南市	1.035	-1.633	0.687	0.388	0.756	0.122	0.469	17/3

· 123 ·

续表

地区	城市	F1	F2	F3	F4	F5	F6	总得分	排名/分位
东部地区	青岛市	1.794	0.410	-0.077	0.871	0.000	0.180	1.130	9/4
	潍坊市	-0.988	0.061	-0.775	0.055	0.043	-0.453	-0.630	27/3
	烟台市	0.281	0.936	-0.459	0.493	-0.229	-0.200	0.270	20/3
	平均	1.090	0.985	0.067	0.190	0.427	-0.046	0.801	15/4
中部六省	合肥市	-0.227	-1.003	0.676	0.220	-0.386	-0.527	-0.258	21/3
	安庆市	-2.127	-0.066	-0.877	-0.069	-0.586	-0.395	-1.335	47/1
	马鞍山市	-1.822	0.019	0.944	1.490	-1.881	0.610	-0.885	34/2
	芜湖市	-1.527	-0.154	0.553	1.015	-1.024	0.099	-0.799	32/2
	武汉市	2.062	-2.185	1.932	0.584	0.150	0.019	1.038	10/4
	荆州市	-2.369	-0.201	-0.816	-0.443	-0.191	-0.503	-1.496	55/1
	襄阳市	-1.956	-0.329	-0.696	-0.167	-0.223	-0.451	-1.253	43/1
	宜昌市	-1.491	-0.220	-0.908	-0.749	0.077	-0.199	-1.009	38/2
	长沙市	-0.391	-1.680	0.383	0.880	-0.677	-0.324	-0.435	25/3
	常德市	-2.210	-0.244	-1.002	-0.569	-0.545	-0.778	-1.480	54/1
	衡阳市	-2.028	-0.363	-0.382	0.084	-0.837	-0.411	-1.286	45/1
	岳阳市	-1.083	-0.318	-0.856	-0.622	0.558	-0.370	-0.764	30/2
	南昌市	-0.161	-1.387	3.411	4.083	-0.654	2.652	0.445	18/3
	赣州市	-1.508	0.013	0.055	0.526	-1.164	-0.084	-0.866	33/2
	九江市	-1.595	-0.001	0.091	0.553	-1.183	-0.021	-0.908	35/2
	上饶市	-1.951	-0.023	-0.308	0.424	-0.889	-0.306	-1.154	39/2
	太原市	-1.108	-0.362	0.171	0.424	-0.316	-0.586	-0.678	28/3
	临汾市	-1.129	-0.147	-0.797	-0.322	0.762	0.006	-0.699	29/2
	运城市	-2.221	-0.009	-0.924	-0.075	-0.058	-0.506	-1.358	52/1
	长治市	-2.231	-0.226	-0.590	0.090	-0.498	-0.098	-1.355	51/1
	长春市	-0.690	-0.484	1.057	0.747	-1.403	-0.469	-0.419	24/3
	吉林市	-2.313	-0.251	-0.265	0.564	-0.691	-0.124	-1.352	50/1
	四平市	-2.272	-0.041	-0.767	0.069	-0.113	-0.490	-1.368	53/1
	松原市	-1.437	0.452	-0.119	-0.543	0.514	-0.256	-0.764	31/2
	平均	-1.408	-0.384	-0.001	0.341	-0.469	-0.146	-0.852	37/2

续表

地区	城市	F1	F2	F3	F4	F5	F6	总得分	排名/分位
西部地区	西安市	3.963	-3.200	2.080	1.314	3.144	-2.651	2.026	7/4
	宝鸡市	-2.090	-0.210	-0.638	0.114	-0.252	-0.231	-1.270	44/1
	咸阳市	-2.058	-0.329	-0.792	-0.279	0.129	-0.635	-1.317	46/1
	榆林市	-2.159	-0.228	-0.757	-0.111	0.003	-0.604	-1.347	49/1
	成都市	1.857	-1.518	0.842	0.302	0.245	-0.009	0.910	12/4
	德阳市	-2.014	-0.064	-0.719	0.007	0.451	-0.198	-1.176	40/2
	绵阳市	-1.662	-0.198	-0.736	-0.011	0.293	0.039	-1.000	37/2
	宜宾市	-2.436	-0.026	-1.158	-0.453	0.030	-0.533	-1.526	56/1
	平均	-0.825	-0.722	-0.235	0.110	0.505	-0.603	-0.587	36/2

注：综合得分分位数一共分为四个分位，城市得分的分位数越高，表明该城市的对外开放度越高。

表6-6　　　　　　　　对外开放度水平综合和分项排名

地区	城市	总开放度得分	总开放度排名/分位	经济开放度排名/分位	技术开放度排名/分位	社会开放度排名/分位
河南省	郑州市	0.598	16/3	14/4	20/3	10/4
	开封市	-1.248	42/2	52/1	53/1	30/2
	洛阳市	-0.620	26/3	33/2	28/3	23/3
	新乡市	-0.979	36/2	35/2	39/2	28/3
	许昌市	-1.202	41/2	43/1	48/1	31/2
	南阳市	-1.342	48/1	45/1	47/1	40/2
	平均	-0.799	35/2	37/2	39/2	27/3
北上广深	北京市	4.713	3/4	6/4	1/4	1/4
	上海市	5.299	1/4	3/4	2/4	2/4
	广州市	3.732	4/4	5/4	4/4	3/4
	深圳市	4.971	2/4	2/4	3/4	4/4
	平均	4.679	3/4	4/4	3/4	3/4
东部地区	东莞市	2.984	5/4	1/4	15/3	13/4
	佛山市	0.696	14/4	11/4	14/4	19/3

续表

地区	城市	总开放度得分	总开放度排名/分位	经济开放度排名/分位	技术开放度排名/分位	社会开放度排名/分位
东部地区	南京市	0.978	11/4	12/4	18/3	7/4
	南通市	-0.323	22/3	13/4	44/1	26/3
	苏州市	2.699	6/4	4/4	26/3	6/4
	无锡市	0.365	19/3	9/4	30/2	20/3
	杭州市	1.562	8/4	27/3	6/4	5/4
	宁波市	0.730	13/4	21/3	8/4	14/4
	绍兴市	0.609	15/3	15/3	11/4	21/3
	温州市	-0.327	23/3	29/2	22/3	25/3
	济南市	0.469	17/3	32/2	9/4	15/3
	青岛市	1.130	9/4	8/4	13/4	18/3
	潍坊市	-0.630	27/3	26/3	23/3	35/2
	烟台市	0.270	20/3	10/4	24/3	24/3
	平均	0.801	15/4	16/3	19/3	18/3
中部六省	合肥市	-0.258	21/3	22/3	17/3	29/2
	安庆市	-1.335	47/1	42/2	52/1	39/2
	马鞍山市	-0.885	34/2	19/3	49/1	44/1
	芜湖市	-0.799	32/2	24/3	27/3	34/2
	武汉市	1.038	10/4	17/3	7/4	12/4
	荆州市	-1.496	55/1	51/1	42/2	54/1
	襄阳市	-1.253	43/1	36/2	33/2	49/1
	宜昌市	-1.009	38/2	49/1	36/2	27/3
	长沙市	-0.435	25/3	31/2	12/4	55/1
	常德市	-1.480	54/1	38/2	41/2	56/1
	衡阳市	-1.286	45/1	34/2	35/2	53/1
	岳阳市	-0.764	30/2	39/2	38/2	22/3
	南昌市	0.445	18/3	25/3	16/3	9/4
	赣州市	-0.866	33/2	20/3	32/2	48/1
	九江市	-0.908	35/2	23/3	34/2	46/1

续表

地区	城市	总开放度得分	总开放度排名/分位	经济开放度排名/分位	技术开放度排名/分位	社会开放度排名/分位
中部六省	上饶市	-1.154	39/2	30/2	51/1	50/1
	太原市	-0.678	28/3	28/3	21/3	47/1
	临汾市	-0.699	29/2	53/1	46/1	17/3
	运城市	-1.358	52/1	48/1	43/1	43/1
	长治市	-1.355	51/1	47/1	45/1	42/2
	长春市	-0.419	24/3	16/3	19/3	45/1
	吉林市	-1.352	50/1	37/2	37/2	51/1
	四平市	-1.368	53/1	50/1	55/1	37/2
	松原市	-0.764	31/2	55/1	56/1	16/3
	平均	-0.852	37/2	35/2	35/2	39/2
西部地区	西安市	2.026	7/4	7/4	5/4	8/4
	宝鸡市	-1.270	44/1	41/2	40/2	36/2
	咸阳市	-1.317	46/1	54/1	31/2	41/2
	榆林市	-1.347	49/1	44/1	54/1	38/2
	成都市	0.910	12/4	18/3	10/4	11/4
	德阳市	-1.176	40/2	46/1	29/2	33/2
	绵阳市	-1.000	37/2	40/2	25/3	32/2
	宜宾市	-1.526	56/1	56/1	50/1	52/1
	平均	-0.587	36/2	38/2	31/2	31/2

注：综合得分分位数一共分为四个分位，城市得分的分位数越高，表明该城市的对外开放度越高。

6.1.5 典型城市对外开放度的总体分析

表 6-5 和表 6-6 报告了河南省 6 个典型地级市与国内其他 50 个地级市的对外开放度的综合得分和排名以及综合得分所处的分位数水平，我们还计算了河南省 6 个典型城市、北上广深、中部六省和西部地区典型城市的综合得分和所处分位数水平的平均值。

由表 6-5 可以得到以下结论：

首先，整体而言，北上广深和东部沿海地区的对外开放水平远远高于中西部地区，这与现有的研究一致。在河南省典型城市与国内其他典型城市的对比中，发现河南省6个典型城市综合得分的平均值大于中部六省的24个典型城市和西部地区的8个典型城市，表明近年来随着河南省持续实施开放带动的"主战略"，积极融入"一带一路"建设之中，河南省典型城市的综合对外开放水平显著提升，开放度已经步入内陆省份的最前列。但是，河南省典型城市的对外开放水平与中西部地区仍然处于同一个梯度水平，综合得分排名的平均值也仅仅分别高于中部六省和西部地区典型城市的一个位次。而且，综合得分的平均值为负，远远低于北上广深和东部沿海地区。因此，尽管近年来河南省的对外开放水平取得了显著的成效，已步入中西部地区的前列，但是，与中西部相比，优势并不明显，与其他发达地区相比，还存在巨大的差距。河南省对外开放水平仍然具有较大的潜力与提升空间。

其次，就河南省具体城市的对外开放度而言，郑州市和洛阳市作为河南省融入"一带一路"建设的主要节点，具有较高的对外开放水平，已经步入国内典型城市对外开放水平的第二梯度。未来随着河南省经济的持续发展，融入"一带一路"建设的程度不断加深，郑州市和洛阳市在河南省融入"一带一路"建设的节点作用更加凸显。郑州市作为河南省的省会，对外开放度水平最高，已经高于中部六省的4个省会城市，位于中部地区的前列，而且，与湖北省的省会武汉市相比，得分相差不大。因此，郑州市具有成为中部地区对外开放度"领头羊"的潜力。当然，与沿海地区的省会城市以及北上广相比，仍存在较大差距。河南省其他4个典型城市的对外开放度水平较低，尤其是南阳市，其对外开放水平位于国内典型城市的最后梯度。南阳市在今后河南省融入"一带一路"建设中，应积极拓展航空网络，扩大南阳机场的规模，加快南阳综合保税区的建设步伐，提升对外开放水平。开封市虽然是河南省自贸区的三大片区之一，但其作为历史文化名城，主要以旅游业著称，外向经济不发达。因此，开封市的对外开放度较低。

最后，从分项指标来看，河南省6个典型城市对外开放的平均水平依次为社会开放度、经济开放度和技术开放度。这表明河南省作为中原文化的发源地，社会开放度水平较高，但是技术开放度的水平亟待提高。由于技术创新是经济增长的源泉，因此，河南省需要转换经济增长的动能，合理调整产业结构,这样才能确保河南省经济持续稳定的发展。

6.2 河南省典型城市经济开放度的国内比较

一地区的经济开放度作为该地区总体开放度最重要的维度,体现了该地区与其他地区和国家之间的经济交往与分工,代表了该地区融入经济全球化的程度。本节将在 6.1 节分析各地区总体开放度的基础上,详细分析各典型城市的经济开放度和经济开放度的明细维度。

6.2.1 经济开放度的总体分析

将体现各地区经济开放度标准化后的指标 ZX1~ZX7 代入前面的综合模型,得到各典型城市的经济开放度的综合得分和排名以及其所处的分位数,具体结果如表 6-7 所示。

表 6-7　　　　　典型城市经济开放度得分和排名

地区	城市	经济得分	经济排名/分位	贸易往来排名/分位	投资往来排名/分位	要素流动排名/分位	总体开放度排名与分位
河南省	郑州市	0.171	14/4	9/4	30/2	19/3	16/3
	开封市	-0.551	52/1	47/1	41/2	56/1	42/2
	洛阳市	-0.337	33/2	44/1	25/3	17/3	26/3
	新乡市	-0.440	35/2	43/1	31/2	41/2	36/2
	许昌市	-0.509	43/1	36/2	40/2	51/1	41/2
	南阳市	-0.516	45/1	38/2	49/1	22/3	48/1
	平均	-0.364	37/2	36/2	36/2	34/2	35/2
北上广深	北京市	0.662	6/4	7/4	7/4	3/4	3/4
	上海市	2.336	3/4	3/4	2/4	4/4	1/4
	广州市	1.208	5/4	5/4	6/4	2/4	4/4
	深圳市	2.414	2/4	1/4	4/4	13/4	2/4
	平均	1.655	4/4	4/4	5/4	6/4	3/4

续表

地区	城市	经济得分	经济排名/分位	贸易往来排名/分位	投资往来排名/分位	要素流动排名/分位	总体开放度排名与分位
东部地区	东莞市	2.515	1/4	2/4	1/4	39/2	5/4
	佛山市	0.386	11/4	8/4	18/3	18/3	14/4
	南京市	0.246	12/4	13/4	13/4	16/3	11/4
	南通市	0.199	13/4	15/3	14/4	23/3	22/3
	苏州市	2.104	4/4	4/4	3/4	5/4	6/4
	无锡市	0.544	9/4	6/4	9/4	33/2	19/3
	杭州市	-0.154	27/3	56/1	15/3	7/4	8/4
	宁波市	-0.098	21/3	55/1	8/4	8/4	13/4
	绍兴市	0.060	15/3	12/4	23/3	47/1	15/3
	温州市	-0.260	29/2	19/3	52/1	11/4	23/3
	济南市	-0.312	32/2	28/3	29/2	31/2	17/3
	青岛市	0.603	8/4	10/4	5/4	25/3	9/4
	潍坊市	-0.148	26/3	18/3	32/2	21/3	27/3
	烟台市	0.391	10/4	11/4	10/4	27/3	20/3
	平均	0.434	16/3	18/3	17/3	22/3	15/4
中部六省	合肥市	-0.113	22/3	20/3	26/3	9/4	21/3
	安庆市	-0.503	42/2	31/2	50/1	38/2	47/1
	马鞍山市	-0.043	19/3	26/3	12/4	46/1	34/2
	芜湖市	-0.120	24/3	27/3	19/3	28/3	32/2
	武汉市	0.024	17/3	22/3	17/3	6/4	10/4
	荆州市	-0.541	51/1	37/2	54/1	35/2	55/1
	襄阳市	-0.458	36/2	40/2	39/2	15/3	43/1
	宜昌市	-0.531	49/1	51/1	44/1	26/3	38/2
	长沙市	-0.273	31/2	30/2	27/3	10/4	25/3
	常德市	-0.484	38/2	48/1	36/2	29/2	54/1
	衡阳市	-0.390	34/2	34/2	34/2	24/3	45/1
	岳阳市	-0.496	39/2	42/2	48/1	14/4	30/2
	南昌市	-0.143	25/3	24/3	21/3	44/1	18/3

续表

地区	城市	经济得分	经济排名/分位	贸易往来排名/分位	投资往来排名/分位	要素流动排名/分位	总体开放度排名与分位
中部六省	赣州市	-0.085	20/3	29/2	16/3	37/2	33/2
	九江市	-0.118	23/3	23/3	20/3	34/2	35/2
	上饶市	-0.263	30/2	25/3	28/3	20/3	39/2
	太原市	-0.182	28/3	16/3	37/2	45/1	28/3
	临汾市	-0.571	53/1	50/1	47/1	48/1	29/2
	运城市	-0.528	48/1	32/2	55/1	43/1	52/1
	长治市	-0.524	47/1	53/1	35/2	52/1	51/1
	长春市	0.027	16/3	21/3	11/4	40/2	24/3
	吉林市	-0.483	37/2	45/1	33/2	54/1	50/1
	四平市	-0.539	50/1	46/1	42/1	53/1	53/1
	松原市	-0.586	55/1	52/1	46/1	55/1	31/2
	平均	-0.330	35/2	34/2	33/2	34/2	37/2
西部地区	西安市	0.609	7/4	14/4	22/3	1/4	7/4
	宝鸡市	-0.500	41/2	41/2	43/1	32/2	44/1
	咸阳市	-0.572	54/1	49/1	53/1	36/2	46/1
	榆林市	-0.514	44/1	54/1	38/2	30/2	49/1
	成都市	0.009	18/3	17/3	24/3	12/4	12/4
	德阳市	-0.522	46/1	35/2	51/1	42/2	40/2
	绵阳市	-0.500	40/2	33/2	45/1	50/1	37/2
	宜宾市	-0.601	56/1	39/1	56/1	49/1	56/1
	平均	-0.324	38/2	35/2	42/2	32/2	36/2

注：综合得分分位数一共分为四个分位，城市得分的分位数越高，表明该城市的对外开放度越高。

从表6-7中可发现：

（1）首先，就经济开放度的平均得分而言，河南省6个典型城市经济开放度的平均水平得分为负，不仅远远低于北上广深和东部沿海地区，也落后于中西部地区，不过与中西部地区的得分相差较小。就经济开放度的平均排名而言，河南省6个典型城市经济开放度的平均排名虽然落后于北上广深和东部沿海地区以及中部地区，但是相比于西部地区的8个典型城市，平均排名靠前一位，表明相对于西部地区而言，河南省6个典型城市内部的经济开放度排名相对均衡。其次，与总体开放度的排名相比，河南省6个典型城市的经济开放度在国内典型城市的排名落后于其总体开放度。因此，整体而言，河南省6个典型城市的经济开放度水平拉低了其总开放度水平。

（2）就经济开放度水平的各个维度的贡献而言，相对于贸易和投资往来而言，要素流动的贡献度较大。尤其是郑州市和洛阳市作为河南省参与"一带一路"建设的主要节点，货运量和周转量排在全国的前列，要素流动维度的排名分别居全国的典型城市的第19位和第17位，进入了全国排名的第二梯度水平。表明郑州市充分发挥了全国综合交通枢纽和商贸物流中心的重要作用，洛阳市作为中原城市群的副中心，发挥了其城市辐射作用以及其航空口岸作用。南阳市综合保税区的建设和航空网络均在该地区的要素流动中发挥了重要作用，其要素流动的排名居全国典型城市的第22位，也进入了全国排名的第二梯度水平。

（3）就河南省各个典型城市而言，郑州市的经济开放度位于国内典型城市的第一梯度，洛阳市和新乡市位于全国倒数第二梯度水平，南阳市、许昌市和开封市位于全国倒数第一梯度水平。因此，除了郑州市之外，河南省其他典型城市，尤其是南阳市、许昌市和开封市，亟须提升经济开放度水平，加强同各国和地区的贸易投资往来。

6.2.2 经济开放度明细维度分析

在上文对经济开放度整体分析的基础上，本节对各个典型城市经济开放度的明细维度进行分析，探究河南省各典型城市与国内典型城市之间贸易和投资往来以及要素流动等方面的经济开放度情况。

贸易往来的明细维度分析：

表6-8报告了各典型城市贸易往来的得分与排名。从表6-8可以发现，就贸易往来的平均得分而言，河南省6个典型城市的贸易开放度的平均得分为负，低于北上广深和东部沿海地区，但是高于中西部地区。就贸

易往来的平均排名而言,河南省6个典型城市的贸易往来的平均排名低于国内其他典型城市。不过郑州市的贸易往来的得分为正,而且其排名位于全国的前列,列全国典型城市贸易开放度的第9位,位于全国典型城市的第一梯度水平。这表明郑州市作为中国的重要交通枢纽和商贸物流中心,充分发挥了郑州航空港经济综合实验区和自由贸易试验区在对外贸易往来中的作用。

因此,上述结果表明,虽然河南省已成为内陆省份贸易开放的高地,但是其内部贸易开放度不均衡,差距较大。

表6-8　　　　　　　　典型城市贸易往来得分和排名

地区	城市	贸易往来得分	贸易往来排名/分位	经济开放排名/分位	总开放度排名与分位
河南省	郑州市	0.281	9/4	14/4	16/3
	开封市	-0.311	47/1	52/1	42/2
	洛阳市	-0.299	44/1	33/2	26/3
	新乡市	-0.298	43/1	35/2	36/2
	许昌市	-0.279	36/2	43/1	41/2
	南阳市	-0.286	38/2	45/1	48/1
	平均	-0.199	36/2	37/2	35/2
北上广深	北京市	0.310	7/4	6/4	3/4
	上海市	1.618	3/4	3/4	1/4
	广州市	0.447	5/4	5/4	4/4
	深圳市	1.996	1/4	2/4	2/4
	平均	1.093	4/4	4/4	3/4
东部地区	东莞市	1.886	2/4	1/4	5/4
	佛山市	0.301	8/4	11/4	14/4
	南京市	0.080	13/4	12/4	11/4
	南通市	0.052	15/3	13/4	22/3
	苏州市	1.532	4/4	4/4	6/4
	无锡市	0.365	6/4	9/4	19/4
	杭州市	-0.332	56/1	27/3	8/4
	宁波市	-0.332	55/1	21/3	13/4

续表

地区	城市	贸易往来得分	贸易往来排名/分位	经济开放排名/分位	总开放度排名与分位
东部地区	绍兴市	0.108	12/4	15/3	15/3
	温州市	-0.056	19/3	29/2	23/3
	济南市	-0.191	28/3	32/2	17/3
	青岛市	0.277	10/4	8/4	9/4
	潍坊市	-0.031	18/3	26/3	27/3
	烟台市	0.227	11/4	10/4	20/3
	平均	0.278	18/3	16/3	15/4
中部六省	合肥市	-0.080	20/3	22/3	21/3
	安庆市	-0.250	31/2	42/2	47/1
	马鞍山市	-0.164	26/3	19/3	34/2
	芜湖市	-0.171	27/3	24/3	32/2
	武汉市	-0.136	22/3	17/3	10/4
	荆州市	-0.286	37/2	51/1	55/1
	襄阳市	-0.292	40/2	36/2	43/1
	宜昌市	-0.324	51/1	49/1	38/2
	长沙市	-0.223	30/2	31/2	25/3
	常德市	-0.313	48/1	38/2	54/1
	衡阳市	-0.258	34/2	34/2	45/1
	岳阳市	-0.295	42/2	39/2	30/2
	南昌市	-0.155	24/3	25/3	18/3
	赣州市	-0.196	29/2	20/3	33/2
	九江市	-0.150	23/3	23/3	35/2
	上饶市	-0.164	25/3	30/2	39/2
	太原市	0.020	16/3	28/3	28/3
	临汾市	-0.321	50/1	53/1	29/2
	运城市	-0.251	32/2	48/1	52/1
	长治市	-0.327	53/1	47/1	51/1
	长春市	-0.107	21/3	16/3	24/3

续表

地区	城市	贸易往来得分	贸易往来排名/分位	经济开放排名/分位	总开放度排名与分位
中部六省	吉林市	-0.307	45/1	37/2	50/1
	四平市	-0.307	46/1	50/1	53/1
	松原市	-0.324	52/1	55/1	31/2
	平均	-0.224	34/2	35/2	37/2
西部地区	西安市	0.054	14/4	7/4	7/4
	宝鸡市	-0.295	41/2	41/2	44/1
	咸阳市	-0.317	49/1	54/1	46/1
	榆林市	-0.328	54/1	44/1	49/1
	成都市	0.004	17/3	18/3	12/4
	德阳市	-0.258	35/2	46/1	40/2
	绵阳市	-0.257	33/2	40/2	37/2
	宜宾市	-0.289	39/2	56/1	56/1
	平均	-0.211	35/2	38/2	36/2

注：综合得分分位数一共分为四个分位，城市得分的分位数越高，表明该城市的对外开放度越高。

6.2.3 投资往来的明细维度分析

表 6-9 报告了各典型城市投资往来的得分与排名。从表 6-9 可以发现，就投资往来的平均得分而言，河南省 6 个典型城市的贸易开放度的平均得分为负，不仅远远低于北上广深和东部沿海地区，也低于中部地区，仅略高于西部地区开放度比较高的 8 个典型城市。就投资往来的平均排名而言，河南省 6 个典型城市的投资往来的平均排名也仅高于西部地区的典型城市。就河南省各个典型城市而言，投资往来维度的排名从高到低依次为洛阳市、郑州市、新乡市、许昌市、开封市和南阳市，洛阳市和新乡市分别作为全国重要的装备制造基地与中原城市群的高新技术产业和加工制造业基地，吸引了大量外资，尤其是洛阳市投资往来维度的排名已步入全

国典型城市的第二梯度水平。尽管郑州市作为河南省经济开放度最高的典型城市，但其投资往来的排名却滞后于国内其他省（市、区）的省会城市，甚至低于全国典型城市的平均水平。

因此，河南省典型城市投资往来的开放度无论相对于北上广深和东部沿海地区，还是中部地区，均有待进一步提高。为此，河南省应继续优化企业投资的营商环境，降低企业进入门槛，简化企业投资的审批手续，提高企业投资的便利化水平。

表 6 – 9　　　　典型城市投资往来得分和排名

地区	城市	投资往来得分	投资往来排名/分位	经济开放度排名/分位	总开放度排名与分位
河南省	郑州市	-0.100	30/2	14/4	16/3
	开封市	-0.173	41/2	52/1	42/2
	洛阳市	-0.035	25/3	33/2	26/3
	新乡市	-0.100	31/2	35/2	36/2
	许昌市	-0.173	40/2	43/1	41/2
	南阳市	-0.214	49/1	45/1	48/1
	平均	-0.132	36/2	37/2	35/2
北上广深	北京市	0.214	7/4	6/4	3/4
	上海市	0.583	2/4	3/4	1/4
	广州市	0.306	6/4	5/4	4/4
	深圳市	0.407	4/4	2/4	2/4
	平均	0.378	5/4	4/4	3/4
东部地区	东莞市	0.667	1/4	1/4	5/4
	佛山市	0.094	18/3	11/4	14/4
	南京市	0.164	13/4	12/4	11/4
	南通市	0.164	14/4	13/4	22/3
	苏州市	0.524	3/4	4/4	6/4
	无锡市	0.211	9/4	9/4	19/3
	杭州市	0.156	15/3	27/3	8/4
	宁波市	0.213	8/4	21/3	13/4

续表

地区	城市	投资往来得分	投资往来排名/分位	经济开放度排名/分位	总开放度排名与分位
东部地区	绍兴市	0.003	23/3	15/3	15/3
	温州市	-0.218	52/1	29/2	23/3
	济南市	-0.092	29/2	32/2	17/3
	青岛市	0.345	5/4	8/4	9/4
	潍坊市	-0.101	32/2	26/3	27/3
	烟台市	0.186	10/4	10/4	20/3
	平均	0.165	17/3	16/3	15/4
中部六省	合肥市	-0.051	26/3	22/3	21/3
	安庆市	-0.216	50/1	42/2	47/1
	马鞍山市	0.172	12/4	19/3	34/2
	芜湖市	0.074	19/3	24/3	32/2
	武汉市	0.116	17/3	17/3	10/4
	荆州市	-0.222	54/1	51/1	55/1
	襄阳市	-0.169	39/2	36/2	43/1
	宜昌市	-0.187	44/1	49/1	38/2
	长沙市	-0.066	27/3	31/2	25/3
	常德市	-0.146	36/2	38/2	54/1
	衡阳市	-0.115	34/2	34/2	45/1
	岳阳市	-0.205	48/1	39/2	30/2
	南昌市	0.062	21/3	25/3	18/3
	赣州市	0.145	16/3	20/3	33/2
	九江市	0.065	20/3	23/3	35/2
	上饶市	-0.085	28/3	30/2	39/2
	太原市	-0.153	37/2	28/3	28/3
	临汾市	-0.199	47/1	53/1	29/2
	运城市	-0.228	55/1	48/1	52/1
	长治市	-0.140	35/2	47/1	51/1
	长春市	0.173	11/4	16/3	24/3

续表

地区	城市	投资往来得分	投资往来排名/分位	经济开放度排名/分位	总开放度排名与分位
中部六省	吉林市	-0.114	33/2	37/2	50/1
	四平市	-0.173	42/2	50/1	53/1
	松原市	-0.198	46/1	55/1	31/2
	平均	-0.078	33/2	35/2	37/2
西部地区	西安市	0.059	22/3	7/4	7/4
	宝鸡市	-0.175	43/1	41/2	44/1
	咸阳市	-0.221	53/1	54/1	46/1
	榆林市	-0.160	38/2	44/1	49/1
	成都市	-0.007	24/3	18/3	12/4
	德阳市	-0.217	51/1	46/1	40/2
	绵阳市	-0.187	45/1	40/2	37/2
	宜宾市	-0.261	56/1	56/1	56/1
	平均	-0.146	42/2	38/2	36/2

注：综合得分分位数一共分为四个分位，城市得分的分位数越高，表明该城市的对外开放度越高。

6.2.4 要素流动的明细维度分析

表6-10显示了各典型城市要素流动的得分与排名。表6-10表明，就要素流动的得分而言，河南省典型城市要素流动的平均得分为负，低于国内其他典型城市，但其分值与中部地区的差距较小，与北上广深和东部沿海地区以及西部地区的典型城市差距较大。就要素流动排名而言，河南省典型城市的要素流动的平均排名落后于北上广深和东部沿海地区，与中部城市排名相同，略低于西部地区典型城市。就河南省典型城市的各城市而言，郑州市、洛阳市、南阳市的要素流动已经步入国内典型城市要素流动开放度的第二梯队。此外，河南省典型城市要素流动的平均排名高于整体经济开放度的排名。

第6章 河南省典型城市开放经济发展国内比较

因此，虽然河南省要素流动的开放度与国内其他城市有差距，但是与中西部地区的差距较小，说明乘着国家"一带一路"建设的春风，郑州市和洛阳市作为河南省融入"一带一路"建设的主要节点，郑州市、洛阳市和南阳市的机场发挥了其交通枢纽的重要作用，拉动了河南省的货运量和客运量，提高了河南省的要素流动性。

表6-10　　　　　　　　典型城市要素流动得分和排名

地区	城市	要素流动得分	要素流动排名/分位	经济开放排名/分位	总开放度排名与分位
河南省	郑州市	-0.009	19/3	14/4	16/3
	开封市	-0.066	56/1	52/1	42/2
	洛阳市	-0.003	17/3	33/2	26/3
	新乡市	-0.043	41/2	35/2	36/2
	许昌市	-0.056	51/1	43/1	41/2
	南阳市	-0.016	22/3	45/1	48/1
	平均	-0.032	34/2	37/2	35/2
北上广深	北京市	0.138	3/4	6/4	3/4
	上海市	0.135	4/4	3/4	1/4
	广州市	0.454	2/4	5/4	4/4
	深圳市	0.011	13/4	2/4	2/4
	平均	0.185	6/4	4/4	3/4
东部地区	东莞市	-0.038	39/2	1/4	5/4
	佛山市	-0.009	18/3	11/4	14/4
	南京市	0.002	16/3	12/4	11/4
	南通市	-0.017	23/3	13/4	22/3
	苏州市	0.047	5/4	4/4	6/4
	无锡市	-0.032	33/2	9/4	19/3
	杭州市	0.022	7/4	27/3	8/4
	宁波市	0.022	8/4	21/3	13/4
	绍兴市	-0.051	47/1	15/3	15/3
	温州市	0.015	11/4	29/2	23/3

续表

地区	城市	要素流动得分	要素流动排名/分位	经济开放排名/分位	总开放度排名与分位
东部地区	济南市	-0.030	31/2	32/2	17/3
	青岛市	-0.018	25/3	8/4	9/4
	潍坊市	-0.015	21/3	26/3	27/3
	烟台市	-0.023	27/3	10/4	20/3
	平均	-0.009	22/3	16/3	15/4
中部六省	合肥市	0.018	9/4	22/3	21/3
	安庆市	-0.037	38/2	42/2	47/1
	马鞍山市	-0.050	46/1	19/3	34/2
	芜湖市	-0.023	28/3	24/3	32/2
	武汉市	0.043	6/4	17/3	10/4
	荆州市	-0.034	35/2	51/1	55/1
	襄阳市	0.004	15/3	36/2	43/1
	宜昌市	-0.020	26/3	49/1	38/2
	长沙市	0.016	10/4	31/2	25/3
	常德市	-0.026	29/2	38/2	54/1
	衡阳市	-0.017	24/3	34/2	45/1
	岳阳市	0.005	14/4	39/2	30/2
	南昌市	-0.049	44/1	25/3	18/3
	赣州市	-0.035	37/2	20/3	33/2
	九江市	-0.033	34/2	23/3	35/2
	上饶市	-0.014	20/3	30/2	39/2
	太原市	-0.049	45/1	28/3	28/3
	临汾市	-0.051	48/1	53/1	29/2
	运城市	-0.049	43/1	48/1	52/1
	长治市	-0.057	52/1	47/1	51/1
	长春市	-0.038	40/2	16/3	24/3
	吉林市	-0.062	54/1	37/2	50/1
	四平市	-0.059	53/1	50/1	53/1
	松原市	-0.064	55/1	55/1	31/2
	平均	-0.028	34/2	35/2	37/2

续表

地区	城市	要素流动得分	要素流动排名/分位	经济开放排名/分位	总开放度排名与分位
西部地区	西安市	0.496	1/4	7/4	7/4
	宝鸡市	-0.031	32/2	41/2	44/1
	咸阳市	-0.034	36/2	54/1	46/1
	榆林市	-0.026	30/2	44/1	49/1
	成都市	0.012	12/4	18/3	12/4
	德阳市	-0.047	42/2	46/1	40/2
	绵阳市	-0.056	50/1	40/2	37/2
	宜宾市	-0.052	49/1	56/1	56/1
	平均	0.033	32/2	38/2	36/2

注：综合得分分位数一共分为四个分位，城市得分的分位数越高，表明该城市的对外开放度越高。

6.3 河南省典型城市技术开放度的比较分析

技术进步是经济增长的源泉，随着生产全球化、信息全球化、知识全球化和资本全球化的深入发展，利用外部资源，进行开放式创新已成为企业获取技术的重要途径。在国家实施创新驱动发展战略的背景下，探究河南省的技术开放度水平具有重要的现实意义。

本节拟基于国内56个典型城市的技术开放度的数据，构建城市的知识获取、创新能力以及整体技术开放度的指标，评估和对比河南省与国内其他典型城市的技术开放度，为未来河南省经济的持续健康发展提供重要参考。

6.3.1 技术开放度的总体分析

将体现各地区技术开放度标准化后的指标 $ZX8 \sim ZX12$ 代入前面的综合模型，得到国内各典型城市的技术开放度的综合得分和排名以及所处的分位数，具体结果如表6-11所示。

表 6-11　典型城市技术开放度得分和排名

地区	城市	技术开放得分	技术开放排名/分位	知识获取排名/分位	创新能力排名/分位	总开放度排名与分位
河南省	郑州市	0.014	20/3	15/3	19/3	16/3
	开封市	-0.398	53/1	52/1	52/1	42/2
	洛阳市	-0.279	28/3	46/1	24/3	26/3
	新乡市	-0.345	39/2	38/2	36/2	36/2
	许昌市	-0.382	48/1	53/1	42/2	41/2
	南阳市	-0.380	47/1	49/1	44/1	48/1
	平均	-0.295	39/2	42/2	36/2	35/2
北上广深	北京市	2.058	1/4	3/4	1/4	3/4
	上海市	1.243	2/4	8/4	3/4	1/4
	广州市	0.963	4/4	1/4	8/4	4/4
	深圳市	1.061	3/4	26/3	2/4	2/4
	平均	1.331	3/4	10/4	4/4	3/4
东部地区	东莞市	0.168	15/3	29/2	10/4	5/4
	佛山市	0.194	14/4	48/1	9/4	14/4
	南京市	0.065	18/3	7/4	34/2	11/4
	南通市	-0.375	44/1	32/2	56/1	22/3
	苏州市	-0.236	26/3	17/3	40/2	6/4
	无锡市	-0.294	30/2	23/3	35/2	19/3
	杭州市	0.692	6/4	13/4	5/4	8/4
	宁波市	0.568	8/4	19/3	4/4	13/4
	绍兴市	0.456	11/4	30/2	6/4	15/3
	温州市	-0.026	22/3	28/3	16/3	23/3
	济南市	0.528	9/4	4/4	15/3	17/3
	青岛市	0.310	13/4	16/3	11/4	9/4
	潍坊市	-0.072	23/3	18/3	17/3	27/3
	烟台市	-0.093	24/3	20/3	18/3	20/3
	平均	0.135	19/3	22/3	20/3	15/4

续表

地区	城市	技术开放得分	技术开放排名/分位	知识获取排名/分位	创新能力排名/分位	总开放度排名与分位
中部六省	合肥市	0.118	17/3	11/4	20/3	21/3
	安庆市	-0.398	52/1	43/1	53/1	47/1
	马鞍山市	-0.382	49/1	44/1	49/1	34/2
	芜湖市	-0.274	27/3	22/3	29/2	32/2
	武汉市	0.680	7/4	2/4	13/4	10/4
	荆州市	-0.356	42/2	34/2	48/1	55/1
	襄阳市	-0.300	33/2	40/2	26/3	43/1
	宜昌市	-0.319	36/2	37/2	28/3	38/2
	长沙市	0.452	12/4	10/4	12/4	25/3
	常德市	-0.356	41/2	42/2	38/2	54/1
	衡阳市	-0.317	35/2	27/3	39/2	45/1
	岳阳市	-0.339	38/2	45/1	30/2	30/2
	南昌市	0.165	16/3	9/4	21/3	18/3
	赣州市	-0.295	32/2	25/3	31/2	33/2
	九江市	-0.317	34/2	33/2	32/2	35/2
	上饶市	-0.390	51/1	51/1	45/1	39/2
	太原市	-0.014	21/3	12/4	25/3	28/3
	临汾市	-0.376	46/1	41/2	46/1	29/2
	运城市	-0.372	43/1	36/2	51/1	52/1
	长治市	-0.375	45/1	39/2	47/1	51/1
	长春市	0.023	19/3	14/4	23/3	24/3
	吉林市	-0.332	37/2	31/2	41/2	50/1
	四平市	-0.408	55/1	47/1	55/1	53/1
	松原市	-0.429	56/1	56/1	54/1	31/2
	平均	-0.205	35/2	31/2	36/2	37/2

续表

地区	城市	技术开放得分	技术开放排名/分位	知识获取排名/分位	创新能力排名/分位	总开放度排名与分位
西部地区	西安市	0.861	5/4	5/4	7/4	7/4
	宝鸡市	-0.354	40/2	50/1	33/2	44/1
	咸阳市	-0.294	31/2	21/3	37/2	46/1
	榆林市	-0.402	54/1	55/1	50/1	49/1
	成都市	0.508	10/4	6/4	14/4	12/4
	德阳市	-0.287	29/2	35/2	27/3	40/2
	绵阳市	-0.172	25/3	24/3	22/3	37/2
	宜宾市	-0.387	50/1	54/1	43/1	56/1
	平均	-0.066	31/2	31/2	29/3	36/2

注：综合得分分位数一共分为四个分位，城市得分的分位数越高，表明该城市的对外开放度越高。

从表6-11可以得到以下结论：

（1）首先，河南省6个典型城市技术开放度的平均水平得分为负，不仅远远低于北上广深和东部沿海地区，也落后于中西部地区。虽然与中部地区的得分相差较小，但是与西部8个典型城市的差距仍然比较大。其次，与总体开放度的排名相比，河南省6个典型城市技术开放度在国内典型城市的排名落后于总体开放度，拉低了城市的总体开放度水平。

因此，整体而言，河南省典型城市的技术开放度与国内典型城市相比，差距依然较大，其技术开放度水平拉低了总开放度水平，整体的创新能力亟待提高。

（2）就技术开放度水平的两个维度的贡献而言，相对于创新能力，其知识获取能力的排名比较靠后，贡献度较小，拉低了城市技术开放度。这可能与河南省整体落后的高等教育水平有关，河南省作为人口大省，其高等教育水平一直较为滞后，名牌高校比较少，国家对河南省高校的支持力度较小。

（3）就河南省各个典型城市而言，郑州市和洛阳市的技术开放度位于国内典型城市的第二梯度，但是排名相对落后，得分比较低。新乡市的技术开放度则属于倒数第二梯度水平，开封市、许昌市和南阳市则位于最后梯度水平，技术开放度严重滞后。故尽管河南省郑洛新国家自主创新示范

第6章 河南省典型城市开放经济发展国内比较

园区的建设已取得初步成效,但是与全国的技术开放度水平的差距依然巨大,城市创新能力的提升仍然有很长的路要走。

因此,河南省整体的技术开放度水平相对落后,知识获取能力和技术创新能力均较为滞后。河南省应加大对高等教育的投资,提升河南省高校的人才培养水平和科研水平,加强地方高校的智库建设,实施产学研结合的策略,使高校成为地方经济发展的人才培养源泉和技术创新源泉。在国家创新驱动发展战略下,加大科技创新的研发投入和高科技人才的培养与引进。

在前面对技术开放度整体分析的基础上,我们将对各个典型城市技术开放度知识获取能力和创新能力的明细维度进行分析,探讨河南省典型城市与国内典型城市之间知识获取和创新能力的技术开放度情况。

6.3.2 知识获取能力的明细维度分析

表6-12报告了各典型城市知识获取能力的得分与排名。表6-12显示,河南省典型城市知识获取能力的平均得分为负,排名比较靠后,除郑州市和新乡市以外,知识获取能力的排名均位于最后的梯度水平,拉低了城市整体的技术开放度水平。

因此,河南省典型城市知识获取能力的排名和得分均远远落后于国内其他典型城市。这与河南省整体落后的高等教育水平有关,河南省虽然一直是全国的人口大省和高口人数大省,但是省内高校较少,尤其是名牌高校,仅郑州大学一所"双一流"建设高校和河南大学"双一流"学科建设高校。

表6-12 典型城市知识获取得分和排名

地区	城市	知识获取得分	知识获取排名/分位	技术开放排名/分位	总开放度排名与分位
河南省	郑州市	0.079	15/3	20/3	16/3
	开封市	-0.141	52/1	53/1	42/2
	洛阳市	-0.132	46/1	28/3	26/3
	新乡市	-0.124	38/2	39/2	36/2
	许昌市	-0.145	53/1	48/1	41/2
	南阳市	-0.137	49/1	47/1	48/1
	平均	-0.100	42/2	39/2	35/2

续表

地区	城市	知识获取得分	知识获取排名/分位	技术开放排名/分位	总开放度排名与分位
北上广深	北京市	0.413	3/4	1/4	3/4
	上海市	0.271	8/4	2/4	1/4
	广州市	0.528	1/4	4/4	4/4
	深圳市	-0.083	26/3	3/4	2/4
	平均	0.282	10/4	3/4	3/4
东部地区	东莞市	-0.089	29/2	15/3	5/4
	佛山市	-0.134	48/1	14/4	14/4
	南京市	0.281	7/4	18/3	11/4
	南通市	-0.099	32/2	44/1	22/3
	苏州市	-0.001	17/3	26/3	6/4
	无锡市	-0.076	23/3	30/2	19/3
	杭州市	0.137	13/4	6/4	8/4
	宁波市	-0.055	19/3	8/4	13/4
	绍兴市	-0.092	30/2	11/4	15/3
	温州市	-0.089	28/3	22/3	23/3
	济南市	0.366	4/4	9/4	17/3
	青岛市	0.054	16/3	13/4	9/4
	潍坊市	-0.050	18/3	23/3	27/3
	烟台市	-0.055	20/3	24/3	20/3
	平均	0.007	22/3	19/3	15/4
中部六省	合肥市	0.206	11/4	17/3	21/3
	安庆市	-0.129	43/1	52/1	47/1
	马鞍山市	-0.129	44/1	49/1	34/2
	芜湖市	-0.069	22/3	27/3	32/2
	武汉市	0.490	2/4	7/4	10/4
	荆州市	-0.104	34/2	42/2	55/1
	襄阳市	-0.126	40/2	33/2	43/1
	宜昌市	-0.123	37/2	36/2	38/2

续表

地区	城市	知识获取得分	知识获取排名/分位	技术开放排名/分位	总开放度排名与分位
中部六省	长沙市	0.238	10/4	12/4	25/3
	常德市	-0.127	42/2	41/2	54/1
	衡阳市	-0.087	27/3	35/2	45/1
	岳阳市	-0.131	45/1	38/2	30/2
	南昌市	0.253	9/4	16/3	18/3
	赣州市	-0.082	25/3	32/2	33/2
	九江市	-0.104	33/2	34/2	35/2
	上饶市	-0.141	51/1	51/1	39/2
	太原市	0.160	12/4	21/3	28/3
	临汾市	-0.126	41/2	46/1	29/2
	运城市	-0.115	36/2	43/1	52/1
	长治市	-0.125	39/2	45/1	51/1
	长春市	0.134	14/4	19/3	24/3
	吉林市	-0.096	31/2	37/2	50/1
	四平市	-0.133	47/1	55/1	53/1
	松原市	-0.157	56/1	56/1	31/2
	平均	-0.026	31/2	35/2	37/2
西部地区	西安市	0.364	5/4	5/4	7/4
	宝鸡市	-0.140	50/1	40/2	44/1
	咸阳市	-0.066	21/3	31/2	46/1
	榆林市	-0.149	55/1	54/1	49/1
	成都市	0.322	6/4	10/4	12/4
	德阳市	-0.109	35/2	29/2	40/2
	绵阳市	-0.080	24/3	25/3	37/2
	宜宾市	-0.146	54/1	50/1	56/1
	平均	-0.001	31/2	31/2	36/2

注：综合得分分位数一共分为四个分位，城市得分的分位数越高，表明该城市的对外开放度越高。

6.3.3 创新能力的明细维度分析

各典型城市创新能力的得分与排名如表6-13所示,从表6-13可以发现,河南省典型城市知识获取能力的平均得分为负,落后于国内其他典型城市。虽然平均排名高于技术开放度总体排名,但低于整体对外开放度。就河南省6个具体典型城市而言,郑州市和洛阳市的创新能力进入了国内典型城市的第二梯度水平,新乡市和许昌市的在省内典型城市的排名也相对靠前。

表6-13　典型城市创新能力得分和排名

地区	城市	创新能力得分	创新能力排名/分位	技术开放度排名/分位	总开放度排名与分位
河南省	郑州市	-0.065	19/3	20/3	16/3
	开封市	-0.257	52/1	53/1	42/2
	洛阳市	-0.147	24/3	28/3	26/3
	新乡市	-0.221	36/2	39/2	36/2
	许昌市	-0.236	42/2	48/1	41/2
	南阳市	-0.244	44/1	47/1	48/1
	平均	-0.195	36/2	39/2	35/2
北上广深	北京市	1.645	1/4	1/4	3/4
	上海市	0.972	3/4	2/4	1/4
	广州市	0.435	8/4	4/4	4/4
	深圳市	1.144	2/4	3/4	2/4
	平均	1.049	4/4	3/4	3/4
东部地区	东莞市	0.257	10/4	15/3	5/4
	佛山市	0.328	9/4	14/4	14/4
	南京市	-0.216	34/2	18/3	11/4
	南通市	-0.276	56/1	44/1	22/3
	苏州市	-0.236	40/2	26/3	6/4
	无锡市	-0.218	35/2	30/2	19/3

第6章 河南省典型城市开放经济发展国内比较

续表

地区	城市	创新能力得分	创新能力排名/分位	技术开放排名/分位	总开放度排名与分位
东部地区	杭州市	0.555	5/4	6/4	8/4
	宁波市	0.623	4/4	8/4	13/4
	绍兴市	0.548	6/4	11/4	15/3
	温州市	0.062	16/3	22/3	23/3
	济南市	0.162	15/3	9/4	17/3
	青岛市	0.256	11/4	13/4	9/4
	潍坊市	-0.022	17/3	23/3	27/3
	烟台市	-0.038	18/3	24/3	20/3
	平均	0.128	20/3	19/3	15/4
中部六省	合肥市	-0.088	20/3	17/3	21/3
	安庆市	-0.269	53/1	52/1	47/1
	马鞍山市	-0.253	49/1	49/1	34/2
	芜湖市	-0.205	29/2	27/3	32/2
	武汉市	0.190	13/4	7/4	10/4
	荆州市	-0.252	48/1	42/2	55/1
	襄阳市	-0.174	26/3	33/2	43/1
	宜昌市	-0.196	28/3	36/2	38/2
	长沙市	0.214	12/4	12/4	25/3
	常德市	-0.229	38/2	41/2	54/1
	衡阳市	-0.230	39/2	35/2	45/1
	岳阳市	-0.208	30/2	38/2	30/2
	南昌市	-0.088	21/3	16/3	18/3
	赣州市	-0.213	31/2	32/2	33/2
	九江市	-0.213	32/2	34/2	35/2
	上饶市	-0.249	45/1	51/1	39/2
	太原市	-0.173	25/3	21/3	28/3
	临汾市	-0.250	46/1	46/1	29/2
	运城市	-0.257	51/1	43/1	52/1

续表

地区	城市	创新能力得分	创新能力排名/分位	技术开放排名/分位	总开放度排名与分位
中部六省	长治市	-0.250	47/1	45/1	51/1
	长春市	-0.112	23/3	19/3	24/3
	吉林市	-0.236	41/2	37/2	50/1
	四平市	-0.274	55/1	55/1	53/1
	松原市	-0.272	54/1	56/1	31/2
	平均	-0.179	36/2	35/2	37/2
西部地区	西安市	0.497	7/4	5/4	7/4
	宝鸡市	-0.214	33/2	40/2	44/1
	咸阳市	-0.228	37/2	31/2	46/1
	榆林市	-0.253	50/1	54/1	49/1
	成都市	0.186	14/4	10/4	12/4
	德阳市	-0.178	27/3	29/2	40/2
	绵阳市	-0.093	22/3	25/3	37/2
	宜宾市	-0.241	43/1	50/1	56/1
	平均	-0.066	29/3	31/2	36/2

注：综合得分分位数一共分为四个分位，城市得分的分位数越高，表明该城市的对外开放度越高。

因此，上述结果表明，尽管河南省典型城市的创新能力投入和产出依然比较落后，但是，郑洛新国家自主创新示范区建设已取得了显著成效，新乡市和许昌市作为中原城市群的高新技术产业基地也发挥了重要作用。

6.4 河南省典型城市社会开放度的比较分析

社会开放度代表了一地区的人文、观念和对外来人口的接纳度，是该地区对外开放度的重要体现。本节将从人员交往、信息流动和文化交融方面分析河南省和国内其他典型城市的社会开放度，探究河南省典型城市社会开放度的现状以及与国内典型城市的差距。

6.4.1 社会开放度的总体分析

将体现各地区经济开放度标准化后的指标 ZX13~ZX20 代入前面的综合模型，得到各个典型城市的社会开放度的综合得分和排名以及所处的分位数。

表 6-14 报告了国内各典型城市社会开放度以及明细维度社会开放度的水平与排名，从表 6-14 可发现：

首先，河南省典型城市社会开放度的平均水平得分为负，与北上广深和东部地区的得分差距较大。但是，其排名高于中西部地区典型城市，整体的社会开放度水平已经步入国内典型城市的第二梯队，高于对外开放度的其他维度，这也提升了河南省典型城市的整体对外开放度。

其次，就城市社会开放度水平各维度的贡献而言，贡献度从高到低依次为信息流动、人员交往和文化交融。尤其是城市信息流动居国内典型城市第 21 名，位于第二梯队水平前列。上述结果凸显了河南省典型城市历史文化和自然景观对国内游客的吸引力，以及河南省发达的互联网和移动通信水平。

最后，就河南省各个典型城市而言，排名从高到低依次为郑州市、洛阳市、新乡市、开封市、许昌市和南阳市。值得注意的是，相对对外开放度的其他维度而言，开封市的社会对外开放度水平有了大幅度提升，体现了开封市作为历史文化名城和国际文化旅游城市的吸引力。

表 6-14　　典型城市社会开放度得分和排名

地区	城市	社会开放得分	社会开放排名/分位	人员交往排名/分位	信息流动排名/分位	文化交融排名/分位	总开放度排名与分位
河南省	郑州市	0.413	10/4	14/4	1/4	34/2	16/3
	开封市	-0.300	30/2	35/2	26/3	39/2	42/2
	洛阳市	-0.003	23/3	11/4	20/3	51/1	26/3
	新乡市	-0.193	28/3	38/2	19/3	37/2	36/2
	许昌市	-0.312	31/2	52/1	25/3	35/2	41/2
	南阳市	-0.445	40/2	28/3	33/2	56/1	48/1
	平均	-0.140	27/3	30/3	21/3	42/2	35/2

续表

地区	城市	社会开放得分	社会开放排名/分位	人员交往排名/分位	信息流动排名/分位	文化交融排名/分位	总开放度排名与分位
北上广深	北京市	1.993	1/4	1/4	8/4	4/4	3/4
	上海市	1.719	2/4	2/4	23/3	2/4	1/4
	广州市	1.561	3/4	3/4	3/4	9/4	4/4
	深圳市	1.496	4/4	4/4	2/4	3/4	2/4
	平均	1.692	3/4	3/4	9/4	5/4	3/4
东部地区	东莞市	0.302	13/4	19/3	7/4	13/4	5/4
	佛山市	0.117	19/3	17/3	14/4	24/3	14/4
	南京市	0.666	7/4	7/4	18/3	5/4	11/4
	南通市	-0.146	26/3	18/3	36/2	23/3	22/3
	苏州市	0.831	6/4	5/4	17/3	8/4	6/4
	无锡市	0.114	20/3	16/3	22/3	16/3	19/3
	杭州市	1.024	5/4	6/4	4/4	6/4	8/4
	宁波市	0.260	14/4	13/4	9/4	20/3	13/4
	绍兴市	0.093	21/3	25/3	10/4	22/3	15/3
	温州市	-0.040	25/3	22/3	24/3	21/3	23/3
	济南市	0.253	15/3	23/3	16/3	7/4	17/3
	青岛市	0.216	18/3	10/4	12/4	30/2	9/4
	潍坊市	-0.410	35/2	32/2	38/2	47/1	27/3
	烟台市	-0.027	24/3	20/3	28/3	18/3	20/3
	平均	0.232	18/3	17/3	18/3	19/3	15/4
中部六省	合肥市	-0.263	29/2	26/3	34/2	29/2	21/3
	安庆市	-0.434	39/2	37/2	56/1	19/3	47/1
	马鞍山市	-0.460	44/1	50/1	48/1	27/3	34/2
	芜湖市	-0.405	34/2	42/2	43/1	26/3	32/2
	武汉市	0.333	12/4	12/4	15/3	11/4	10/4
	荆州市	-0.599	54/1	43/1	51/1	53/1	55/1
	襄阳市	-0.496	49/1	49/1	46/1	41/2	43/1
	宜昌市	-0.159	27/3	31/2	35/2	12/4	38/2

续表

地区	城市	社会开放得分	社会开放排名/分位	人员交往排名/分位	信息流动排名/分位	文化交融排名/分位	总开放度排名与分位
中部六省	长沙市	-0.613	55/1	48/1	55/1	45/1	25/3
	常德市	-0.639	56/1	41/2	50/1	55/1	54/1
	衡阳市	-0.578	53/1	34/2	54/1	49/1	45/1
	岳阳市	0.071	22/3	21/3	21/3	14/4	30/2
	南昌市	0.422	9/4	27/3	27/3	1/4	18/3
	赣州市	-0.486	48/1	29/2	52/1	40/2	33/2
	九江市	-0.473	46/1	30/2	49/1	43/1	35/2
	上饶市	-0.502	50/1	33/2	53/1	33/2	39/2
	太原市	-0.482	47/1	39/2	45/1	44/1	28/3
	临汾市	0.249	17/3	24/3	11/4	10/4	29/2
	运城市	-0.458	43/1	54/1	44/1	28/3	52/1
	长治市	-0.456	42/2	40/2	41/2	42/2	51/1
	长春市	-0.468	45/1	36/2	39/2	50/1	24/3
	吉林市	-0.537	51/1	56/1	47/1	38/2	50/1
	四平市	-0.421	37/2	51/1	32/2	48/1	53/1
	松原市	0.251	16/3	15/3	6/4	25/3	31/2
	平均	-0.317	39/2	36/2	40/2	33/2	37/2
西部地区	西安市	0.556	8/4	9/4	5/4	15/3	7/4
	宝鸡市	-0.416	36/2	45/1	40/2	32/2	44/1
	咸阳市	-0.451	41/2	47/1	37/2	46/1	46/1
	榆林市	-0.431	38/2	46/1	30/2	54/1	49/1
	成都市	0.393	11/4	8/4	13/4	17/3	12/4
	德阳市	-0.367	33/2	55/1	29/2	36/2	40/2
	绵阳市	-0.327	32/2	44/1	31/2	31/2	37/2
	宜宾市	-0.537	52/1	53/1	42/2	52/1	56/1
	平均	-0.197	31/2	38/2	28/3	35/2	36/2

注：综合得分分位数一共分为四个分位，城市得分的分位数越高，表明该城市的对外开放度越高。

6.4.2 社会开放度的明细维度分析

本小节将从人员交往、信息流动和文化交融维度对国内典型城市的社会开放度进行详细分析。

（1）人员交往的明细维度分析。

各典型城市人员交往能力的得分与排名如表6-15所示。从表6-15可发现，河南省典型城市人员交往能力的平均得分为负，虽然与北上广深和东部沿海地区有很大差距，但是得分和排名均高于中西部地区。就人员交往维度对城市社会开放度的贡献而言，排名居城市整体社会开放度的排名之后，拉低了城市的整体社会开放水平。

表6-15　　典型城市人员交往开放度的得分和排名

地区	城市	人员交往得分	人员交往排名/分位	社会开放排名/分位	总开放度排名与分位
河南省	郑州市	0.021	14/4	10/4	16/3
	开封市	-0.168	35/2	30/2	42/2
	洛阳市	0.077	11/4	23/3	26/3
	新乡市	-0.177	38/2	28/3	36/2
	许昌市	-0.210	52/1	31/2	41/2
	南阳市	-0.125	28/3	40/2	48/1
	平均	-0.097	30/3	27/3	35/2
北上广深	北京市	1.381	1/4	1/4	3/4
	上海市	1.232	2/4	2/4	1/4
	广州市	1.027	3/4	3/4	4/4
	深圳市	0.608	4/4	4/4	2/4
	平均	1.062	3/4	3/4	3/4
东部地区	东莞市	-0.041	19/3	13/4	5/4
	佛山市	-0.011	17/3	19/3	14/4
	南京市	0.243	7/4	7/4	11/4
	南通市	-0.013	18/3	26/3	22/3

续表

地区	城市	人员交往得分	人员交往排名/分位	社会开放排名/分位	总开放度排名与分位
东部地区	苏州市	0.527	5/4	6/4	6/4
	无锡市	0.009	16/3	20/3	19/3
	杭州市	0.380	6/4	5/4	8/4
	宁波市	0.044	13/4	14/4	13/4
	绍兴市	-0.091	25/3	21/3	15/3
	温州市	-0.080	22/3	25/3	23/3
	济南市	-0.083	23/3	15/3	17/3
	青岛市	0.120	10/4	18/3	9/4
	潍坊市	-0.147	32/2	35/2	27/3
	烟台市	-0.044	20/3	24/3	20/3
	平均	0.058	17/3	18/3	15/4
中部六省	合肥市	-0.112	26/3	29/2	21/3
	安庆市	-0.174	37/2	39/2	47/1
	马鞍山市	-0.202	50/1	44/1	34/2
	芜湖市	-0.185	42/2	34/2	32/2
	武汉市	0.057	12/4	12/4	10/4
	荆州市	-0.190	43/1	54/1	55/1
	襄阳市	-0.199	49/1	49/1	43/1
	宜昌市	-0.145	31/2	27/3	38/2
	长沙市	-0.195	48/1	55/1	25/3
	常德市	-0.184	41/2	56/1	54/1
	衡阳市	-0.168	34/2	53/1	45/1
	岳阳市	-0.079	21/3	22/3	30/2
	南昌市	-0.118	27/3	9/4	18/3
	赣州市	-0.130	29/2	48/1	33/2
	九江市	-0.140	30/2	46/1	35/2
	上饶市	-0.162	33/2	50/1	39/2
	太原市	-0.180	39/2	47/1	28/3

续表

地区	城市	人员交往得分	人员交往排名/分位	社会开放排名/分位	总开放度排名与分位
中部六省	临汾市	-0.089	24/3	17/3	29/2
	运城市	-0.215	54/1	43/1	52/1
	长治市	-0.182	40/2	42/2	51/1
	长春市	-0.173	36/2	45/1	24/3
	吉林市	-0.233	56/1	51/1	50/1
	四平市	-0.210	51/1	37/2	53/1
	松原市	0.015	15/3	16/3	31/2
	平均	-0.150	36/2	39/2	37/2
西部地区	西安市	0.131	9/4	8/4	7/4
	宝鸡市	-0.191	45/1	36/2	44/1
	咸阳市	-0.194	47/1	41/2	46/1
	榆林市	-0.192	46/1	38/2	49/1
	成都市	0.184	8/4	11/4	12/4
	德阳市	-0.219	55/1	33/2	40/2
	绵阳市	-0.191	44/1	32/2	37/2
	宜宾市	-0.213	53/1	52/1	56/1
	平均	-0.111	38/2	31/2	36/2

注：综合得分分位数一共分为四个分位，城市得分的分位数越高，表明该城市的对外开放度越高。

因此，一方面表明河南省典型城市接待入境旅游人数、旅游外汇收入和对外航空便利度方面具有一定的优势。另一方面，相对于省内其他城市，许昌市和新乡市仍有较大提升空间。许昌市和新兴市作为河南省农业示范基地，可以积极发展其生态观光区的旅游业，进而提升其社会开放度水平。

（2）信息流动的明细维度分析。

表6-16报告了各典型城市信息流动能力的得分和排名。从表6-16可以发现，首先，河南省典型城市信息流动能力的平均得分正，低于北上广深和东部沿海地区，但是，与东部沿海地区的得分差距很小，而且远远

高于中西部地区。虽然与北上广深和东部沿海地区有很大差距，但是得分和排名均高于中西部地区。其次，信息流动维度的排名高于社会开放度和总体开放度的排名，提升了城市整体的社会开放度水平和总对外开放度水平。此外，就各个河南省典型城市而言，除了南阳市以外，其他城市均进入了第二梯度水平和第一梯度水平，尤其是郑州市信息流动水平位列全国第一。

表6-16　　　　　典型城市信息流动开放度得分和排名

地区	城市	信息流动得分	信息流动排名/分位	社会开放排名/分位	总开放度排名与分位
河南省	郑州市	0.490	1/4	10/4	16/3
	开封市	-0.019	26/3	30/2	42/2
	洛阳市	0.083	20/3	23/3	26/3
	新乡市	0.093	19/3	28/3	36/2
	许昌市	0.002	25/3	31/2	41/2
	南阳市	-0.080	33/2	40/2	48/1
	平均	0.095	21/3	27/3	35/2
北上广深	北京市	0.216	8/4	1/4	3/4
	上海市	0.032	23/3	2/4	1/4
	广州市	0.361	3/4	3/4	4/4
	深圳市	0.461	2/4	4/4	2/4
	平均	0.267	9/4	3/4	3/4
东部地区	东莞市	0.262	7/4	13/4	5/4
	佛山市	0.157	14/4	19/3	14/4
	南京市	0.116	18/3	7/4	11/4
	南通市	-0.110	36/2	26/3	22/3
	苏州市	0.120	17/3	6/4	6/4
	无锡市	0.051	22/3	20/3	19/3
	杭州市	0.353	4/4	5/4	8/4
	宁波市	0.186	9/4	14/4	13/4
	绍兴市	0.178	10/4	21/3	15/3

续表

地区	城市	信息流动得分	信息流动排名/分位	社会开放排名/分位	总开放度排名与分位
东部地区	温州市	0.025	24/3	25/3	23/3
	济南市	0.150	16/3	15/3	17/3
	青岛市	0.163	12/4	18/3	9/4
	潍坊市	-0.130	38/2	35/2	27/3
	烟台市	-0.032	28/3	24/3	20/3
	平均	0.106	18/3	18/3	15/4
中部六省	合肥市	-0.085	34/2	29/2	21/3
	安庆市	-0.308	56/1	39/2	47/1
	马鞍山市	-0.207	48/1	44/1	34/2
	芜湖市	-0.171	43/1	34/2	32/2
	武汉市	0.155	15/3	12/4	10/4
	荆州市	-0.236	51/1	54/1	55/1
	襄阳市	-0.182	46/1	49/1	43/1
	宜昌市	-0.105	35/2	27/3	38/2
	长沙市	-0.291	55/1	55/1	25/3
	常德市	-0.218	50/1	56/1	54/1
	衡阳市	-0.262	54/1	53/1	45/1
	岳阳市	0.071	21/3	22/3	30/2
	南昌市	-0.026	27/3	9/4	18/3
	赣州市	-0.241	52/1	48/1	33/2
	九江市	-0.215	49/1	46/1	35/2
	上饶市	-0.255	53/1	50/1	39/2
	太原市	-0.178	45/1	47/1	28/3
	临汾市	0.168	11/4	17/3	29/2
	运城市	-0.178	44/1	43/1	52/1
	长治市	-0.158	41/2	42/2	51/1
	长春市	-0.133	39/2	45/1	24/3
	吉林市	-0.192	47/1	51/1	50/1
	四平市	-0.071	32/2	37/2	53/1
	松原市	0.266	6/4	16/3	31/2
	平均	-0.127	40/2	39/2	37/2

续表

地区	城市	信息流动得分	信息流动排名/分位	社会开放排名/分位	总开放度排名与分位
西部地区	西安市	0.352	5/4	8/4	7/4
	宝鸡市	-0.141	40/2	36/2	44/1
	咸阳市	-0.129	37/2	41/2	46/1
	榆林市	-0.054	30/2	38/2	49/1
	成都市	0.159	13/4	11/4	12/4
	德阳市	-0.043	29/2	33/2	40/2
	绵阳市	-0.061	31/2	32/2	37/2
	宜宾市	-0.160	42/2	52/1	56/1
	平均	-0.010	28/3	31/2	36/2

注：综合得分分位数一共分为四个分位，城市得分的分位数越高，表明该城市的对外开放度越高。

因此，河南省应充分发挥其信息化水平的优势，加快郑州跨境电子商务综合试验区的建设，构建跨境电子商务产业链和生态链，加快商贸流通，并推动电子商务与其他产业深度融合，建设电子商务强省。

（3）文化交融的明细维度分析。

各典型城市文化交融能力的得分和排名如表 6-17 所示。表 6-17 显示，首先，河南省典型城市的文化交融能力平均得分为负，得分和排名均低于国内其他地区。其次，就信息流动对社会开放度的贡献而言，信息流动的排名低于城市整体社会开放度和总开放度，拉低了城市的社会开放度水平和总开放度水平。

表 6-17　　　　典型城市文化交融开放度得分和排名

地区	城市	文化交融得分	文化交融排名/分位	社会开放排名/分位	总开放度排名与分位
河南省	郑州市	-0.098	34/2	10/4	16/3
	开封市	-0.113	39/2	30/2	42/2
	洛阳市	-0.163	51/1	23/3	26/3
	新乡市	-0.109	37/2	28/3	36/2
	许昌市	-0.103	35/2	31/2	41/2
	南阳市	-0.240	56/1	40/2	48/1
	平均	-0.138	42/2	27/3	35/2

续表

地区	城市	文化交融得分	文化交融排名/分位	社会开放排名/分位	总开放度排名与分位
北上广深	北京市	0.396	4/4	1/4	3/4
	上海市	0.455	2/4	2/4	1/4
	广州市	0.174	9/4	3/4	4/4
	深圳市	0.427	3/4	4/4	2/4
	平均	0.363	5/4	3/4	3/4
东部地区	东莞市	0.081	13/4	13/4	5/4
	佛山市	-0.029	24/3	19/3	14/4
	南京市	0.307	5/4	7/4	11/4
	南通市	-0.024	23/3	26/3	22/3
	苏州市	0.185	8/4	6/4	6/4
	无锡市	0.054	16/3	20/3	19/3
	杭州市	0.290	6/4	5/4	8/4
	宁波市	0.030	20/3	14/4	13/4
	绍兴市	0.006	22/3	21/3	15/3
	温州市	0.016	21/3	25/3	23/3
	济南市	0.186	7/4	15/3	17/3
	青岛市	-0.067	30/2	18/3	9/4
	潍坊市	-0.133	47/1	35/2	27/3
	烟台市	0.049	18/3	24/3	20/3
	平均	0.068	19/3	18/3	15/4
中部六省	合肥市	-0.066	29/2	29/2	21/3
	安庆市	0.048	19/3	39/2	47/1
	马鞍山市	-0.051	27/3	44/1	34/2
	芜湖市	-0.049	26/3	34/2	32/2
	武汉市	0.121	11/4	12/4	10/4
	荆州市	-0.173	53/1	54/1	55/1
	襄阳市	-0.114	41/2	49/1	43/1
	宜昌市	0.091	12/4	27/3	38/2

续表

地区	城市	文化交融得分	文化交融排名/分位	社会开放排名/分位	总开放度排名与分位
中部六省	长沙市	-0.128	45/1	55/1	25/3
	常德市	-0.237	55/1	56/1	54/1
	衡阳市	-0.148	49/1	53/1	45/1
	岳阳市	0.079	14/4	22/3	30/2
	南昌市	0.567	1/4	9/4	18/3
	赣州市	-0.114	40/2	48/1	33/2
	九江市	-0.118	43/1	46/1	35/2
	上饶市	-0.084	33/2	50/1	39/2
	太原市	-0.123	44/1	47/1	28/3
	临汾市	0.169	10/4	17/3	29/2
	运城市	-0.065	28/3	43/1	52/1
	长治市	-0.116	42/2	42/2	51/1
	长春市	-0.163	50/1	45/1	24/3
	吉林市	-0.112	38/2	51/1	50/1
	四平市	-0.140	48/1	37/2	53/1
	松原市	-0.030	25/3	16/3	31/2
	平均	-0.040	33/2	39/2	37/2
西部地区	西安市	0.073	15/3	8/4	7/4
	宝鸡市	-0.084	32/2	36/2	44/1
	咸阳市	-0.128	46/1	41/2	46/1
	榆林市	-0.185	54/1	38/2	49/1
	成都市	0.051	17/3	11/4	12/4
	德阳市	-0.105	36/2	33/2	40/2
	绵阳市	-0.076	31/2	32/2	37/2
	宜宾市	-0.165	52/1	52/1	56/1
	平均	-0.077	35/2	31/2	36/2

注：综合得分分位数一共分为四个分位，城市得分的分位数越高，表明该城市的对外开放度越高。

因此，河南省虽然作为中华民族与华夏文明的发源地，但是当前城市的广播电视覆盖率和人均公共图书馆藏书量相对于全国还比较低，文化交融能力有待提升。

第7章

河南省各地市开放经济发展比较

7.1 河南省各地市开放经济发展的总体比较

作为九州腹地、南北通衢的河南省,近年来紧紧依托郑州航空港经济综合实验区、郑洛新国家自主创新示范区、中国(河南)自由贸易试验区等国家战略规划,主动融入"一带一路"建设,坚持"引进来"和"走出去"并重,积极打造内陆开放高地,已逐步形成了陆海内外联动、东西双向互济的开放新格局,全省对外开放水平持续稳步提升。在此背景下,根据前面构建的区域对外开放指标体系,本章以河南省18个市级行政单位为研究对象,使用《2017年河南统计年鉴》《2017年河南省专利年鉴》《2017年中国城市统计年鉴》以及河南省各地市统计年鉴和统计公报等相关数据,运用主成分分析方法(PCA)对2016年各地市对外开放水平进行全面系统综合评价,并从具体维度上对区域内的经济、技术和社会等方面的开放度进行量化分析。

7.1.1 各地市对外开放度排名与梯队划分

运用SPSS软件对河南省18个地级市20项指标数据进行计算处理,对原始数据进行标准化处理以消除数量级和量纲造成的误差。从表7-1可以看出,根据主成分提取原则,选取了特征值大于1的4个主成分,4个主成分的方差贡献率分别是 56.878%、16.985%、9.533% 和 6.420%，累积方差贡献率是 89.817%（≥85%），能较好反映基础数据的绝大部分信息，有较强的代表性，用 F1、F2、F3 和 F4 基本可以代表和包含原来的 20 个指标评价 18 个地级市的对外开放水平指标信息。

表 7 – 1　　　　4 个主成分的特征值与方差贡献率

主成分	特征值	方差贡献率（%）	累积方差贡献率（%）
F1	11.376	56.879	56.879
F2	3.397	16.985	73.864
F3	1.907	9.533	83.397
F4	1.284	6.420	89.817

资料来源：作者计算整理所得。

根据上述提取的主成分，表 7 – 2 列出了 4 个主成分在各个变量上的载荷值。可用表 7 – 2 中 4 个主成分的载荷值，除以所对应特征值的算术平方根，计算出每个主成分中指标所对应的系数，并得到所提取各个主成分的表达式（此处变量 ZX 不是原始值，这里需要经过对原始变量进行标准化处理）：

$$F1 = 0.274ZX1 + 0.200ZX2 + 0.276ZX3 + 0.029ZX4 + 0.192ZX5 \\
+ 0.162ZX6 + 0.143ZX7 + 0.281ZX8 + 0.279ZX9 + 0.292ZX10 \\
+ 0.288ZX11 + 0.264ZX12 + 0.185ZX13 + 0.209ZX14 + 0.286ZX15 \\
+ 0.197ZX16 + 0.250ZX17 + 0.259ZX18 + 0.044ZX19 \\
+ 0.023ZX20 \qquad (7-1)$$

$$F2 = 0.042ZX1 + 0.280ZX2 + 0.043ZX3 + 0.349ZX4 + 0.026ZX5 \\
- 0.392ZX6 - 0.442ZX7 - 0.002ZX8 + 0.074ZX9 - 0.064ZX10 \\
- 0.047ZX11 + 0.028ZX12 - 0.112ZX13 - 0.292ZX14 \\
- 0.018ZX15 - 0.084ZX16 + 0.251ZX17 + 0.228ZX18 \\
+ 0.197ZX19 + 0.418ZX20 \qquad (7-2)$$

$$F3 = -0.202ZX1 - 0.124ZX2 - 0.203ZX3 + 0.380ZX4 - 0.028ZX5 \\
+ 0.098ZX6 + 0.007ZX7 - 0.200ZX8 - 0.178ZX9 - 0.034ZX10 \\
- 0.001ZX11 + 0.288ZX12 + 0.489ZX13 + 0.036ZX14$$

$$-0.098ZX15 + 0.485ZX16 - 0.017ZX17 - 0.022ZX18$$
$$-0.180ZX19 + 0.270ZX20 \qquad (7-3)$$
$$F4 = -0.058ZX1 - 0.294ZX2 - 0.098ZX3 + 0.060ZX4 + 0.373ZX5$$
$$+0.099ZX6 - 0.070ZX7 - 0.019ZX8 - 0.043ZX9 + 0.021ZX10$$
$$+0.049ZX11 + 0.028ZX12 + 0.149ZX13 - 0.281ZX14$$
$$-0.112ZX15 + 0.105ZX16 + 0.013ZX17 + 0.013ZX18$$
$$+0.709ZX19 - 0.331ZX20 \qquad (7-4)$$

表 7-2 4 个主成分的载荷值

变量	F1	F2	F3	F4
出口依存度（X1）	0.924	0.078	-0.279	-0.066
进口依存度（X2）	0.674	0.517	-0.172	-0.334
货物进出口总额（X3）	0.930	0.079	-0.281	-0.111
实际利用外资占比（X4）	0.099	0.643	0.525	0.068
外商及港澳台投资企业数占比（X5）	0.647	0.047	-0.038	0.423
货运量（X6）	0.545	-0.723	0.135	0.113
客运量（X7）	0.481	-0.815	0.010	-0.079
普通高校数（X8）	0.947	-0.004	-0.276	-0.021
每万人在校大学生数（X9）	0.941	0.136	-0.246	0.049
研究人员数（X10）	0.985	-0.118	-0.048	0.024
研究经费支出（X11）	0.970	-0.087	-0.002	0.056
每万人专利授权数（X12）	0.892	0.052	0.398	0.032
接待入境国（境）外旅游者数（X13）	0.624	-0.206	0.675	0.169
星级饭店数（X14）	0.703	-0.539	0.050	-0.318
对外航空便利度（X15）	0.965	-0.033	-0.135	-0.127
旅游创汇收入（X16）	0.664	-0.155	0.669	0.119
每万人国际互联网用户数（X17）	0.843	0.462	-0.023	0.015
每万人移动电话数（X18）	0.874	0.420	-0.031	0.015
广播电视覆盖率（X19）	0.148	0.363	-0.248	0.803
人均公共图书馆藏书数（X20）	0.078	0.770	0.373	-0.375

资料来源：作者计算整理所得。

利用 SPSS 对原始指标数据进行标准化处理,可得到标准化后的变量数据(见表 7-3)。将标准化后的数据代入上述的 4 个主成分表达式中,可以得出 2016 年 18 个地级市在各个相应主成分上的得分,并以每个主成分所对应的特征值占所提取主成分总的特征值之和的比例作为权重计算主成分综合模型:

$$F = 0.156ZX1 + 0.145ZX2 + 0.154ZX3 + 0.129ZX4 + 0.150ZX5 \\
+ 0.046ZX6 + 0.002ZX7 + 0.155ZX8 + 0.175ZX9 + 0.171ZX10 \\
+ 0.177ZX11 + 0.205ZX12 + 0.159ZX13 + 0.061ZX14 + 0.159ZX15 \\
+ 0.168ZX16 + 0.205ZX17 + 0.206ZX18 + 0.097ZX19 + 0.099ZX20$$

(7-5)

表 7-3　　　　　　　　原始变量标准化处理后数据

变量地市	ZX1	ZX2	ZX3	ZX4	ZX5	ZX6	ZX7	ZX8	ZX9	ZX10
郑州	3.927	2.884	4.003	0.216	1.999	1.535	1.503	3.941	3.809	3.641
开封	-0.298	-0.459	-0.271	-0.364	0.225	-1.366	-0.501	-0.175	0.191	-0.241
洛阳	-0.137	-0.420	-0.172	0.970	0.605	2.038	1.531	-0.013	-0.013	1.009
平顶山	-0.347	-0.437	-0.272	-0.828	0.605	0.185	0.500	-0.175	-0.236	-0.192
安阳	0.383	-0.189	-0.240	-0.770	-0.535	-0.016	-0.133	-0.094	-0.052	-0.206
鹤壁	-0.357	-0.383	-0.292	2.363	-0.915	-0.760	-1.270	-0.336	-0.391	-0.632
新乡	-0.238	-0.316	-0.232	0.100	2.632	0.290	-0.129	0.148	0.470	0.423
焦作	0.186	-0.192	-0.157	-0.190	-0.155	-0.165	-0.896	-0.094	0.232	-0.051
濮阳	-0.271	-0.430	-0.272	-0.016	-0.282	-0.962	-0.540	-0.498	-0.669	-0.383
许昌	0.235	-0.420	-0.165	-0.538	-0.788	-0.465	-0.536	-0.256	-0.378	-0.058
漯河	-0.020	-0.347	-0.257	1.492	0.352	-0.737	-0.974	-0.336	-0.234	-0.561
三门峡	-0.373	0.247	-0.225	1.376	-1.168	-1.021	-0.975	-0.498	-0.510	-0.535
南阳	-0.090	-0.391	-0.182	-1.003	-0.282	0.994	1.421	-0.094	-0.420	0.199
商丘	-0.471	-0.476	-0.291	-1.003	-0.408	0.576	0.624	-0.094	-0.191	-0.310
信阳	-0.441	-0.349	-0.269	-0.712	-1.042	-0.285	0.234	-0.175	-0.285	-0.485
周口	-0.245	-0.390	-0.241	-0.828	-0.535	0.846	-0.030	-0.336	-0.582	-0.499
驻马店	-0.357	-0.459	-0.274	-0.944	-0.535	0.844	1.585	-0.417	-0.651	-0.477
济源	-0.320	2.526	-0.191	0.680	0.225	-1.532	-1.412	-0.498	-0.090	-0.642

续表

变量地市	ZX11	ZX12	ZX13	ZX14	ZX15	ZX16	ZX17	ZX18	ZX19	ZX20
郑州	3.927	2.884	4.003	0.216	1.999	1.535	1.503	3.941	3.809	3.641
开封	-0.298	-0.459	-0.271	-0.364	0.225	-1.366	-0.501	-0.175	0.191	-0.241
洛阳	-0.137	-0.420	-0.172	0.970	0.605	2.038	1.531	-0.013	-0.013	1.009
平顶山	-0.347	-0.437	-0.272	-0.828	0.605	0.185	0.500	-0.175	-0.236	-0.192
安阳	-0.383	-0.189	-0.240	-0.770	-0.535	-0.016	-0.133	-0.094	-0.052	-0.206
鹤壁	-0.357	-0.383	-0.292	2.363	-0.915	-0.760	-1.270	-0.336	-0.391	-0.632
新乡	-0.238	-0.316	-0.232	0.100	2.632	0.290	-0.129	0.148	0.470	0.423
焦作	0.186	-0.192	-0.157	-0.190	-0.155	-0.165	-0.896	-0.094	0.232	-0.051
濮阳	-0.271	-0.430	-0.272	-0.016	-0.282	-0.962	-0.540	-0.498	-0.669	-0.383
许昌	0.235	-0.420	-0.165	-0.538	-0.788	-0.465	-0.536	-0.256	-0.378	-0.058
漯河	-0.020	-0.347	-0.257	1.492	0.352	-0.737	-0.974	-0.336	-0.234	-0.561
三门峡	-0.373	0.247	-0.225	1.376	-1.168	-1.021	-0.975	-0.498	-0.510	-0.535
南阳	-0.090	-0.391	-0.182	-1.003	-0.282	0.994	1.421	-0.094	-0.420	0.199
商丘	-0.471	-0.476	-0.291	-1.003	-0.408	0.576	0.624	-0.094	-0.191	-0.310
信阳	-0.441	-0.349	-0.269	-0.712	-1.042	-0.285	0.234	-0.175	-0.285	-0.485
周口	-0.245	-0.390	-0.241	-0.828	-0.535	0.846	-0.030	-0.336	-0.582	-0.499
驻马店	-0.357	-0.459	-0.274	-0.944	-0.535	0.844	1.585	-0.417	-0.651	-0.477
济源	-0.320	2.526	-0.191	0.680	0.225	-1.532	-1.412	-0.498	-0.090	-0.642

资料来源：作者计算整理所得。

表7-4显示了河南省18个地级市的开放度水平综合得分和排名。根据得分及排名情况，大致可以把全省地市对外开放度分为三个比较明显的梯队。

第一梯队：综合得分大于1以上，仅有郑州和洛阳2个地市，代表了全省对外开放水平最高的地方，属于强开放区。

第二梯队：综合得分介于0~1之间，共有新乡、济源和焦作3个地市，在省内代表了对外开放程度中等的地方，属于一般开放区。

第三梯队：综合得分小于0，共有安阳、鹤壁、开封、许昌等13个地市，这些地区整体开放水平较低，属于弱开放区。

表7-4　各地市主成分得分与对外开放度水平综合得分和排名

地市	F1得分	F2得分	F3得分	F4得分	F综合得分	综合排名
郑州	12.457	0.567	-1.623	-0.470	7.790	1
开封	-1.018	0.361	-0.251	1.037	-0.529	8
洛阳	3.650	-2.171	4.858	0.491	2.452	2
平顶山	-0.758	-0.957	-0.450	-0.051	-0.712	6
安阳	-0.512	0.166	-0.409	0.647	-0.290	11
鹤壁	-1.499	2.209	1.021	0.593	-0.381	7
新乡	0.773	0.341	-0.283	2.082	0.673	3
焦作	-0.107	0.880	-0.131	0.128	0.094	5
濮阳	-1.455	0.343	0.521	-0.553	-0.841	13
许昌	-0.958	0.242	-0.800	0.444	-0.614	9
漯河	-1.609	1.211	-0.170	1.140	-0.727	12
三门峡	-1.660	2.265	0.887	-1.656	-0.647	10
南阳	-0.227	-3.086	-0.500	-1.618	-0.896	14
商丘	-1.253	-1.078	-1.168	0.955	-1.053	15
信阳	-2.025	-1.586	-0.301	-2.247	-1.775	18
周口	-1.922	-1.611	-0.755	0.455	-1.569	17
驻马店	-1.486	-2.327	-0.725	-0.024	-1.460	16
济源	-0.390	4.229	0.279	-1.355	0.486	4

资料来源：作者计算整理所得。

从河南省18个地市整体开放得分和排名情况来看，大致呈现出下面三个显著特点：一是区域对外开放的不平衡问题比较突出。郑州、洛阳等地市对外开放度综合得分在2以上，明显高于省内其他地区，代表了全省开放水平最高的区域。而处于"黄淮四市"的商丘、驻马店、周口和信阳4市，受地理位置、自然资源、传统文化习俗等因素影响，属于典型的传统农业地区和粮食主产区，相比较省内其他地区，总体经济发展水平低，工业化、城市化滞后，综合得分都在-1以下，对外开放整体水平在省内明显靠后。二是区域对外开放水平与当地的经济发展情况较为相关。郑州、济源、焦作等开放度较高的地市，也是省内经济水平较为良好地区，而开放度最低的"黄淮四市",人均生产总值恰恰是位列全省倒数后四位。三是全省对外开放水平整体比较低下。在省内18个地级市中,只有郑州、洛阳、新乡、济源和焦作5个地区综合得分在0以上,其余13个地区得分都在0以下,也就是说全省70%以上地市对外开放水平都较低。这也说明了近些年来河南省对外开放尽管已取得了不少成绩,但整体对外开放水平还是偏低的,仍有很大的提升空间,对外开放的步伐仍需进一步加快。

7.1.2 对外开放度相对较高地市的具体分析

根据上述计算分析,可以看出郑州市和洛阳市属于河南省对外开放水平最高的两个地市,综合得分分别为7.790和2.452,属于省内对外开放度第一梯队。

郑州市作为河南省省会,是省内的政治、经济、文化中心,是国家中心城市、国家重要的综合交通枢纽、中原经济区核心城市,经济、科技、教育等方面实力水平在全省遥遥领先。近年来,郑州市依托连接东西、贯通南北的综合交通枢纽中心的天然优势,以航空港经济综合实验区建设为引领,充分利用中国(河南)自贸区、跨境电商综合试验区、综合保税区、国家大数据综合试验区等开放发展平台,深度融入国家"一带一路"建设,不断完善开放平台,拓宽开放领域,优化国际营商环境,已逐步成为国际化内陆开放高地,国际商都地位正逐渐形成。

洛阳市是中原城市群副中心城市,地区GDP居省内地市第二位,属于郑洛新国家资助创新示范区和中国(河南)自由贸易试验区的三大片区之一,是"一带一路"重要节点城市,同时还是全国重要的科技研发基地和国家新材料产业基地、高端装备制造高技术产业基地等,全市工业水平较为发达,再加上域内的航空口岸、跨境电商等都极大地提升了洛阳市对外开放水平。

7.1.3 对外开放度中等和相对落后地市的具体分析

从表7-4可以看出,对外开放处于中等水平的有新乡、济源和焦作3

个市，综合开放度得分在 0~1 之间，并且很接近，都不高于 0.7，这些地市基本也是省内重要的工业基地或旅游资源较为发达地区。

安阳、鹤壁、开封等 13 个地市的对外开放水平都小于 0，开放度低于全省平均水平之下，整体开放度相对较低。其中，得分和排名处于倒数后四位的商丘、驻马店、周口和信阳 4 个市属于豫东、豫南地区，这些地方耕地面积多，人口及劳动力资源丰富，主要农副产品产量高，农业产值占比较大，第一产业在国民经济中占有重要地位，工业化水平整体较低。受自然资源、文化传统等多重因素影响，从人均 GDP、技术创新能力、外贸出口总值等多个指标来看，与中原城市群、豫北经济区、豫西豫西南地区相比均有所落后，基本属于"经济塌陷区"，长期以来也是国家和河南省列为发展的重点政策扶持区域，这几个地市对外开放度列省内排名后四位。

7.2 河南省各地市经济开放度的比较分析

经济开放水平是区域经济融入国际化程度的重要体现，反映了本地区经济要素与外部要素相互渗透、相互融合的能力。长期来河南省积极实施对外开放战略，大力开展招商引资，高度重视"引进来"和"走出去"，外向型经济得到了较快发展，经济开放度不断提高，为实现中原崛起发挥了重要作用。如何准确把握各地经济开放水平，对于全省和各地市未来制订合理有效的发展战略和相关政策，进一步提高区域经济外向度有着重要意义。本节主要是对各地市经济开放度整体情况及其项下贸易往来、投资往来、要素流动指标进行具体分析和评价。

7.2.1 经济开放度的总体分析

按照 7.1 节的相关分析方法，可计算出各地市对外开放度中经济开放度及其项下分项指标的得分和排名，如表 7-5 所示。根据具体得分情况，可将 18 个地市依次划分为经济开放度较高、一般和较低三个层次。

表7-5　　　各地市经济开放度得分和排名

地市	贸易往来排名	投资往来排名	要素流动排名	经济开放度得分	经济开放度排名	综合开放度排名
郑州	1	2	2	2.050	1	1
开封	13	8	17	-0.232	11	8
洛阳	8	4	1	0.204	4	2
平顶山	15	9	8	-0.166	9	6
安阳	10	13	9	-0.305	15	11
鹤壁	14	5	14	-0.026	6	7
新乡	9	1	7	0.302	3	3
焦作	3	11	10	-0.081	7	5
濮阳	12	10	15	-0.236	12	13
许昌	4	15	12	-0.260	13	9
漯河	6	3	13	0.116	5	12
三门峡	5	7	16	-0.103	8	10
南阳	7	12	3	-0.222	10	14
商丘	18	16	6	-0.350	17	15
信阳	16	18	11	-0.422	18	18
周口	11	14	5	-0.281	14	17
驻马店	17	17	4	-0.324	16	16
济源	2	6	18	0.336	2	4

资料来源：作者计算整理所得。

从经济开放度整体情况来看，全省经济开放水平最高的是郑州市，得分为2.050，而其他地市得分都小于1。郑州市经济开放水平远远高于省内其他区域，"走出去"和"引进来"力度在全省具有明显领先优势；从经济开放度的分项得分和排名来看，在贸易往来指标上，2016年郑州市进出口总额550.28亿美元，占全省进出口总额的77.26%，进口依存度和出口依存度分别达到19.10%和25.95%，远高于全省平均水平；在投资往来和要素流动指标上，郑州市均居省内地市第二位。

经济开放度处于第二层次的有济源、新乡、洛阳和漯河4个地市，它们的得分在 0~1 之间，经济开放度在省内处于中等水平。济源市成立时间较晚，但经济发展水平较高，2016 年人均生产总值达到 73722 元，仅次于郑州市，居全省第二位，进口贸易总额 15.16 亿美元，进出口依存度水平处于全省前列；新乡市在投资往来上得分排名第一位，2016 年实际利用外资 10.23 亿美元，外资及港澳台投资企业数量众多；洛阳市在要素流动上具有优势，货运量和客运量规模分列省内第一位和第二位；漯河市是"内陆经济特区""中国食品名城"，在投资和贸易上具有良好的条件环境。

鹤壁、焦作等其他 13 个地市经济开放度得分都小于 0，这些区域大多处于豫东、豫南、豫北等经济较为落后的地方，受各种因素的影响，经济开放水平整体偏低。其中排在后几名主要是"黄淮四市"，据相关调研发现，这些区域不少地方政府信誉不高、诚信方面不够重视，在招商引资方面的承诺不能够兑现，阻碍了外来的投资。同时个别地方还存在着"关起门来打狗""开门招商、关门宰客、杀鸡取卵"等消极的不良现象，虽数量极少但却影响极大极坏，这严重制约了市场体制的建立和市场机制的运行，阻碍了资本、技术、人才等向域内的流入。由于正式制度供给短缺低效、非正式制度变迁滞后以及两者之间兼容性较差等原因，区域内市场经济精神欠缺，从而延缓了这些地方经济对外开放步伐，降低了域内的经济开放度。

7.2.2 经济开放度明细维度的分析

前面从整体上对河南省 18 个地级市的经济开放程度进行了分析，后面将针对构成经济开放度的细分指标进行具体分析，探讨不同地市融入国际市场和参与国际分工的具体形式及特色。

在贸易往来得分和排名上，从表 7-6 可知，受地理位置等先天条件限制，与沿海地区相比，河南省对外贸易发展水平还较为落后，贸易往来得分大于 0 的地市只有郑州市和济源市。郑州市是河南省省会，优越的交通条件，再加上自贸区、航空港区等独特优势，对外贸易往来密切，进出口贸易规模占了全省 2/3 以上，在省内具有绝对的领先优势；济源市是全省面积最小、人口最少的地市，但工业发展实力较高，人均经济发展综合实力居省内前列，对外贸易发展规模迅速。

表 7 - 6　　　　　各地市贸易往来得分和排名

地市	贸易往来得分	贸易往来排名	经济开放度排名	综合开放度排名
郑州	1.649	1	1	1
开封	-0.155	13	11	8
洛阳	-0.109	8	4	2
平顶山	-0.160	15	9	6
安阳	-0.124	10	15	11
鹤壁	-0.156	14	6	7
新乡	-0.119	9	3	3
焦作	-0.023	3	7	5
濮阳	-0.147	12	12	13
许昌	-0.050	4	13	9
漯河	-0.093	6	5	12
三门峡	-0.057	5	8	10
南阳	-0.099	7	10	14
商丘	-0.187	18	17	15
信阳	-0.161	16	18	18
周口	-0.132	11	14	17
驻马店	-0.164	17	16	16
济源	0.288	2	2	4

资料来源：作者计算整理所得。

在投资往来得分和排名上，如表 7 - 7 所示，新乡市居首，这与新乡市一直以来高度重视外向型企业引进力度有关，区内出台了一系列鼓励招商引资的规章制度和办法，并不断优化投资经商环境和服务意识，域内外商及港澳台企业数量不断增加，利用外资金额增长迅速。另外，郑州、漯河、洛阳、鹤壁、济源、三门峡等地市得分也都大于 0，投资流动整体水平在省内较好。开封、平顶山、濮阳等剩余地级市的得分都为负数，投资

第7章 河南省各地市开放经济发展比较

往来上还很落后,发展外向型产业的措施还需要进一步提升。

表 7-7 各地市投资往来得分和排名

地市	投资往来得分	投资往来排名	经济开放度排名	综合开放度排名
郑州	0.328	2	1	1
开封	-0.013	8	11	8
洛阳	0.216	4	4	2
平顶山	-0.016	9	9	6
安阳	-0.180	13	15	11
鹤壁	0.168	5	6	7
新乡	0.408	1	3	3
焦作	-0.048	11	7	5
濮阳	-0.044	10	12	13
许昌	-0.188	15	13	9
漯河	0.246	3	5	12
三门峡	0.003	7	8	10
南阳	-0.172	12	10	14
商丘	-0.191	16	17	15
信阳	-0.248	18	18	18
周口	-0.187	14	14	17
驻马店	-0.202	17	16	16
济源	0.122	6	2	4

资料来源:作者计算整理所得。

表 7-8 显示了各地市在要素流动指标上的得分和排名情况,洛阳、郑州、南阳、驻马店、周口等地区比较靠前。相比贸易往来和投资往来两个指标不同的是,可以看出在要素流动得分大于 0 的地市主要是经济体量较大,或者人口数量较多的地市,这些地区人流、物流等经济要素流动比较频繁。以在此项排名第一位的洛阳市为例,2016 年全市货运量 22101 万吨,居全省第一位,客运量 11587 万人,居全省第二位。

表7-8　　各地市要素流动得分和排名

地市	要素流动得分	要素流动排名	经济开放度排名	综合开放度排名
郑州	0.074	2	1	1
开封	-0.064	17	11	8
洛阳	0.097	1	4	2
平顶山	0.010	8	9	6
安阳	-0.001	9	15	11
鹤壁	-0.038	14	6	7
新乡	0.013	7	3	3
焦作	-0.010	10	7	5
濮阳	-0.045	15	12	13
许昌	-0.023	12	13	9
漯河	-0.036	13	5	12
三门峡	-0.049	16	8	10
南阳	0.049	3	10	14
商丘	0.028	6	17	15
信阳	-0.012	11	18	18
周口	0.039	5	14	17
驻马店	0.042	4	16	16
济源	-0.073	18	2	4

资料来源：作者计算整理所得。

7.3 河南省各地市技术开放度的比较分析

在经济下行压力增大、深入推进供给侧结构性改革的背景下，传统依靠投资驱动的发展模式越来越难以为继，获取先进技术的渠道和能力正日益成为区域竞争力和增长潜力的决定性因素。本节对各地市技术开放度指标以及项下的知识获取、创新能力两个维度来进行系统分析和评估，为地方政府制订科学技术创新政策和策略，促进产业结构调整和升级，加速发展动能转换,增强区域可持续发展能力提供有益参考。

7.3.1 技术开放度的总体分析

表7-9显示了全省各地市在技术开放度及其分项明细指标上的得分和排名情况,排名前四位的分别是郑州、洛阳、新乡和焦作,得分都在0以上,整体技术创新研发实力在省内相对较高。可以明显看出,这些地市一般都是省内高校或科研院所数量较多,科技创新投入较大的区域,因而科技创新能力较强。从分项指标来看,除郑州市在知识获取、创新能力都是第一位外,其他地市在技术开放度上的侧重点不同。例如,2016年新乡市高校数量9所,每万人在校大学生数255.63人,两项指标均位居全省第二,知识获取能力十分突出;而洛阳市在创新能力上有较大优势,主要得益于其在研究人员数、研究经费支出及专利授权数等指标上在省内仅次于郑州市,这也给洛阳市经济社会发展提供了强劲的内在驱动力。

表7-9　　各地市技术开放度得分和排名

地市	知识获取排名	创新能力排名	技术开放度得分	技术开放度排名	综合开放度排名
郑州	1	1	3.069	1	1
开封	4	10	-0.172	8	8
洛阳	5	2	0.875	2	2
平顶山	8	7	-0.159	7	6
安阳	6	9	-0.182	9	11
鹤壁	14	15	-0.425	15	7
新乡	2	3	0.288	3	3
焦作	3	4	0.145	4	5
濮阳	18	11	-0.397	13	13
许昌	13	5	-0.072	5	9
漯河	12	13	-0.381	12	12
三门峡	16	12	-0.449	16	10

续表

地市	知识获取排名	创新能力排名	技术开放度得分	技术开放度排名	综合开放度排名
南阳	10	6	-0.123	6	14
商丘	7	14	-0.339	11	15
信阳	9	18	-0.421	14	18
周口	15	17	-0.498	17	17
驻马店	17	16	-0.516	18	16
济源	11	8	-0.243	10	4

资料来源:作者计算整理所得。

7.3.2 技术开放度明细维度的分析

对各地市技术开放度整体分析后,下面将对技术开放度项下的两个二级指标逐一进行单项得分和排名分析,通过明细维度的分析,可挖掘出不同区域在技术创新发展方面的深层次信息。

从知识获取得分和排名来看,如表7-10所示,郑州、新乡、焦作和开封4个市得分都大于0,分列全省前四位。知识获取能力主要考察的是区域与外部沟通交流中对智力资源与信息技术等要素的汲取能力,从实际情况看,这几个地市普通高校数量和实力都居省内前列,在校大学生数量占人口比重也比较高,知识获取能力相对突出。而排名居后三位地市的三门峡、驻马店和濮阳,域内高等学校数量仅有一所,优质教育资源的稀缺也导致了在知识获取方面的乏力。

表7-10　　　　　各地市知识获取得分和排名

地市	知识获取得分	知识获取排名	技术开放度排名	综合开放度排名
郑州	1.276	1	1	1
开封	0.006	4	8	8
洛阳	-0.004	5	2	2
平顶山	-0.068	8	7	6
安阳	-0.024	6	9	11

续表

地市	知识获取得分	知识获取排名	技术开放度排名	综合开放度排名
鹤壁	-0.120	14	15	7
新乡	0.105	2	3	3
焦作	0.026	3	4	5
濮阳	-0.194	18	13	13
许昌	-0.106	13	5	9
漯河	-0.093	12	12	12
三门峡	-0.166	16	16	10
南阳	-0.088	10	6	14
商丘	-0.048	7	11	15
信阳	-0.077	9	14	18
周口	-0.154	15	17	17
驻马店	-0.178	17	18	16
济源	-0.093	11	10	4

资料来源：作者计算整理所得。

从创新能力得分和排名来看，如表7-11所示，郑州、洛阳、新乡、焦作和许昌5个市排名省内前五位，得分都在0分以上，这些地市基本代表了全省创新能力最高的地区。进一步横向比较会发现，区域创新能力的排名与技术开放度的排名两者匹配度具有很强的相关性，说明了衡量创新能力这个指标中的研究人员数量、研究经费投入规模以及专利授权数量可以为区域赢得高附加值的要素，对域内的技术进步和经济发展起到了至关重要的作用，也在某种程度上启示了地方政府要想提高区域创新能力，增强经济发展的内在持续动力，应该在这些方面高度重视，加大支持和投入力度。

表7-11 各地市创新能力得分和排名

地市	创新能力得分	创新能力排名	技术开放度排名	综合开放度排名
郑州	1.793	1	1	1
开封	-0.178	10	8	8
洛阳	0.879	2	2	2
平顶山	-0.091	7	7	6

续表

地市	创新能力得分	创新能力排名	技术开放度排名	综合开放度排名
安阳	-0.158	9	9	11
鹤壁	-0.305	15	15	7
新乡	0.183	3	3	3
焦作	0.119	4	4	5
濮阳	-0.203	11	13	13
许昌	0.034	5	5	9
漯河	-0.288	13	12	12
三门峡	-0.282	12	16	10
南阳	-0.035	6	6	14
商丘	-0.291	14	11	15
信阳	-0.344	18	14	18
周口	-0.344	17	17	17
驻马店	-0.338	16	18	16
济源	-0.150	8	10	4

资料来源：作者计算整理所得。

7.4 河南省各地市社会开放度的比较分析

社会开放是区域开放的构成部分，也是促进经济开放和技术共享的重要环境因素。实施开放、包容、有吸引力的社会文化，对于提升地区文化软实力、提高国际影响力、增强区域竞争力都有着重要意义。本节主要是对各地市社会开放度整体情况及其项下人员交往、信息流动、文化交融指标进行具体分析和评价。

7.4.1 社会开放度的总体分析

结合相关指标数据，表7-12计算出了各地市在社会开放度及其分项指标上的得分和排名,可以看出郑州和洛阳两市的社会开放度得分都在1以上,分别为2.671和1.373,社会开放水平明显高于省内其他地市。由于它们同时又是省内经济、科技最为发达的地区,这也说明了经济和科技的发展与社会开放水平是密不可分、息息相关的,社会开放也促进了经济发展和科技进步。排在第3~第7名的分别是济源、安阳、新乡、鹤壁和焦作,这些地区社会开放度得分在0~1之间,主要得益于区域深厚的历史文化积淀,或者丰富的旅游资源等,使域内与外界交流融合得较好。而三门峡、开封、濮阳等其余11个地市在社会开放度上的得分都在0以下,社会开放水平整体偏低。

表7-12　　　　各地市社会开放度得分和排名

地市	人员交往排名	信息流动排名	文化交融排名	社会开放度得分	社会开放度排名	综合开放度排名
郑州	1	1	6	2.671	1	1
开封	4	12	9	-0.125	9	8
洛阳	2	5	12	1.373	2	2
平顶山	10	13	13	-0.387	13	6
安阳	6	3	7	0.197	4	11
鹤壁	7	7	3	0.071	6	7
新乡	8	4	8	0.083	5	3
焦作	9	6	4	0.030	7	5
濮阳	5	9	16	-0.207	10	13
许昌	15	11	5	-0.282	11	9
漯河	17	14	10	-0.462	14	12
三门峡	14	8	2	-0.096	8	10
南阳	3	16	17	-0.552	15	14
商丘	16	10	11	-0.363	12	15
信阳	13	17	18	-0.932	18	18
周口	12	18	14	-0.791	17	17
驻马店	11	15	15	-0.620	16	16
济源	18	2	1	0.393	3	4

资料来源:作者计算整理所得。

7.4.2 社会开放度明细维度的分析

由于社会开放包含的范围比较广泛，涵盖了语言、文化、习俗、惯例、宗教、政治信仰等多个方面，还与地区的历史积淀和现代文明构建都紧密相关，相比较经济和技术开放度，社会开放度量化分析相对困难。本节试图从信息流动、人员交往和文化交融三个二级指标来构建相关指标体系，定量评估区域社会开放水平。

人员交往指标由接待入境国（境）外旅游者数、星级饭店数、对外航空便利度和旅游创汇收入4个三级指标来衡量，主要考察区域本地居民与外来人口之间的交流情况。从表7-13可以看出，各地市人员交往得分大于0的有郑州、洛阳、南阳和开封四市，人员流动和对外交往比较频繁，很明显这些地方都是省内旅游强市，其中郑州、洛阳和南阳三市还拥有客运机场。

表7-13　　　　　各地市人员交往得分和排名

地市	人员交往得分	人员交往排名	社会开放度排名	综合开放度排名
郑州	1.273	1	1	1
开封	0.003	4	9	8
洛阳	1.263	2	2	2
平顶山	-0.183	10	13	6
安阳	-0.080	6	4	11
鹤壁	-0.097	7	6	7
新乡	-0.123	8	5	3
焦作	-0.151	9	7	5
濮阳	-0.060	5	10	13
许昌	-0.243	15	11	9
漯河	-0.264	17	14	12
三门峡	-0.225	14	8	10
南阳	0.010	3	15	14

第7章 河南省各地市开放经济发展比较

续表

地市	人员交往得分	人员交往排名	社会开放度排名	综合开放度排名
商丘	-0.259	16	12	15
信阳	-0.203	13	18	18
周口	-0.193	12	17	17
驻马店	-0.188	11	16	16
济源	-0.280	18	3	4

资料来源：作者计算整理所得。

信息化不仅是一个地区发展的引擎和实现跨越式发展的支柱，更是新型工业化、信息化、城镇化、农业现代化"四化"同步发展的加速器、催化剂。在信息流动方面，表7-14显示，共有郑州、济源、安阳等8个地市得分在0以上，可以看出，相比较其他指标得分，在信息流动指标上得分为正的地区要更多一些，这也说明了全省在推进信息化建设方面取得了明显进步，各地信息交流比较便利。随着信息化在驱动引领经济上的作用更加突出，各地市在推进经济高质量发展中要特别注重信息化建设，这样才能抢占未来发展制高点、拓展经济新空间。

表7-14   各地市信息流动得分和排名

地市	信息流动得分	信息流动排名	社会开放度排名	综合开放度排名
郑州	1.336	1	1	1
开封	-0.168	12	9	8
洛阳	0.132	5	2	2
平顶山	-0.180	13	13	6
安阳	0.230	3	4	11
鹤壁	0.043	7	6	7
新乡	0.163	4	5	3
焦作	0.082	6	7	5
濮阳	-0.026	9	10	13
许昌	-0.108	11	11	9
漯河	-0.238	14	14	12

续表

地市	信息流动得分	信息流动排名	社会开放度排名	综合开放度排名
三门峡	0.002	8	8	10
南阳	-0.349	16	15	14
商丘	-0.086	10	12	15
信阳	-0.413	17	18	18
周口	-0.501	18	17	17
驻马店	-0.331	15	16	16
济源	0.413	2	3	4

资料来源：作者计算整理所得。

社会开放的重要体现就是在文化交融上，只有经过不同文化的碰撞磨合，一个地区的文化才能历久弥新。表 7-15 显示，济源、三门峡、鹤壁等 10 个地市在文化交融上得分都大于 0，文化开放交融水平较高，但最高得分不过是 0.260，又说明了在文化交融上仍需要加强。随着开放程度的进一步加深，未来地区经济硬实力的竞争将会逐步转变为文化软实力的较量，如何打造多元包容开放的文化是全球化背景下提升区域竞争力的重要方面。

表 7-15　　　　各地市文化交融得分和排名

地市	文化交融得分	文化交融排名	社会开放度排名	综合开放度排名
郑州	0.062	6	1	1
开封	0.040	9	9	8
洛阳	-0.023	12	2	2
平顶山	-0.024	13	13	6
安阳	0.047	7	4	11
鹤壁	0.125	3	6	7
新乡	0.043	8	5	3
焦作	0.099	4	7	5
濮阳	-0.122	16	10	13
许昌	0.068	5	11	9

续表

地市	文化交融得分	文化交融排名	社会开放度排名	综合开放度排名
漯河	0.040	10	14	12
三门峡	0.127	2	8	10
南阳	-0.212	17	15	14
商丘	-0.017	11	12	15
信阳	-0.316	18	18	18
周口	-0.097	14	17	17
驻马店	-0.100	15	16	16
济源	0.260	1	3	4

资料来源：作者计算整理所得。

第8章

河南省五大区域开放经济发展情况

2016年12月29日,国家发改委印发《中原城市群发展规划》(以下简称《规划》)。《规划》提出将中原城市群建设成为:中国经济发展新增长极、重要的先进制造业和现代服务业基地、中西部地区创新创业先行区、内陆地区双向开放新高地和绿色生态发展示范区。《规划》提出:进一步加快郑州国家中心城市建设,建设现代化郑州大都市区,推动郑州大都市区国际化发展。把支持郑州建设国家中心城市作为提升城市群竞争力的首要突破口,强化郑州对外开放门户功能,提升综合交通枢纽和现代物流中心功能,聚集高端产业,完善综合服务,推动与周边毗邻城市融合发展,形成带动周边、辐射全国、联通国际的核心区域。

2018年,河南省对外贸易稳中向好,居民消费稳步增长,引进境内外资金较为平稳,跨境电商、对外投资合作快速增长。1~5月,货物贸易增幅由负转正,稳中向好。全省进出口1770.8亿元,增长0.2%,增幅由负转正。其中,出口1151.1亿元,增长5.1%,在全国排名第11位;进口619.7亿元,下降7.8%。全省服务贸易进出口26.0亿美元,下降1.8%,其中,出口6.6亿美元,增长35.0%,主要是建筑和职工报酬带动;进口19.5亿美元,下降10.0%,主要是占比较大的境外旅行和投资收益分别下降9.3%、31.1%导致。全省引进境内外资金平稳增长,稳中提质。1~5月,全省共设立外资企业74家,实际吸引外资66.4亿美元(含投资性公司再投资、外资企业再投资、境外借款、境外上市融资、设备出资等),增长2.1%。港资占全省实际吸引外资的59.3%。"一带一路"沿线国家在河南省设立外商投资企业 7 家，实际吸引外资 5.78 亿美元，增长 60.6%。全省对外投资中方协议投资 10.92 亿美元，增长 146.0%。对"一带一路"沿线国家投资 5931.3 万美元，增长 65.3%。对外承包工程和劳务完成营业额 13.1 亿美元，下降 24.4%；对"一带一路"沿线国家承包工程和劳务完成营业额 7.65 亿美元，增长 36.8%。全省外派劳务实际派出 11205 人次，下降 6.4%。

由于地理和历史因素的影响，通常将河南省分为豫北、豫东、豫西、豫南和豫中 5 个区域，在本章中分别介绍 5 个区域的开放经济发展状况。

8.1 豫北地区开放经济发展情况

豫北地区包括安阳、濮阳、鹤壁、焦作、济源和新乡 6 个地级市，是指河南省黄河以北的地区。豫北地区西依太行山，北与河北毗邻，南面黄河，东连鲁西北地区，京广铁路、京港高铁，具有优越的地理交通位置。豫北地区自然和土地耕作条件较好，是中国棉粮的主产区、国家优质小麦生产基地和河南省畜牧生产加工基地。豫北地区的工业基础发达，拥有完备的工业体系，整体结构呈多层次和多样化发展，是河南省重要的工业基地和发达地区。豫北地区的六市各具特色，新乡是河南省重要的工业基地，拥有新飞集团、中航工业新航集团、华兰生物、白鹭化纤、金龙铜业等发展较好的企业。安阳是重要的重工业基地，著名的企业有安钢集团、安彩集团、安化集团、安烟集团等。濮阳被称作河南的油城，鹤壁是煤炭、电子信息重要基地。随着绿色发展理念的贯彻与落实，焦作由以前的煤都转型为山水旅游城市。此外，豫北地区的教育事业发达，拥有河南师范大学、河南理工大学、新乡医学院、安阳师范学院等多所本科院校，具有培养专业化、多样化人才的良好基础。

安阳是一座具有 3000 多年历史的文化名城，是华夏文明的主要发祥地之一，属于中国七大古都。安阳作为河南省重要的重工业城市，在保持自身发展优势的同时深入推进转型发展攻坚战，包括安钢集团在内的很多传统企业通过提标改造，盈利大幅增加。在对传统企业进行升级改造的同时，安阳把开放招商作为经济工作的重中之重，紧紧围绕主导产业招大引强，以开放招商促转型、促发展。安阳提出"打造开放合作新平台，发展更高层次的开放型经济"，打造高水平的开放发展新格局，以此来助推"一个重返、六个重大"①目标的实现。

为了进一步加大招商引资工作力度，吸引和鼓励外来投资者在安阳投资兴业，促进安阳经济快速发展和转型升级，根据《国务院关于扩大对外开放积极利用外资若干措施的通知》等相关文件精神，结合安阳的实际情况制定若干措施。关于主导产业（工业类）的发展实施如下措施：对投资方给予主导产业发展专项奖励，符合主导产业又属于产业链薄弱环节的重大投资项目给予奖励，外商投资企业当年到位资金达到2亿元以上的给予奖励等。关于支持鼓励类项目的反战实施如下措施：域外资本在产业集聚区投资总额达到10亿元以上（不含PPP类项目和入园企业投资）或集聚企业10户以上的给予奖励，新引进的外向型企业，5年内年度出口额达到500万美元以上的给予奖励，引进的外资企业利用安阳现有闲置及低效用土地新建项目和外地企业对安阳企业实施兼并的，经相关部门批准可按规定办理土地使用权变更登记手续，世界500强、中国500强或国内前十强企业在安阳设立省级以上总部和销售中心的，按一定比例或标准给予公用房补贴等；关于引进新能源汽车产业的项目，在享受支持主导产业（工业类）发展措施的基础上，同时享受给予奖励，对生产项目、动力电池生产项目以及电机、电控生产项目进行补助等措施；关于支持通用航空产业项目、支持促进高层次人才引进等制定了一系列措施。

2017年以来，比亚迪云轨基地、合众新能源汽车、蓝时新能源汽车、陕汽安阳基地、中航新材、哈工大安阳机器人小镇、澳瑞特机器人、机器人标准化厂房、光远新材料、嘉士利等一批重大项目扎堆落户安阳，相继开工建设。2017年，安阳引进省外资金610.2亿元，总量居全省第5位，同比增长8.2%。实际利用外资4.92亿美元，增长0.3%。货物贸易进出口总额67亿元，同比增长11%。安阳在围绕新兴产业招商引资的同时，

---

① "一个重返"即综合经济实力努力重返全省第一方阵。"六个重大"即产业转型升级要有重大成效；城乡面貌要有重大变化；改革创新要有重大突破；文化传承创新要有重大进展；人民幸福指数要有重大提升；党风政风要有重大好转。

进一步拓宽招商领域。吸引社会资本进入教育、科技、文化、医疗卫生、养老等领域，努力形成全方位开放招商生动格局，并运用金融、资本等新手段、新工具，改进和创新招商合作模式，提升招商引资效果。

安阳海关利用"加减法"提升开放型经济质量和效益。在促进招商引工作力度的同时，安阳海关积极发挥智能作用，持续深化业务改革，主动融入地方经济发展大局，促进开放型经济质量效益提升。2017年，安阳进出口总额58.1亿元，其中进口34亿元，出口24.1亿元。在监管通关上安阳海关以全国通关一体化为牵引，推动通关流程去繁就简，持续压缩货物通关时间。全国通关一体化后，企业可以在全国任意海关办理通关手续，极大地节约了企业的成本。2017年，安阳海关受理报关单近2000票，办理通关业务的企业不断增多。在业务量增长的同时，安阳海关持续优化通关流程，提高通关速度。目前，安阳海关进口通关时间已压缩至0.9小时，出口通关仅需0.1小时。

在数据申报方面，安阳海关大力推广国际贸易"单一窗口"。2017年年底，国际贸易"单一窗口"使用率达100%。通过"单一窗口"办理各项业务时，无须重复申报数据，仅在数据申报上就比以往减少了近30%的工作量，极大地提高了申报效率。在税款缴纳方面，企业可以采用自报自缴模式，无须到海关现场和银行办理手续，可自主进行报关，自行在网上缴纳税款，之后系统自动放行货物，提高了通关效率。同时，企业可以向海关申请开展汇总征税业务，当月税款可以汇总至下月初缴纳，有效缓解了企业的资金压力。与此同时，安阳海关还积极支持新兴产业的发展。通过调查研究，安阳海关在全面掌握全市外贸发展情况的基础上实行精准化服务，重点解决外贸发展不平衡、不充分问题。

安阳海关立足海关职能，继续加大调研力度，深化各项业务改革，推动企业与海关双向"减负"，支持新兴业态发展与开放平台建设，提升企业服务的信息化水平，促进安阳外贸发展迈上新台阶。安阳作为河南省唯一纳入京津冀周边地区协同发展的城市，主动融入国家战略，全力推动与京津冀地区全方位、多领域、高层次合作，组织举办了一系列重大活动，进一步促进开放经济发展。

豫北地区的其他各市也制定了一系列措施，积极促进开放经济发展。

2017年11月29日,国务院办公厅发布关于批准新乡城市总体规划的通知,新乡被定位为豫北地区重要中心城市,这有助于新乡在以后的发展中招商引资,也有助于新乡更好地融入并提高在中原城市群建设中的地位,并且带动豫北地区的发展。濮阳为了进一步促进产业优化升级,推动经济社会又好又快发展,根据《国务院关于开放对外开放积极利用外资若干措施的通知》和《河南省关于扩大对外开放积极利用外资的实施意见》等文件精神,结合濮阳的实际发展情况,制定了一系列支持开放招商转型发展的措施。

豫北地区是中原经济区、中原城市群以及环渤海经济圈的叠加区域,随着发展规划,豫北地区将成为中国中部的一个闪亮地区。

8.2 豫东地区开放经济发展情况

豫东地区是指河南省的东部地区,包括开封、商丘和周口3个地级市以及永城、兰考、鹿邑3个省直管县(市)。豫东地区历史文化底蕴厚重,开封和商丘是国家历史文化名城,开封还是中国的著名古都之一。老子、墨子、庄子、惠子等古圣贤名人均诞生在豫东地区。豫东地区地处华北平原南部,资源丰富,是河南省重要的粮食产地,煤炭资源储量居河南省第1位。豫东地区也是河南省的能源原材料和新工业基地,汽车制造、生物医药、能源加工、新型材料、现代物流等产业集群逐渐形成并发展壮大,成为区域发展的重要支柱产业。

开封是国务院公布的首批国家历史文化名城,也是中国著名古都之一。开封迄今已有4100余年的建城史,被誉为八朝古都。新中国成立以来,开封是河南省新兴副中心城市、中原城市群核心发展区城市,郑州大都市区核心城市。开封自贸区也是中国(河南)自由贸易试验区三大片区之一。开封综合利用自贸区优势和各种重大节会、商会、新媒体等平台发布信息、沟通衔接,进一步拓宽引资渠道,使引进外资工作逆势而上,实现新跨越。

(1) 引进外资。

1985年,开封正大有限公司入驻开封,成为全市第一家外商投资企业。开封利用外资工作从零起步,不断取得新成绩、迈出新步伐。截至2018年7月底,开封现存外商投资企业达116家,实际利用外资呈现规模逐年增加、领域进一步增大、来源地稳步拓展三大亮点。开封实际利用外资金额由最初的每年200多万美元,逐步增加到2017年6.12亿美元。近5年,开封实际利用外资增幅和目标比均居全省第一方阵,实际利用外资达到27亿美元。2018年上半年,开封利用外资工作再创佳绩。开封累计新设外商投资企业7家,居全省第3位;实际利用外资累计完成4.19亿美元,完成目标比高于全省8.3%,居全省第2位;同比增长5.8%,高于全省平均增速0.9%。外商投资企业在开封涉足的领域,由最初的畜牧业、房地产等行业逐步向更多行业和领域发展,利用外资领域进一步增大。近年来,围绕化工、基础设施、商业与流通、汽车与零部件、健康等重点产业的招商取得重大进展,一批重大项目落户开封。这些企业和项目迅速成为最具活力的增长点和结构调整的推动力,对开封利用外资工作起到了重要的支撑作用。开封现存的116家外商投资企业,项目资金来源地在以香港、台湾地区为主的基础上,逐步拓宽到日本、韩国、泰国、德国、美国、加拿大和新加坡等16个国家和地区,资金来源地稳步拓展。

近年来,开封市委、市政府和商务等部门始终把对外开放和招商引资工作当作第一要务来抓,把世界500强、跨国公司和知名品牌作为引进外资主攻对象。这些企业和项目迅速成为最具活力的经济增长点和结构调整的推动力,对开封利用外资工作起到了重要的支撑作用。2018年以来,开封商务局不断优化营商环境,通过与工商部门实现数据共享,使外资企业设立商务备案与工商登记实现"一口办理",不仅大大提高了办事效率,而且增强了外商投资企业的获得感。开封商务局还坚持开展外商投资企业大回访活动,及时帮助企业解决生产中遇到的难题,为开封下一步以商招商和外资引进打下了坚实的基础。外资企业的进入,促进了开封的对外开放与交流,对开封经济社会发展的带动作用日渐显现。外商投资企业对开封市场经济社会发展的带动作用日益显现,利用外资工作已经成为体现开封对外开放成果的一个重要指标。

(2)对外贸易。

随着开封落实国家和省委省政府国际贸易"单一窗口"的推广,有效简化通关手续、提高通关效率、降低通关成本，同时促进了进口岸通关和贸易便利化。2018年以来，开封商务局紧紧围绕全市商务工作会议精神，严格按照年初制定的工作目标，抓好各项外贸政策资金落实，积极组织企业"走出去"，壮大培育国际知名品牌，充分调动进出口企业开拓国际市场的积极性和主动性，外贸经营主体不断壮大，有力地推动了全市外贸工作的发展。

从2018年上半年的外贸发展情况来看，开封的外贸方式主要是一般贸易、加工贸易进口大幅度增长；外商投资企业进出口增幅明显，民营企业仍是全市进出口的主力军，国有企业降幅较大；开封的进出口商品结构特点为：机电产品、皮革制品等大幅增长，化工产品和高新技术产品进出口呈下降趋势；对东盟和欧盟地区进出口呈增长态势，但新加坡仍然是开封最大的贸易伙伴；2017年全市进出口总额超千万美元的有13家企业，占全市进出口总额的70%，龙头带动作用明显增强；此外，开封各区域、县市的外贸发展不平衡。

在开封市委、市政府科学决策正确领导和有关部门支持协助下，自贸区开封片区管委会在开封片区规划范围内，率先实施多规合一、整体评勘等一系列具有开创性的重大举措，全方位优化营商环境，不断朝着打造中部最佳营商环境引领的目标迈进。

近年来，周口高度重视经济技术开发区的发展，为招商引资和项目建设创造了很多有利条件，形成了政治、区位、品牌、政策等多种优势。商丘商务局以开放招商来推动经济高质量发展，采取高起点谋划、高层次带动、高水平组织、高质量服务、高效率推进等措施提升招商引资力度。

8.3 豫西地区开放经济发展情况

豫西是指河南省西部地区，包括洛阳、平顶山和三门峡3个地级市。豫西生物和矿产资源极其丰富，已探明的矿产资源有钼、铝、金、银、钨、煤等26种，是河南省乃至全国重要的贵金属和能源开发基地。

洛阳作为国家的重要工业基地，综合经济实力在中原经济区中位居前列。为了进一步完善对外开放平台,2011年以来,洛阳开始积极谋划推进海关特殊监管区申建工作,将坚实的经济基础与开放红利的深度挖掘紧密结合。综合保税区的设立,成为洛阳构建开放经济体系的重要载体和平台。近年来,洛阳借助"一带一路"、中国(河南)自由贸易试验区、郑洛新国家自主创新示范区、中原城市群建设等重大机遇,高屋建瓴构建现代化开放体系,积极建设服务高效的开放平台,努力培育承载功能强大的开放载体,扎实推进各个领域开放工作,进入全新的对外开放发展阶段。

(1) 洛阳现代开放体系建设初见成效。

围绕现代开放体系,洛阳明确提出自贸区建设、综保区申建、完善一类航空口岸功能、加快铁路口岸开放等7个重大专项建设任务,安排任务类项目16个、投资类项目25个,总投资172.41亿元,招商类项目242个、总投资2237.58亿元,着力打造中原经济区开放新高地。随着现代开放体系的持续构建,洛阳对外开放的深度和广度不断拓展,实现了从贸易到投资、从货物贸易到服务贸易领域不断拓展的开放格局,呈现了从小数量到大数量、从低质量到高质量的开放新趋势。全方位、多层次、宽领域的对外开放发展格局基本形成。

(2) 洛阳的进出口规模大幅度扩张。

2017年,一拖集团大马力和中马力拖拉机出口分别增长51%和113%,国际市场盈利能力首次超过国内市场。一拖集团拖拉机销量在美洲、东南亚和东欧等市场实现快速增长,其中在塞尔维亚、缅甸等区域的增长率超过60%。"洛阳制造"走向全球,是洛阳开放型经济蓬勃发展的一个缩影。目前,洛阳拥有外贸进出口企业3789家,贸易伙伴扩大到175个国家和地区,467种"洛阳制造"产品走向世界,逐步形成了以欧盟、美国、日本、东盟、澳大利亚、哈萨克斯坦、瑞士、韩国、瑞士等市场为主体的多元化、全方位出口市场格局。目前,74家境内外500强企业在洛阳投资兴业,包括美国惠普、法国迪卡侬、美国霍尼韦尔等27家世界500强企业,以及中兴通讯、恒大集团、万达集团、深圳华强集团、青岛啤酒集团等47家国内500强企业。

(3) 洛阳企业积极投身"一带一路"建设。

2018年3月27日当地时间16时56分,由中石化洛阳工程有限公司

EPCC在哈萨克斯坦总承包建设的阿特劳炼油厂石油深加工项目，年产243万吨催化裂化装置生产出合格产品。阿特劳炼油厂催化裂化装置一次投产成功，既意味着哈萨克斯坦石油深加工项目投料试车工作取得关键性进展，又标志着中石化洛阳工程有限公司积极投身"一带一路"建设再次取得重要成果。

作为"一带一路"的主要节点城市、中原城市群副中心城市，洛阳充分发挥区位优势，与"一带一路"沿线62个国家开展经济合作和贸易往来，在扩大开放、合作共赢上取得了明显成效。2016年以来，洛阳在"一带一路"境外投资18.5亿美元，实现对外承包工程营业额12.8亿美元。2017年，洛阳与"一带一路"沿线国家对外承包工程营业额为7.16亿美元，同比增长42.1%，占全市对外承包工程营业总额的比重达到92.9%。2017年，洛阳对"一带一路"沿线国家贸易进出口总额为62.7亿元，同比增长17.1%，占全市进出口总额的47.1%。在"一带一路"建设中，洛阳涌现一批"领头羊"企业。中信重工机械股份有限公司在"一带一路"沿线国家设立了8个海外公司或办事处，市场覆盖30多个国家和地区；中铁隧道集团承建的中亚第一铁路隧道竣工通车；洛阳钼业通过大规模海外资源并购晋级成为稀有金属世界级龙头企业等。

（4）招商引资有效促进全市经济社会发展。

2013年以来，洛阳市委、市政府把开放招商作为事关全局的"三项举措"之一，强力推进并取得了显著成效，成为洛阳经济逆势上扬的一大亮点。洛阳开放招商的积极性得到充分调动，全市上下思开放、谋发展的新格局正在形成。引进外资的规模和质量显著提升，更加有力地拉动了全市的经济增长，持续促进产业结构优化升级。

洛阳将会继续加快开放平台建设，推动高水平"引进来"与大规模"走出去"双翼齐飞，加快形成全方位、宽领域和多层次的对外开放新格局，描绘出一幅同世界交融发展、实现互利共赢的新画卷。

在市场经济条件下，平顶山迅速转变观念，把目光转向国际市场，掀起了一场对外开放的热潮。2017年以来，三门峡紧紧抓住推进供给侧结构性改革的契机，在新常态中寻求突破和发展，在改革创新中实现经济新旧动能接续转换，一批具有标志性、关键性的重大改革方案出台实施，重要领域和关键环节改革取得突破性进展,开放型经济发展水平不断提升。三门峡扩大招商引资和央企合作力度,持续扩大。

在坚实的工业基础上,豫西地区改变和创新发展模式,坚持发展开放型经济,为经济社会发展注入新的活力,经济发展迈上新的台阶。

8.4 豫南地区开放经济发展情况

豫南地区位于河南省南部,包括南阳、驻马店、信阳三个地级市。豫南地区位于亚热带湿润性季风气候向暖温带半湿润季风气候的过渡性地带,生物资源丰富,降水充沛,是河南省重要的农业生产基地,农作物以小麦和水稻为主。南阳和信阳是河南省有南方特点的2个地级市,豫南地区风俗文化兼具南北方特色,南方为主,文化多元化。

(1)南阳开放经济发展情况。

从2014年11月16日国务院批准设立到正式开工建成,再到通过省预验收、国家正式验收,短短一年多时间,南阳卧龙综合保税区横空出世,傲立中原,成为继郑州新郑保税区之后河南省的第2个综合保税区。综合保税区由海关参照有关规定管理,执行保税区的税收和外汇政策集保税区、出口加工区、保税物流区、港口的功能于一身。综合保税区和保税港区一样,是我国开放层次最高、优惠政策最多、功能最齐全、手续最简化的特设开放区域。虽然与保税区一词之差,但功能更为齐全,整合原来保税区、保税物流园区、出口加工区等多种外向型功能区后,成为更为开放的一种形态,也更符合国际惯例。综合保税区是设立在内陆地区的具有保税港区功能的海关特殊监管区域,执行保税港区的税收和外汇政策,集保税区、出口加工区、保税物流区、港口的功能于一身,可以开展国际中转、配送、采购、转口贸易和出口加工等业务。根据现行有关政策,海关对保税区实行封闭管理,境外货物进入保税区,实行保税管理;境内其他地区货物进入保税区,视同出境;同时,对外经济贸易、外汇管理部门对保税区实行相对优惠的政策。企业在综合保税区开展口岸作业业务,海关和商检等部门在园区内查验货物后,可在任何口岸(海港或空港)专管出口，无须再开箱验查。

南阳红棉天使纺织有限公司是河南省一家从事境外投资、机械设备安装、货代仓储、技术咨询服务的综合性股份有限公司。乌兹别克斯坦是世界第5大产棉国和第3大棉花出口国，但其棉纺织工业落后，棉花加工能力仅有10%。乌兹别克斯坦政府为发展棉纺工业，在外商投资方面给予优惠，如享受7年免征各种税费，随后各种税费减半；利用本国棉花资源投资纺织企业可享受比国际棉花交易价低15%的优惠；产品出口80%以上的，棉纱退税20%等，这些政策为我国棉纺织企业提供了良好投资机遇。近年来，由于我国棉纺织行业劳动力成本提高，棉花供应紧张，棉价攀升，市场风险加大。南阳红棉天使纺织有限公司积极顺应经济全球化，看准乌兹别克斯坦投资机遇，大胆走出国门，利用境外资源，拓展发展空间。南阳红棉天使纺织有限公司成功开展境外经营的主要经验为：解放思想、创新理念，大胆"走出去"转轨变型，在利用境外资源和产业链的延伸中实现效益最大化；科学谋划、认真考察，比照不同国度的资源、政策、民俗、人脉关系，谨慎把握进入机会；境外办厂难度很大，语言不通，条件艰苦，远离祖国，在这种情况下，南阳红棉天使纺织有限公司组建精干的专业队伍，树立了祖国荣誉至上、企业荣誉至上的爱国主义精神，员工们的工作效率和奉献精神受到了乌兹别克斯坦从政府到普通雇员的高度赞扬；乌兹别克民族是讲诚信的民族，但他们的理念又与我们有很大反差，南阳红棉天使纺织有限公司之所以能立足境外，诚信是重要法宝。

（2）驻马店开放经济发展情况。

驻马店经济开发区作为驻马店中心城区的开发区，大胆创新，不断激发全社会的创造力和发展活力，牢固树立创新、协调、绿色、开放、共享的发展理念，加大改革开放力度，不折不扣地推动中央和省市决策部署在开发区落地生根。在稳中求进工作总基调的指导下，经济开发区主动作为、快速发展，为增强经济活力赢得了主动权，为高质量跨越发展奠定了坚实的基础。

驻马店分别在长三角、珠三角、闽东南及京津冀地区共自主举办60多次产业招商专项活动，签约了一大批项目。世界500强企业国电集团、华润集团、雀巢集团、沃尔玛公司、泰国正大；中国500强企业及行业龙头企业华能集团、通用集团、中集集团、昊华集团、双星集团、江苏悦达、北京燕京啤酒、阿里巴巴等知名集团纷至沓来，投资兴业。与此同时，按照"竞争力最强、成长性最好、关联度最高"的原则，驻马店各产业集聚区确定了1~2个主导产业。围绕主导产业，采取"驻地招商、小分队专业化招商、以商招商、网上招商、委托招商"等模式积极开展延炼补链，产业集群规模不断壮大。

驻马店坚持把招商引资作为"一举求多效"的综合性举措强力推进，积极承接产业专业，推动开放型经济总量快速增长。世界500强企业抢滩入驻，中国500强行业龙头纷至沓来，随着对外开放持续发力，"驻马店吸引力"与日俱增。驻马店开放型经济总量快速增长，对外开放已成为支撑驻马店经济快速增长的加速器。

近年来，信阳不断完善客商投资项目审批代理制，以服务企业为核心，由靠优惠政策招商向靠优质服务招商转变，大力优化外来投资发展环境，切实维护好外商合法权益，为外商来信阳投资兴业保驾护航。信阳坚持"一举应多变，把握主动权"，把招商引资作为引领各项工作的龙头来抓，大力实施"明确一个方向，选准一个地方，持续一个年度，兴起一个产业"的"四一"招商行动，促使一大批重大而有影响的投资项目纷纷落户信阳。通过近年来的发展，信阳已经形成了电子信息、现代家居、纺织服装、绿色食品、新型建材、现代物流等多个百亿级主导产业集群。信阳经济社会呈现新的发展活力，一度被国内外众多媒体竞相报道，被盛赞为"信阳现象"。

8.5

豫中地区开放经济发展情况

豫中地区是河南省最发达的地区之一，包括郑州、许昌和漯河3个地级市。郑州作为河南省省会，是全国重要的铁路、航空、高速公路、电力和邮政电信等主要枢纽城市，是中部地区重要的工业城市。目前豫中地区主要的优势产业为汽车、装备制造、煤电铝、食品、纺织服装、电子信息等。氧化铝的产量占全国总产量的50%，拥有亚洲最大、最先进的大中型客车生产企业，冷冻食品占全国市场份额的40%以上。得益于独特的地理位置，豫中地区是中部地区重要的物资集散地，每年都会举办全国性、区域性大型商贸活动。郑州商品交易所是全国性商品交易所之一，"郑州价格"一直是世界粮食生产和流通的指导价格。省会郑州不仅是中原城市群的核心城市，同时也是国家级战略"中原经济区"的核心城市，肩负着中原崛起、河南振兴的重担。

（1）郑州市开放经济发展情况。

100多年以来，郑州由"火车拉来"的小城发展成为以"米"字高铁、高密度高速公路、新型航空港等为标志的"铁、公、机"综合大枢纽。国际物流商看中的，正是郑州的交通枢纽优势。

2013年3月，国务院批复郑州为全国第一个航空港经济综合实验区，将郑州的发展定位为：打造国际航空物流中心、以航空为引领的现代产业基地、内陆地区对外开放的重要门户、现代航空都市、中原经济区核心增长极。以智能手机为引领，航空港初步形成了精密机械、生物医药、航空港物流等八大产业园区。物流飞天，产业落地——双轮驱动下的航空港正成为开放与机遇的新"风口"，引来人流、物流、资金流、信息流在此汇聚，成为新常态下河南省转型发展的新动能，也为内陆腹地如何借势"一带一路"走出去、实现跨越式开放带来诸多启示。作为全国首个航空港经济综合实验区，虽然设立时间不长，但由于政策红利和区位优势叠加影响，河南省以陆上枢纽为主的"奔腾芯"逐渐升级为陆港空港联动的"飞腾芯"，走出了一条内陆地区跨越式对外开放的新路子，由此给中部地区转型发展提供了新动能。随着相关配套产业和上下游厂商的进驻，必将进一步带动全省电子信息产业的迅猛发展，全面提升河南省对外开放的质量和水平。

富士康郑州科技园位于郑州航空港区，是郑州新区引进的重大产业项目，对于加快郑州乃至河南省产业结构调整、经济发展方式转变、扩大城乡就业、促进经济社会发展具有重大意义。富士康郑州科技园是河南省积极承接产业转移的重要成果，极大程度地带动了郑州乃至河南省的电子信息产业和外向型经济发展。2018年5月富士康在豫企业手机出口订单增加，当月出口和进口分别增长41.8%和9.8%，前5个月进出口总额869.7亿元，降幅收窄5.6个百分点，占全省比重54.8%，仍是全省外贸的"顶梁柱"。其中手机及零部件出口605.8亿元，下降5.0%；集成电路进口190.9亿元，下降10.2%；取像模块进口64.3亿元，下降10.2%。根据生产规律，9月苹果公司将发布新款iPhone手机，富士康需大量备货，进口和出口出现阶段性增长，预计全年手机进口和出口都将保持增长，对全省进口和出口形成有力支撑。

郑州这座内陆中原古城，通过充分发掘区位交通优势焕发勃勃生机。身居内陆、不沿边、不靠海、电商基础和开放度落后于东部沿海城市的郑州，正在成为对外贸易电子商务和招商引资的领跑者。

（2）许昌开放经济发展情况。

近年来，许昌深入实施对外开放战略，开放型经济呈现快速健康发展的良好态势。

随着许昌出入境检验检疫局挂牌开检，许昌海关正式开关，并在全省率先实行检验检疫和商务部门"二证合一"，使许昌"关检一体化"建设、对外开放平台建设取得了重大突破，涌现出了瑞贝卡、许继、众品食业、天和农业等一大批出口龙头企业，培育出食品、农产品、机电产品、发制品等出口特色企业。许昌海关监管的首个保税仓成功落户魏都区。依托众品海关监管场所，在全省率先开展一般模式跨境电商出口，打造了阿里巴巴许昌跨境产业带，开发了外贸出口综合服务平台，满足出口企业物流、金融、报关、退税、结汇等需求，上线以来交易额突破1.1亿美元，产品销往世界100多个国家和地区。

在招商引资方面，许昌非常注重招商队伍专业化，选配专职专业人员，在长三角、珠三角、京津冀等地设立21个驻地招商点，加强与国内外500强企业和行业龙头企业的联系对接。2016年，许昌出台了"5651"招商引资行动计划，加快推动开放招商，着力树立"新标杆"，谋划"新坐标"。依托三国文化旅游周、鄢陵花博会、禹州钧瓷文化节和药交会等活动，促进花木、医药、钧瓷等特色产业的发展。此外，许昌致力打造亲商、安商、富商的投资环境，为客商提供"全程代理""保姆式"优质服务，全力优化投资环境。

随着"一带一路"建设的实施,许昌抢抓"一带一路"战略机遇,瞄准东盟、中东欧两个方向,深化对外合作交流。在中东欧地区,许昌着眼推动装备制造、再生金属等特色产业转型升级。其中,中德(许昌)工业园已上升为省战略,中德再生金属生态城、年产80万吨精密不锈钢连轧等一批项目相继开工建设。在东盟地区,许昌着眼提升影响力,推动更多的"许昌制造"走出去。

许昌交通便利、市场广阔、区位优势明显,开放型经济发展潜力巨大。许昌多年来高度重视开放型经济发展,电力设备制造、发制品走出国门,抢滩国外市场,取得的成就值得称赞。

为了进一步鼓励和吸引外来投资,扩大出口创汇,加快发展开放型经济,推动漯河更好、更快地发展,漯河采取和推动了一系列措施。例如,鼓励外商投资兴办符合国家产业政策的中外合资经营企业、中外合作经营企业、外商独资企业或其他经济实体;鼓励外商通过整体收购、购买股权和项目经营权、租赁、承包及其他方式,与各类企业、事业单位进行全面合作;对外商投资企业免征地方税;外商投资企业当年在中国境内发生的技术开发费比上年增长10%以上的,经税务机关批准,允许再按当年技术开发费实际发生额的50%抵扣当年度的应纳税所得额等。

河南省坚持用改革的方法破解发展中的难题,在重点领域和关键环节不断深化改革,发展活力不断增强。作为不沿边、不靠海的内陆省份,河南省逐渐成为改革开放高地,经济发展质量不断提升。河南省以全面参与"一带一路"建设为引领,不断提升开放型经济发展水平。"空中丝绸之路""陆上丝绸之路"和"网上丝绸之路"三路并举,内陆腹地悄然变成开放前沿。

第 9 章

河南省开放发展的国家战略支撑

9.1 概述

9.1.1 国家战略支持持续发力

改革开放以来,长期执行的不平衡发展战略对我国不同地区所给予的政策支持上的差异,是造成东、中、西部地区间经济发展差距持续扩大的重要原因。以沿海为代表的东部地区较早开启的对外开放进程以及由此获得的相关政策红利,是推动这些地区率先实现经济崛起,并支撑中国经济腾飞的重要动力。西部大开发战略实施所伴随的资金和政策上的强大支持,在一定程度上改善了西部地区经济发展的落后局面。一直以来,中部地区所获得的国家战略层面优惠政策支持相对较弱,这拉大了中部地区与东部地区经济发展水平上的差距,使中部地区经济整体实力在全国经济发展大局中的作用相对有所下降。

由于我国地区之间在资源禀赋、历史与现实背景、技术条件、区位条件和初始发展基础等方面存在的显著差异,改革开放后受非均衡发展战略和倾斜性政策的影响,中西部地区在对外开放和经济发展水平等方面表现出明显扩大的差距。处于不同区位和不同发展水平的省份根据各自的比较优势,积极参与到专业化区域分工中,初步形成了具有一定特色且符合自身实际的主导产业和具有市场竞争力的优势产品，积极参与区际贸易和国际贸易，充分发挥了各种开放经济的作用机制，较好地促进了地区经济的较快发展。

随着全面对外开放的不断推进，国家经济发展越来越注重地区之间的整体平衡，经济开放程度相对较低的中部地区经济发展开始得到越来越多的国家战略政策的支持，中部崛起战略开始加快推进。作为中部第一经济大省和全国重要的农业大省、人口大省，河南省经济社会发展迎来了前所未有的政策机遇。在战略层面，2006年中共中央、国务院发布了《关于促进中部地区崛起的若干意见》，2011年中原经济区建设上升为国家战略，同年国家推出的《主体功能区建设规划》将河南省确定为全国重点开发区域之一。在国家优惠政策支持方面，一系列优惠开放措施得到推广和落实，2010年国务院正式批准郑州新郑综合保税区，保税物流中心、海关口岸和出口加工区建设不断取得新进展，2013年郑州航空港经济综合试验区正式作为国家战略开始实施运营；2013年"一带一路"倡议的提出及与沿线国家共享共建战略的开启，为河南省以郑州、洛阳等城市为代表作为重要节点城市的各产业发展带来了难得的机遇；2016年1月，中国（郑州）跨境电子商务综合试验区作为国家综合试点获批；2016年12月，国务院正式批复支持郑州国家中心城市建设和《中原城市群发展规划》战略实施；2017年4月1日，中国（河南）自由贸易试验区正式挂牌，标志着河南省开放发展战略得到了国家层面更有力优惠政策的支持。目前河南省拥有国家级经济技术开发区9家，排名居全国第5位，中西部地区第1位，成为河南省实现更高层面、更宽领域开放的重要支撑和平台。有利的政策支持将进一步提升了河南省在全国经济发展大局中的地位，对推动河南省利用后发优势和战略机遇实现赶超发展提供了重要保障。

河南省地处我国内陆地区，是全国较为典型的农业大省、人口大省，同时也是综合经济实力排名较为靠前的经济大省，建设内陆开放高地，以开放带动战略推进中原经济区建设和河南省经济较快发展，必须从所面临的现实国内外经济环境出发，全面地认识河南省开放经济发展所具备的优势和存在的约束，充分把握机遇，正确地应对挑战，才能加快推进经济的转型升级和持续发展，实现开放促改革、促发展的基本目标。新时期，河南省内陆开放促改革、促发展的建设机遇与挑战并存,河南省良好的经济发展势头,国际与国内产业的加快转移,中原经济区建设上升为国家战略,尤其是国家层面"一带一路"倡议的提出与实施,自贸区战略在河南省的落实等因素提供了巨大的发展机遇,而经济发展转型、外部经济波动、中西部其他省份在承接产业转移与加快开放经济发展中的竞争等因素将对河南省带来一定的压力和挑战。

改革开放40年来,河南省开放经济发展战略不断得到调整、充实和完善,开放在促进河南省经济社会发展中的作用逐步提升。随着我国整体开放层次的升级和开放领域的拓宽,河南省根据自身的现实经济发展环境,充分利用国内外资源和市场,积极融入国际和国内地区间分工、合作体系中,对外开放水平快速得到提升,全省开放经济实现了超常规、跨越式发展,全方位、多层次、宽领域的对外开放格局初步得到巩固,经济转型升级具备了日益坚实的基础。

9.1.2 各类国家战略功能定位明晰

随着各类支持河南省开放发展国家战略实施规划的落实和战略平台的建设,已经形成了引领河南省经济社会全面快速发展的战略组合体系,成为支撑河南省改革、开放和创新发展的强大支柱,开始不断激发经济发展的活力,增强了持续发展的动力,释放出巨大的发展潜力,使河南省在全国发展大局中的地位不断提升,逐步成为推动全国经济发展的重要增长极。

为了推进国家战略规划和平台的统筹联动,2017年4月河南省出台了《关于统筹推进国家战略规划实施和战略平台建设的工作方案》(以下简称《方案》),根据各类战略规划和平台的在国家战略中的定位、审批的层次、涉及内容范围及对河南省发展的影响,将国家战略区分为三种类型:引领性战略、整体性战略和专题性战略。引领性战略承担着利用国家落实的先行先试政策,积极建设推动全省改革、开放、创新的高端平台,努力形成可复制、推广的经验,构建支撑未来发展的核心支柱,主要包括郑州航空港经济综合实验区、郑洛新国家自主创新示范区、中国(河南)自由贸易试验区。整体性战略是指涉及范围广、覆盖领域宽、影响程度大的战略，主要指中原城市群建设规划，其涵盖了中原经济区和郑州国家中心城市建设的内容，主要任务是发挥规划引领的作用，立足于全局，统领各地发展定位，形成合力，目标在于通过加强中原城市群建设加快新型城镇化建设步伐，将郑州建设成国家中心城市，推动现代城镇体系建设，形成更具竞争力和带动作用的国家级城市群，增强全省发展的动力。专题性战略是指服务于引领性和整体性战略，且在特定领域具有引领性的国家战略规划或战略平台，包括中国（郑州）跨境电子商务综合试验区、国家大数据综合试验区等战略，主要任务是利用国家先行先试政策支持探索改革创新经验，努力实现相应领域的改革创新成果，发挥示范效应，依靠创新驱动形成先发优势，引领相关领域的发展。

各类战略之间虽然目标定位各有侧重，但彼此之间相互支撑，形成了一个服务全国大局、引领全省发展的有机整体。在国家战略的落实和建设过程中，"三区一群"战略（即郑洛新国家自主创新示范区、中国（河南）自由贸易试验区、郑州航空港经济综合实验区和中原城市群）成为统领各项工作的核心抓手，为河南省全面发展和中原经济崛起提供了有力支撑。其中，郑洛新国家自主创新示范区致力于打造成创新驱动发展的核心载体，中国（河南）自由贸易试验区发展成全面深化改革的试验田，郑州航空港经济综合实验区将建设成为内陆地区对外开放重要门户，从而将三者建设成支撑河南省全面快速发展的三大支柱，逐步发挥出助推经济发展的示范引领作用。中原城市群作为推进新城城镇化建设的重要抓手，能够为中原经济区建设提供动力支撑，对于河南省的持续快速发展具有全局性战略意义。统筹推进"三区一群"建设，全方位地加强个战略间的耦合互动，加快释放国家战略规划和平台的叠加效应，有利于强化河南省已有的发展优势，集中各种发展要素，以重大领域的突破带动全局性发展。

9.1.3 开放发展的战略叠加效应逐步强化

随着国家战略规划和平台在河南的密集落地，多战略相互支撑的叠加效应开始逐步显现，河南省在全球产业链、价值链、物流链中的地位不断攀升，开放型经济新体制逐步形成，开放发展取得新成就，以更高水平开放推动实现更高质量的发展路径探索取得实效。近年来，河南省坚持实施开放带动主战略，通过不断强化国家战略支撑，内陆开放水平持续提升，产业结构转型调整快速推进，承接产业转移取得成效，经济发展势头良好，在全国经济发展大局中的地位明显提升。

在推进河南省开放促改革、促发展的进程中，河南省积极全面主动融入国家"一带一路"倡议建设，以"一带一路"倡议统领河南省开放发展的各项任务，充分利用国家战略的支持，积极统筹各国家战略规划落实和战略平台建设，既突出各国家战略主题的功能性和特殊性，又注意充分发挥战略间的相互支撑，增强系统间的联动和部门间的协调，并加强各区域间的对接协作，不断强化国家战略规划和战略平台间的叠加效应，增强相互间集成合力，多层次、全覆盖、立体化的开放平台支撑体系初步构建。通过强化各开放平台的多点支撑，河南省通过开放不断增强经济发展的外原动力，形成了全方位的对外开放新格局，引领中原经济发展走向开放前沿。在统筹平台建设方面，坚持航空港经济综合实验区、自贸试验区、郑洛新自主创新实验区、中国（郑州）跨境电商综合试验区的四区联动，以全面融入"一带一路"建设为支点，系统推进陆上、空中、海上和网上丝绸之路协同发展，高标准地建设功能、制度、产业和通道四类平台，打造"一带一路"建设高地，支撑内陆地区开放崛起。

9.2
深度融入"一带一路" 统领河南开放发展

9.2.1 "一带一路"倡议概述

自2013年习近平同志提出共同建设"丝绸之路经济带"和"21世纪海上丝绸之路"（以下简称"一带一路"）的重大倡议以来，国际社会给予了高度关注，沿线相关国家做出了积极响应，并在加强合作方面采取了切实有效的措施，相互间的交流与合作不断加深，得到了来自各界的充分肯定。为了加快推进"一带一路"建设取得新进展，深化与沿线国家政治经济文化等领域的交流与合作，国家发改委、外交部和商务部联合规划提出，并发布了《推动共建丝绸之路经济带和21世纪海上丝绸之路的愿景与行动》，在新时期为历史上著名的古丝绸之路重新赋予了新的使命，增强了与相关国家间合作发展的动力，为彼此间合作共赢焕发出新的生机和活力，在新的历史背景下以崭新的形式加强了与亚欧非等相关国家和地区的往来，将彼此间的互利合作推向了新的历史高度，这也是国家准确把握经济全球化发展大趋势，统筹国内外经济社会发展战略大局，立足开创我国新时期全方位开放发展新格局，所做出的国家层面重大战略部署，从而将对我国改革开放事业和各产业部门与行业发展产生巨大而深远的影响。

"一带一路"建设作为由多国共同参与的巨大系统工程，是在坚持共商、共建和共享基本原则的基础上，充分利用中国与相关国家或地区间的合作机制和平台，积极实现在发展战略上的多维对接，努力增进政治互信，不断深化经济融合，通过项目投资上的共商，基础设施方面的共建，以及合作成果的共享，实现道路联通、贸易畅通、货币流通、政策沟通和人心相通。彼此形成利益攸关的共同体。新时期的"一带一路"建设在赋予古丝绸之路这一历史符号新含义的同时，承载着更高的使命，在充分体现传统古丝绸之路兼容并蓄基本精神的基础上，体现出了更高的灵活性和适用性，在实践上也更具可操作性和可持续性。

"一带一路"建设的根本宗旨在于，通过要素在国家间的更自由有序的流动，实现国家间各种资源的高效配置和市场的高度融合，沿线国家通过经济政策方面的紧密协调，扩大区域合作的范围，提高合作的水平，提升合作的层次，共同努力打造出更加开放、包容、均衡、普惠的区域经济合作新框架。这既符合参与各国的根本利益，也符合整个国际社会的根本利益，为区域和国际合作以及全球治理模式创新提供了新的思路和借鉴。通过"一带一路"建设，中国将加强与沿线国家互联互通的伙伴关系，形成全方位、多层次、复合型的联系网络，有助促进实现各国间多元、自主、平衡、包容性发展。这既是我国新时期深化和扩大对外开放层次格局的基本需要，也是在全球化进程遭受到来自众多发达国家多方面挑战的大背景下深化国际与合作，实现互利共赢的需要。

"一带一路"沿线65个国家之间,经济发展阶段各异,要素资源禀赋特征差异显著,各国之间经济发展的互补性很强,相互之间合作潜力巨大。作为全球第二大经济体,中国经济巨大的体量和良好的发展趋势,已经成为世界经济增长的重要动力,通过与沿线国家共建"一带一路",将充分发挥出中国巨大的产能优势、资金以及技术上的优势,将中国经济发展的成功经验和教训为相关国家提供积极的借鉴。同时,通过"一带一路"建设,中国开放发展将取得更大的突破,不仅为中国自身经济的转型发展注入强大动力,也将为世界经济的长期稳定增长增添新的助力,并推进全球经济发展的平衡,为全球范围的包容性增长提供重要基础。推进并加快"一带一路"建设,要求我国各地区之间必须要统筹规划,加强国内资源的整合,充分利用和充分发挥国内不同区域的比较优势,努力抓住开放发展的大好机遇,采取更加积极主动开放的经济发展战略和政策,不断加强各地区之间的密切合作,大力提升开放型经济发展水平。

9.2.2 "一带一路"倡议实施影响河南开放发展的机制

"一带一路"建设为河南省开放发展带来了难得的发展机遇,也对河南省开放发展提出了更高的要求,将成为河南省统筹各项国家支持战略,构建开放型经济新体制,开创新型对外开放新格局的重要抓手。河南省通过深度融入"一带一路"建设,可以充分发挥其优越的区位优势和综合要素禀赋优势,激发巨大的经济发展潜力,增强其经济发展活力。综合来看,河南省加快深度融入"一带一路"建设,可以通过以下多种渠道促进河南省开放经济更快、更好的发展。

(1) 产业转型升级效应。

更高程度地融入"一带一路"建设,更紧密地嵌入全球价值链分工体系,不断地扩大经济对外开放对河南省经济发展的影响首先体现在分工促进效应上。通过出口需求拉动和进口竞争压力,以及FDI在相关行业及区域集聚,将引起同种要素的收入差异,导致要素向产生较高收益的区域行业以及企业的系统性流动,在市场机制的激励机制作用下,这将促进地区与行业间合理分工体系的形成,加快经济发展的工业化和城市化进程。随着市场规模的扩大和内外经济联系的加深，要素的专业化程度和产出效率不断提高，经济分工日益细化。企业可以充分利用内部规模经济，不断增多产品种类，日益完善分工体系，经济产出水平将实现更快增长，相关行业竞争力将不断增强。

（2）资本积累效应。

要素积累尤其资本积累是现代经济增长的基本前提，也是企业提高其自生能力，实现长期持续发展的重要基础。河南省融入"一带一路"的过程也恰恰是逐步扩大对外开放的过程，开放加快要素积累是促进经济增长的重要机制，通过稀缺要素的引入和丰裕要素的直接或间接输出，开放有助于优化资源在世界范围内的配置效率，加快本地高级要素的快速积累。一方面，出口通过增加就业、扩大投资促进了储蓄向资本的转化，进而拉动经济增长，成为资本进一步积累的强大动力。另一方面，本地稀缺原材料、零部件、机器设备的进口和FDI的引进不仅弥补了相应要素的不足，促进了生产的扩大和资本的积累，而且直接的竞争压力和相关的生产、管理与经营上的示范效应，也有利于刺激本地投资和生产的扩大，促进资本积累和经济增长，努力实现要素的快速积累将使开放经济的发展获得更强的动力支持。

（3）市场主体培育效应。

要素培育效应是开放影响长期经济发展的重要动态机制，深入融入"一带一路"建设，开放不仅能促进市场主体的成长和发育，而且还会促进要素市场体系的完善和配置效率的提高。具体的效应机制体现在以下几个方面：第一，贸易的发展和吸引FDI的增加通过"干中学"效应能够促进劳动力素质水平的提高，并且开放经济部门预期收益的提高，将刺激劳动者增加教育和技能培训方面的投资，以提升适应全球竞争压力和竞争能力。第二，通过加快融入"一带一路"建设所实现的更高程度开放，所带来的竞争示范效应还有助于企业家经营理念、管理能力、创新意识的提高，加快推动企业的成长和壮大。第三，"一带一路"沿线国家发展水平差异巨大，不仅有发展水平相对低的广大发展中国家，也有为数众多的发达经济体，通过融入"一带一路"建设，与外部成熟市场进一步联系的加强，通过贸易、投资和其他途径的联系与交流，有利于促进河南省要素市

第9章 河南省开放发展的国家战略支撑

场体系的建设与完善。河南省开放经济的发展存在有效市场主体不强、市场观念不强、竞争力偏弱的典型特征,在融入"一带一路"的过程中,努力推动市场主体的成长,加快要素的结构升级是促进其快速发展的关键。

(4) 创新和技术进步效应。

技术进步是经济持续快速发展的根本动力,开放的技术进步效应是推动产业结构升级和发展方式转变的重要前提。河南省在加速融入"一带一路"的进程中,既会扩大与沿线广大发展中国家的经贸往来和经济联系,也会扩大与全球发达国家间的经济联系及交往和合作。贸易和投资的发展通过物化在产品上的技术溢出和研发创新方面的竞争示范,有利于提升本地企业科技创新意识和技术水平,技术贸易、国内外技术研发上的交流与合作更是实现技术跨越式发展的捷径。在全球经济一体化加速推进的背景下,通过融入"一带一路"扩大对外经济联系将为河南省开放发展有效地利用发达国家先进技术,实现对发达国家先进技术的吸收、模仿提供了前所未有的机遇,并为进一步实现技术进步和创新提供可能。

(5) 改革示范效应。

无论是更高水平的对外开放,还是更高质量的发展,都要求有高质量的营商环境作为支撑。而营商环境的弱势恰恰是制约河南省开放发展的重要"瓶颈",中西部地区开放发展相对落后的重要原因也在于其相对落后的营商环境产生的过高交易成本。这是阻碍企业创新、产业转型升级和经济发展的重要障碍,在深度融入"一带一路"的进程中,开放通过强制性和诱致性制度变革是促进正式制度和非正式制度改善,改善营商环境,刺激企业创新、推动产业转型,实现经济发展的重要途径。宏观层面上,经济开放将引起政府管理制度、产权制度、市场化运作模式、分配方式的变化,加快经济体制的转型;微观层面上,国际贸易、投资和国际经济合作的扩展与深化会对企业的组织管理形式产生重要的影响;并且,经济开放还会对就业和消费观念、社会习俗、效率和市场意识等经济社会环境产生重要影响。河南省在统筹国家战略规划实施和战略平台建设的过程中,积极主动地加快推进各方面改革,不断提升营商环境的质量,积极探索先行先试的经验,为进一步的开放发展提供有效的改革示范效应。在融入"一带一路"建设的过程中,努力实现国家多重战略规划目标,要求必须加快河南省探索各项改革的成功经验,提升营商环境质量,以加快推动河南省经济发展动能的转换,以高水平的内陆开放引领和支撑河南省融入"一带一路"建设中,实现内部发展动力的增强,同时深化与沿线国家的合作,努力实现共赢。

9.2.3 "一带一路"建设对河南省开放型经济发展的影响

河南省地处中国的中心地带,历史上是我国重要的政治、经济、文化中心,是古丝绸之路发展的重要起点,在其发展繁荣过程中发挥了重要的支撑作用。作为全国重要的经济大省,同时也是典型的内陆省份,经过改革开放以来40年的发展,河南省开放经济发展已奠定了坚实的基础。当前,河南省开放经济的发展正处于转型升级的重要十字路口,内陆开放型经济发展路径和模式的探求,既面临有利的形势,也存在明显挑战。作为一个内陆省份,仅靠自身积累实现发展难以奏效,只有充分利用新形势下的开放机遇,发挥全省的综合比较优势,不断增强开放经济发展的内生动力,才能保证发展目标的实现。

"一带一路"建设的推进实施是我国新时期实现全方位对外开放的重大举措,对河南省开放经济的发展也将产生重大而深远的影响。新时期"一带一路"倡议的提出与落实,为河南省开放经济发展提供了巨大的机遇,河南省是陆上丝绸之路经济带建设的重要战略支撑点,也是整体"一带一路"建设的重要支撑力量。随着改革开放以来河南省整体综合经济实力的持续快速提升和开放型经济的快速发展,河南省与"一带一路"沿线许多国家间产业合作基础不断巩固,经济往来日益拓展,人文交流不断深化,在融入"一带一路"建设的过程中,河南省将充分发挥其悠久的历史文化传统、巨大的经济规模、良好的产业基础、丰富的人力资源和优越的地理区位等优势,密切结合国家战略定位和规划,在实现自身经济更好发展的同时,积极服务于"一带一路"建设的实施和建设。

《推动共建丝绸之路经济带和21世纪海上丝绸之路的愿景与行动》方案明确指出了河南省作为"一带一路"建设规划的重要区域在整个倡议实施中的重要地位,根据地区之间的经济发展现实基础和分工,河南省作为中原城市群和中原经济区建设的主要载体,优越的区位特征、丰富的人力资源、较好的产业基础优势、重要的区域互动合作的关键节点和强势的产业集聚发展态势是其融入"一带一路"建设的基础,将在建设中欧通道铁路运输、口岸通关协调机制、打造"中欧班列"品牌的过程中发挥重要作用,成为沟通境内外、链接东中西的重要运输通道,以郑州为代表的内陆城市将在航空港、国际陆港建设方面发挥重要的先导性作用,通过加强与沿海、沿边口岸的通关合作,开展跨境贸易电子商务服务试点等举措,发挥出作为物流通道的重要节点作用。

为落实国家的部署,积极参与并推动"一带一路"建设,河南省主动对接"一带一路"倡议,积极运筹谋划,出台了《河南省参与建设丝绸之路经济带和21世纪海上丝绸之路的实施方案》,明确了河南省在参与"一带一路"建设中的定位、目标、任务和布局,成为全省参与建设"一带一路"的纲领性文件。河南省第十次党代会明确提出,河南省要深度融入"一带一路"建设,积极推动河南建设成开放前沿和对外开放高地。积极参与"一带一路"建设是河南省推进全方位对外开放的重大战略措施,有利于提升河南省在新时期全国开放发展大局中的地位,积极融入全球分工体系中,不断提升开放层次,充分发挥各方面优势,加快内陆开放高地建设,为"一带一路"建设做出积极贡献。

河南省与"一带一路"沿线上许多国家拥有较为紧密的联系,经济和产业发展上存在很强的互补性,经济合作发展的潜力巨大,在诸如航空运输、物流、农业发展、矿业开采和工程承包等重点领域,都已开展了有针对性的战略合作。在全面谋划全方位对外开放的战略进程中,将国家战略的实施与参与"一带一路"建设积极对接,坚持共商、共建、共享的原则,全面加强推进与沿线经济体的开放合作,通过全面融入"一带一路"建设,河南省开放发展的战略目标更加清晰,战略着力点更加准确,开放发展的成效显著。

目前,河南省已开始在陆、海、空以及电子商务等领域全面发力,努力扩大与"一带一路"沿线国家的全面合作,构建陆海空连接通道大枢纽,推动丝路建设走向立体化。陆上丝路建设方面,郑欧国际铁路货运专列已于2003年开通运营,成为全国各地发往欧洲的第一列货运班列,揭开了中国与沿线国家新丝绸之路建设的序幕,该专列始于郑州,途径哈萨克斯坦、白俄罗斯、俄罗斯和波兰等国后抵达德国汉堡,全程长10214公里,全程运行时间比相应的海洋运输缩短了将近20天,节约相应的运输成本和费用高达将近80%。目前,河南省省会郑州市已与丝绸之路沿线多国达成战略合作协议,形成遍及俄罗斯、欧盟、中亚22个国家及地区112个城市的货运集疏落网,在线路开发、货源组织、物流与贸易往来等领域展开了深度合作。对接"海上丝绸之路"建设方面,已开通郑州至青岛、连云港等港口的"五定"铁海联运国际货运班列,货物出口可直达日本、韩国等国家或地区,实现了河南省的陆海联通,大大降低了出口货物物流运输成本和费用,标志着河南省融入"一带一路"建设取得新进展。空中丝绸之路建设方面,2013年郑州航空港经济综合实验区作为全国第1个国家级航空港经济试验区而设立,郑州机场目前已开通至新加坡、卢森堡、纽约、雅加达、温哥华、法兰克福等国家或地区40多条客货运航线,逐步构建起连接世界范围主要枢纽和经济体的"空中丝绸之路"。2014年以来郑州—卢森堡货运航线的开通开启了河南省融入"空中丝绸之路"的新篇章,并使货运量短期实现了连续不断的巨大突破。在郑州—卢森堡航线开通的基础上,卢森堡—郑州—芝加哥航线,米兰—郑州等国际航线也陆续开通,基本形成了覆盖亚欧美三大洲20多个国家100多个城市的航空国际货运网络。2017年郑州—卢森堡"空中丝绸之路"建设得到了国家的支持,河南省正式出台了《郑州—卢森堡"空中丝绸之路"建设专项规划(2017~2025年)》,并同步出台了《推进郑州—卢森堡"空中丝绸之路"建设工作方案》,这将与陆上和海上丝绸之路建设相融合,更好地发挥河南省作为核心枢纽的功能,形成以航线网络为支撑、特色产业为内容的发展新支点,更好地服务于国家层面"一带一路"建设的大局。

随着电子商务的迅速发展和普及,跨境贸易电子商务成为对外经济联系的重要形式,河南省充分抓住电子商务发展带来的大好机遇,积极利用新型的贸易手段扩大对外贸易的发展,努力构建"网上丝绸之路"。2016年中国(郑州)跨境电子商务综合试验区进入国家综合试点行列,根据规划建设方案,"十三五"末试验区将努力培育100家跨境电子商务重点企业、50个省级示范园区、20个省级培训孵化基地、20个省级海外仓和10

个省级外贸综合服务企业，实现全省电子商务年均交易超过300亿美元。目前，郑州跨境电子商务试验区构建"网上丝绸之路"已取得较大进展，已经在美国、德国、澳大利亚、比利时、俄罗斯、匈牙利等国建设海外仓，出口业务收件人分布在70多个国家和地区，交易量和进出口单数在全国居于领先地位。

随着我国制度性开放的深入推进和融入"一带一路"建设规划的推进实施，充分利用多重战略叠加的政策优势，积极发挥要素集聚效应，河南省开放高地建设面临着前所未有的机遇，日益发挥出其在全国区域协调发展中的战略支点作用，多条丝路相互融合，形成了相互支撑、相互促进的良好发展态势。近年来，河南省与"一带一路"国家经贸合作不断取得新进展，2016年河南省对"一带一路"沿线国家贸易总量达到800多亿元，同比增长了15%，其中对捷克、保加利亚、柬埔寨等国出口增长超过一倍。截至2017年年底，河南省对外投资企业已超过800多家，大量的企业开始在"一带一路"沿线国家布局。

9.3 郑州航空港综合实验区全面发展

2013年3月，郑州航空港经济综合实验区获批，上升为国家战略，成为我国唯一由国务院批准设立的国家级航空经济先行区。作为内陆地区重要开放门户，作为"一带一路"倡议的重要节点和支撑，引领全省经济转型的航空经济实验区，其发展得到高度关注。郑州航空港综合试验区经过几年的快速发展，已经成为郑州乃至河南新的经济增长点。郑州航空经济发展已经形成了几个方面鲜明特点：一是经济规模不断壮大；二是航空枢纽基本建成；三是口岸综合优势不断放大；四是产业集群效应开始显现。

9.3.1 临空经济区示范区的经济效应

临空经济是指借助机场的便利条件，通过航空运输或航空制造，来推动别的相关产业聚集，最终形成以机场为中心且与航空相关的产业集聚区。它作为一种新的经济模式,优势在于融合了传统港区与经济开发区功能于一体,是新型交通运输方式的出现和经济一体化的形成。

近年来,我国越来越多的城市开始重视临空经济区建设对地区经济发展的重要影响,并开始致力于临空经济区的打造,临空经济区主要通过培育新的经济增长点,探索新的增长动力和模式,来促进地方经济发展和增强区域竞争力。2013年3月,国务院正式批复了《郑州航空港经济综合实验区发展规划(2013~2025年)》,郑州市开始大力发展临空经济。航空港经济发展先行区是首个也是唯一一个上升为国家战略的航空经济先行区,也是河南省经济社会发展的核心增长点和对外开放的重要窗口和基地。

(1) 产业集聚效应。

临空经济是指依托航空运输业以促进经济发展的各种要素迅速向机场周边聚集,从而形成的一种新的经济形态。按照经济发展的演变规律,临空经济作为产业结构变革和新型交通运输方式的共同作用的产物,是一种较高阶段的经济形态,通常只有当区域经济高度发展时才会出现。以所处区域内人均 GDP 为例,通常人均 GDP 达到 3000 美元时,临空经济才能实现发展,因此,区域经济发展水平的程度是决定临空经济能否发展的首要条件。在区域经济学理论中,我们可以从一般经济发展理论研究分析临空经济发展。作为一种新的经济形态,临空经济的发展,就是在经济发展中形成产业聚集。首先引导航空产业在机场周边聚集,并形成聚集效应,吸引机场周边产业的聚集,进而形成以航空产业为主导、多种相关产业聚集的产业园区。在引导产业聚集发生作用的过程中,伴随的是要素流动中的三种效应——流入效应、流出效应和乘数效应,通过三种效应的相互作用形成产业集群,从而促进区域经济发展。

(2) 流入效应。

在经济活动中,由于利益的驱动,生产要素会在区域间进行流动、集聚。生产要素的这种空间流动、集聚的力量被称为"流动效应"。临空经济的流入效应大致分为两个阶段:建设阶段、正式使用阶段。在建设阶段,与航空相关的企业,如运输、仓储以及旅游等,为了借助航空便利的交通,逐步在其周边地区布局,相关的生产要素逐步集聚,间接地完善了航空港区的交通、商业等基础设施;在正式使用阶段,随着机场的通达条件渐好，以时间价值为核心的企业，如研发型企业等，逐步集聚于机场周边，以求缩短产品投入市场时间，扩大市场份额，从而提高其经济效益。此外，机场多建在城市周边地区，土地等生产要素价格较低，许多大型货物集散企业对成本以及运输速度要求较高，所以其周边是理想的选择地，客观上带动了周边经济的发展。

（3）乘数效应。

经济上的乘数效应是指在一定的时间和空间范围内，某一经济主体变化而引起的与之相关联的经济体成倍的变化。航空港经济的乘数效应应从两个方面来解读：一方面，航空行业与其相关行业的乘数效应分析，如交通运输业等，通常来讲，机场的建立对带动当地铁路、公路以及海路等交通成倍的增长发展；另一方面，航空港区与其经济腹地的乘数效应分析，通常航空港区与其经济腹地的联系越紧密，正向的乘数效应就越明显，主要表现在航空港区会以前向、后向或侧向的产业关联，促进其经济腹地相关产业成倍的增长。

（4）流出效应。

流入效应与流出效应在经济学上是相对应的概念，指生产要素等从一定的区域流出的现象。通常表现在三个方面：其一，企业由于其经营范围发生改变，原始的区域已不再满足企业的生产发展，或者原始区域满足其生产发展的优势不再明显，从而造成企业流出此区域；其二，企业开拓市场的需要，原始区域市场占有率过高，对企业产品的需求已逐步饱和，企业不得不选择其他区域开拓市场；其三，也就是经济上的扩散效应，在临空经济发展成熟后，其主导产业多以高新技术以及现代服务业为主，在与其经济腹地联系的过程中，必定会辐射周边的腹地，提升腹地技术和服务水平，加快相关产业的发展，从而带动其腹地共同发展。

9.3.2 航空港综合实验区建设意义

河南省作为全国重要的经济大省，同时也是典型的内陆省份，经过改革开放40年的发展，河南开放经济发展已奠定了坚实的基础。当前，河南省开放经济的发展正处于转型升级的重要十字路口，内陆开放型经济发展路径和模式的探求，既面临有利的形势，也存在明显挑战。作为一个内陆省份，仅靠自身积累实现发展难以奏效，只有充分利用新形势下的开放机遇，发挥全省的综合比较优势，不断增强开放经济发展的内生动力，才能保证发展目标的实现。航空港综合实验区对河南省发展具有重大战略意义。

全国临空经济区建设数不胜数，但被国家批准为临空经济示范区的只有12家。郑州航空港经济综合实验区作为全国首个国家级航空港经济综合实验区，总体规划按照"一核领三区"的总体布局，其中以郑州新郑国际机场为核心，规划了北部城市综合服务区、东部临港型商展交易区、南部高端制造区。空港核心区面积为54.08平方公里，主要功能构成主要包括：航空枢纽、保税物流、自贸园区、临港服务、产业园区；北部城市综合服务区面积为98.5平方公里，主要功能构成体现在航空金融、商业商务、文化体育、教育科研、产业园区、生活居住等领域；东部临港型商展交易区面积为92.8平方公里，主要功能构成定位在航展中心、会议接待、科技研发、商业休闲、总部基地、产业园区；南部高端制造区达面积170.5平方公里，主要功能构成为：产业基地、航空制造、共建园区、商业配套、文化休闲、生活居住。各功能区间相互支撑，将会在郑州市国际大都市建设以及河南省开放经济发展中发挥出核心带动作用。

（1）引领中原经济发展。

建设航空港经济试验区对河南经济发展的作用，首先体现在打开了河南省经济建设的战略突破口。郑州航空港经济综合实验区利用自身地理位置优势，吸引了大批优秀企业入驻，并利用自身航空货运的优势为经济发展注入了新的动力。同时，郑州地处中原腹地，不但拥有良好的产业基础，更具有突出的地理位置优势。基于郑州自身特点，发展航空经济，打造航空实验区，对河南省的经济建设具有非常重要的战略意义。因此提出打造郑州航空港经济综合实验区的战略，不但切合实际需求，也为中原经济区的建设打开了新的突破口，更是一项具有里程碑意义的重大战略部署。

促进产业结构的升级和发展方式的转变，也将是航空港经济试验区建设的重要使命。电子信息、精密制造、光学材料等产业的发展与航空运输紧密相关,由于郑州航空港经济综合实验区的地理位置优势,这些产业正加速在河南省集聚。建设航空港经济综合实验区不但可以吸引高端研发、金融、商贸、交通物流、会展等公共服务的有效集聚,形成高端制造业和现代服务业的一个重要集聚区,从而产生规模效应,而且可以通过规模效应促进产业结构升级,加快产业发展方式的转变。

(2) 辐射周边的带动作用。

郑州航空港经济综合实验区建设作为国家重大经济发展战略,不仅对河南省经济发展有重大影响,对整个国家的发展也有着举足轻重的作用。在人类社会演变过程中,交通工具的变革往往伴随着社会生产工具和生活方式的变革。随着临空经济的发展,以航空港为核心的交通枢纽已经逐渐决定一个地区乃至一个国家在全球综合竞争力的强弱。郑州航空港经济综合实验区作为中国首个航空港经济发展先行区,它的成功对全国经济发展起着重要的带动作用。

9.3.3 郑州航空港综合实验区对河南开放经济发展的影响

航空港综合实验区(以下简称港区)建设的是我国新时期推进"一带一路"建设的重大方针,对河南省开放经济的发展将产生重大而深远的影响。港区作为以临空经济为引领的现代产业基地,作为中国内陆对外开放的门户,始终秉持着开放创新、合作共赢的发展理念。2013年以来,港区建设以"四大片区"为突破口,全力推进"万千百工程",建设大枢纽、发展大物流、培育大产业、塑造大都市,各项经济指标都实现了跨越式发展。根据2017年,港区统计资料显示,地区生产总值达到700.1亿元,是2012的3.4倍,平均年增长19.4%;规模以上工业增加值达到295.3亿元,是2012年的4.1倍,平均年增长22.2%。

为落实国家战略部署,港区积极推动"空中丝绸之路"建设。港区作为全国第一个国家级航空港经济试验区而设立,郑州机场目前已开通国际40多条客货运航线,连接世界范围主要枢纽和经济体的"空中丝绸之路"正在逐渐形成。自2014年郑州—卢森堡货运航线的开通之后,卢森堡—郑州—芝加哥航线,米兰—郑州等国际航线也陆续开通,基本形成了覆盖亚欧美三大洲20多个国家100多个城市的航空国际货运网络。数据显示，2017年航空客运达到2430万人次，是2012年的2.1倍，年均增长15.8%；航空货运达到50.3万吨，是2012年的3.3倍，年均增长27.2%，航空货运力、全货机航线的数量、航班量等均居全国第五位。2017年郑州—卢森堡"空中丝绸之路"建设得到了国家的支持，这将与陆上和海上丝绸之路建设相融合，更好地发挥河南省作为核心枢纽的功能，形成以航线网络为支撑、特色产业为内容的发展新支点，更好地服务于国家层面"一带一路"建设的大局。

港区以枢纽经济为特色，形成了以电子信息先进制造业集群为主导的产业体系。富士康科技集团的入驻为港区产业基地的形成打下了基础，如今，全球80%的苹果手机在河南省生产，2017年全区手机产量约3亿部，占全球手机供货量的1/7，目前，港区已吸引了208家智能终端产业的企业入驻，卢货航、菜鸟等一大批国内外知名物流企业相继落户，2017年航空物流业完成增加值37.4亿元，增长19.2%。如今，以智能终端为代表的世界级电子信息先进制造业集群规模初现，辐射带动全省产业迈向全球价值链中高端。

郑州航空港实验区将不断巩固扩大对外开放优势，继续推进"空中丝绸之路"建设。进一步拓展航线网络，加快推进本土航空公司组建，加快推进高铁南站建设，加快多式联运体系打造，持续增强航空港实验区集疏能力。

9.3.4 发挥航空港引领作用，提升河南经济发展水平

郑州航空港建设已经取得了显著的成绩，并被国家海关总署誉为"小区推动大省的典范"。但目前航空港区的定位还不是特别明朗，其作为中原经济枢纽的引领作用还没完全有效发挥。因此，想要利用航空港的地缘优势提升河南省开放性经济发展水平，还需要更加深入的研究。

一是进一步完善航空港建设的政策方案。郑州航空港是中原腹地对外开放的原点，以它为轴心可以辐射整个中原经济区。因此，要实现郑州航空港的战略定位，就必须进一步强化大局意识，拉长航空港及其辐射区的

产业链条，不断完善全省产业结构布局，积极贯彻人才的引进与输出政策，同时还要发挥指定进口口岸的作用，成为产业结构转型升级的强有力辅助。更重要的是，为了提高工作效率，优化服务，航空港还需要进一步推进智能化通关，制定出适合跨境电子商务发展的政策方案，既要保证港区自身的优质发展，也要注重发挥航空港在各个方面对全省、中原经济区和整个内陆地区的经济推动力和服务水平。

二是建立以主导产业为中心、其他多种产业共同发展的现代产业基地。在产业发展方面，郑州航空港要充分发挥航空经济"大""多""强""高"这四大特点，实现"大"规模产业集聚效能，发展"多"知名品牌、自主知识产权，增强"强"有力的自主创新能力，建立具有"高"附加值、"高"质量的现代化产业基地，实现港区产业结构、产品附加值、质量、品牌、技术水平、创新能力等方面的全面提升。

三是加强合作意识，全方面推动航空港与广大内陆的陆空链接互动式发展。一方面，航空港在招商引资方面要注意完善产业布局对全省的引领和辐射作用。首先，航空港要沿着郑州都市区、中原城市群、中原经济区这一逐步向外拓展的轨迹形成产业梯次布局；其次逐步辐射开封、洛阳、济源、焦作、南阳、周口等省辖市。另一方面，广大内陆地区也要完成相应的产业配套，建立起现代综合交通运输体系，同时要为航空港及其辐射区经济建设提供劳动力及精英人才，形成有效的航空货运需求。只有这样，才会为航空港建设提供鼎力支持，形成相辅相成的密切合作。从目前的发展状态来看，想要充分发挥"小区推大省"的经济模式，还有许多重要问题亟待解决。一方面，航空港的建设与广大内陆的链接互动还远远不够，地方发展的招商引资环节与航空港对接意识还不够强；另一方面，航空港形成的全球货运航线网络与省内乃至国内的机场口岸建设体系之间的衔接还不顺畅，需要各个部门加强合作意识，联动办公。

9.4 以自贸区建设强化河南开放发展平台

河南省开放带动发展面临的有利政策支持所带来的战略机遇前所未

有，中国（河南）自由贸易试验区（以下简称河南自贸区）战略的实施为河南省开放经济的发展注入了新的动力，将为推动河南省相关产业和领域的发展产生深远的长期而系统性的影响，也将进一步加强河南省内陆开放高地的建设。开放是促改革、促发展的战略性举措，坚持实施开放带动主战略是河南省消除各方面的不利制约因素影响，实现经济社会持续快速协调发展的关键。在国家加大支持中部崛起，加快推进中原经济区建设和中原经济崛起的背景下，在河南省实施开放带动主战略的进程中，积极融入"一带一路"建设，全方位加快河南省自由贸易试验区的发展，将有利于进一步提升河南省开放型经济水平，深化对内对外开放的层次，拓宽对外开放的领域，优化开放的布局，增强开放的绩效，这不仅充分发挥出河南省在贯通南北、连接东西并引领中西部地区开放发展的引擎作用，还将大大提升河南省在全国开放发展大局和统一开放体系建设中的地位和影响。

9.4.1 河南自贸区建设的战略定位

2016年8月，河南、湖北、陕西、辽宁、浙江、重庆、四川7个自贸试验区获得批准，标志着作为国家战略实施的自贸区建设迈入新的发展阶段，并且不同地区自贸区建设被赋予了不同的使命。其中，河南自贸区建设的基本定位为：以制度建设为核心，以可复制推广为基本要求，建设成贯通南北、连接东西的现代立体交通体系和现代物流体系、全面改革开放试验田和内陆开放型经济示范区。河南自贸试验区涵盖了郑州、洛阳和开封三个片区，规划实施面积共119.77平方公里。

河南自贸区建设发展的基本目标是通过3~5年的先行先试改革实践探索，努力形成与国际投资贸易规则相衔接的制度创新体系，积极营造出法制化、国际化、便利化的高质量营商环境，充分利用河南省特殊的地理区位、交通优势和发展潜力，将自贸试验区建设成为投资贸易便利、高端产业集聚、交通物流发达、监管高效便利、辐射带动作用突出的高水平高标准自由贸易园区，引领内陆地区经济转型发展，从而推动构建全方位的对外开放格局。三个片区的发展区位布局上也分别有不同的侧重：郑州片区重点发展智能终端、高端装备及汽车制造和生物医药等先进制造业，以及现代物流、国际商贸、商务会展等现代服务业，在促进投资贸易便利化和物流业融合发展等方面推进体制机制创新，打造出多式联运国际物流中心，积极发挥出在"一带一路"建设中的现代综合交通枢纽作用。开封片区的发展重点立足于现代物流、服务外包、文化创意、文化金融等现代服务业，提升装备制造业、农副产品加工国际合作与贸易能力，构建国际文化贸易与人文旅游合作平台，打造服务贸易创新发展区和文化产业对外开放先行区，促进国际文化旅游融合发展。洛阳片区除重点发展装备制造业、机器人、新材料等高端制造业外，还重点发展电子商务、研发设计、服务外包、文化展示、文化旅游、文化贸易等现代服务业，提升装备制造业转型升级能力和国际产能合作能力，打造国际智能制造合作示范区，推动华夏历史文明重要传承区建设。河南自贸区的建设突出地体现出其内陆经济发展的典型特色，并且具备特殊的交通枢纽基础设施建设以及区位发展的优势，将努力形成郑州、开封、洛阳之间的分层协同发展，并产生对相关地区和产业的发展带动作用。

河南自贸试验区改革探索的任务主要围绕政府职能转变、扩大投资领域开放、推动贸易转型升级、深化金融领域开放创新、增强服务于"一带一路"建设交通物流枢纽功能等多个方面展开，以制度创新和模式创新为核心，立足于河南省作为内陆经济大省的实际，面向世界扩大开放的层次和领域，积极服务于全国发展的大局，积极复制推广上海、广东、福建、天津等首批自贸区的先进成熟改革经验，努力打造内陆地区高标准对外开放发展平台，为河南省对外开放和全面经济发展提供支撑和助力。

行政体制改革方面，主要通过深化改革，加快推进实现简政放权和政府对于经济、社会事物的放管结合，优化政府的服务改革，进一步完善政府市场监管机制和体系建设，逐步推动实现政府管理方面，从原来的注重事前审批向注重事中和事后监管转变，提高行政服务的观念意识和效率，完善和规范行政部门权力清单以及责任清单，积极打造出法治化、便利化、国际化的高质量开放发展的营商环境。

扩大投资领域开放方面，将进一步推进投资便利化建设，减少对外商投资的准入限制，提高相关投资的开放度和透明度，提升利用外资的水平，实施外商投资准入前国民待遇加负面清单的管理制度，积极构建与负面清单管理相适应的事中事后监管制度,并加快建设对外投资合作服务平台,改革境外区内企业投资管理方式,支持区内企业积极发展对外投资,努力实现企业"走出去"的基本目标。

推动贸易转型升级方面,推动统筹内外贸一体化发展,推进贸易方式转型升级,努力营造规范、高效并且衔接国际高标准的贸易便利化环境,加强外贸发展支撑载体建设,拓展新型贸易方式,大力培育国际贸易新型业态与功能,提升在全球价值链分工中的地位,提高出口产品的增加值,努力构建以技术、质量、品牌、服务、创新为核心的竞争新优势。增强服务于"一带一路"建设交通物流枢纽功能方面,充分利用河南省的区位和交通基础设施优势,构建完善的交通物流体系,积极促进多式联运的发展示范效应,提高国际交通物流大通道的运输效率和效益,形成国内、国际陆空集散网络体系,推动实现内陆口岸经济创新发展。作为深化全国以及中西部地区对外开放的一个重要性国家战略,自贸区建设必将为加快"一带一路"建设提供重要支撑。

9.4.2 自贸区建设影响河南省开放发展的机制

作为国家推进全面改革开放的试验田和引领内陆开放型经济的示范区,自贸区已经成为新时期河南省全面深化改革、进一步扩大开放和持续深入推进"一带一路"建设的重要平台,自贸区的建设将会通过多种渠道加快推动河南省开放发展的进程。

(1) 改革示范促进效应。

随着国内外市场竞争的加剧,软环境质量成为影响地区经济开放进程和经济社会发展的重要因素,高质量的软环境是地区经济内外良性互动的坚实基础。长期以来,我国广大的中西部内陆地区在软环境方面与东部地区的差距,成为其开放经济发展的重要制约因素,加快推进以政策、法规为基础的体制改革,以完善的市场体系构建为内容的机制建设,不断提升经济社会发展的软环境质量,是内陆省份强化竞争优势,释放经济潜力,发挥比较优势,增强开放经济发展动力的重要战略之举。河南自贸区建设上升为国家战略,这将为河南开放经济发展提供有力的政策支持,有助提升河南软环境的吸引力,大大降低企业交易成本,为扩大利用省外资金,加快经济发展注入活力。但软环境建设是一项长期系统工程,短期的政策激励并不能完全弥补长期市场经济发展滞后所造成的其他软环境方面的不足,河南省开放经济发展所依托的软环境建设有待进一步加强。

软环境建设的核心是通过加快政府的强制性制度变革,带动地区非正式制度的转型,以完善的政策、法规规范政府的行为,提高政府服务意识和效能,引导市场有序运行,努力缔造规范的开放经济秩序,降低区域内部投资、经营的制度成本,逐步摆脱对政策性激励的过度依赖,积极推进地区制度改革与创新,加快构建制度性激励机制,增强地区经济开放的稳定性与可预见性。河南自贸区制度改革创新的基本任务能够不断弥补长期以来软环境质量不足所导致的较高交易成本,以及对企业发展经营的限制。而商贸服务业作为对软环境质量较为敏感的行业部门,长期以来受较高交易成本限制是制约其发展的重要原因。随着自贸区建设的深入推进,河南商事制度改革在全国也走在前列,"五证合一"到"二十二证合一",再到"三十五证合一",制度改革步伐不断加快,制度改革的成果将不断显现,一方面自贸区内更加高效便捷的制度规则能够高标准对接国际市场规则,形成制度高地,成为吸引国内投资的战略高地,为地区开放发展增添新的动力;另一方面自贸区成功经验的推广复制将进一步为区域乃至全国其他区域经济改革发展提供良好的借鉴,充分发挥出改革示范效应。

(2) 平台支撑促进效应。

自贸试验区为河南深入融入"一带一路"建设,进一步扩大开放,加快促进发展提供了一个有力的发展平台,既方便了本地企业"走出去",也有助于吸引外部企业的进驻,同时刺激要素在区内外的双向流动,对各产业和行业的发展产生巨大的支撑促进作用。河南自由贸易区建设的核心任务在于打造成贯通南北、连接东西的现代物流大枢纽,形成积极服务于"一带一路"建设的核心腹地,并成为对外开放的高端服务平台。加快自贸区建设,积极推动各行业的内外联系和融合发展,并努力实现多式联运的对接与发展,能够为推动贸易转型升级、金融、投资领域开放提供制度创新方面的支持。以郑州片区的发展为例,郑州航空港经济综合示范区目前已经成为河南省对外开放的品牌,努力坚持发展建设国内国际大枢纽、大物流、大产业，塑造国际商都，以建设铁路、航空、公路相连接的三网融合现代枢纽为支撑，积极提升多式联运物流集散功能，在加快各领域发展，发展跨境电子商务为代表的新业态、新模式等方面，逐渐形成一条较为成功的开放发展之路。

(3) 产业集聚效应。

有效承接国际产业转移，加快推动国内产业梯度转移，是推进地区产业结构调整升级，实现经济发展方式转变的重要途径，也是优化国内区域间生产布局，构建先进现代产业分工体系的现实选择。自贸区的建设与发展为河南省承接国内、国际产业转移带来了良好的机遇，这将更有利地利用本地的制度高地优势进一步吸引外部投资流入，更好地实现相关产业的集聚发展。作为中原经济区建设主体和全国承东启西的经济枢纽，河南省承接产业转移具有独特的区位、要素禀赋优势和巨大的经济市场规模潜力，推进河南省内陆开放高地建设，应以自贸区建设为抓手，努力实现与东西部地区产业的深度对接和错位发展，并以此为契机逐步融入世界分工体系，不断提升开放经济分工水平，提高开放经济的分工利益。

全方位、多层次有序承接产业转移，努力引进外部高端要素，尤其重视先进技术、管理经验和高级人才的引进，充分发挥外部投资的竞争示范效应和溢出带动效应，是利用和提升河南省既有优势，促进本地要素培育和市场整合，推动区域内分工深化发展，完善和发展现代产业分工体系，壮大优势产业，打造优势产业链的有效途径。加快自贸区建设，以承接产业转移为抓手，抓住国内外产业结构调整的机遇，积极鼓励和引导区外资本投向物流等生产性服务业部门集聚，有利于提高省内企业发展活力和自主创新能力，增强其市场竞争力为加快推动经济发展方式转变奠定坚实的微观基础。在积极承接产业转移的同时，河南省能够根据省内经济发展实际，坚持走特色发展之路，努力实现与东西部地区间的错位发展，以促进并深化区域间合理分工体系的发展，打破地区经济与市场分割，构建全国统一大市场，实现产品、要素和服务在更大范围内的健康循环，以东、中、西部地区间的良性互动更好地促进经济持续快速发展。

产业集聚区在推动"三化"协调发展、扩大招商引资、促进对外贸易发展中发挥着重要的载体功能，集聚区各项功能的发挥有赖于区内集聚企业自我发展能力的不断提升。自贸区不同片区根据各自发展定位可以有效促进商贸服务业产业集聚发展，通过加快推进集聚区的建设，进一步完善集聚区投融资平台建设，大力推进基础设施建设，提高公共服务能力，通过有针对性的招商引资，努力引入高成长性项目，不断加快集聚区内主导骨干企业和龙头企业的形成和发展，促进产业链的延伸和市场多元竞争主体的形成，强化企业创新主体的作用，充分发挥企业间的竞争和分工协作效应，增强企业间的关联性和上下游企业间的联系，是推动产业集聚区跨越式发展，发挥集聚区对河南省经济发展辐射与引领作用，增强全省经济发展内生动力的重要支撑。

(4) 内外联动效应。

河南省开放型经济发展具有独特多方面的独特优势，在承接东西、联系南北区域经济协同发展的整体格局中，发挥着重要的战略纽带作用。加快自贸区建设，通过扩大对内对外开放，加强与周边和沿海地区的合作与交流，河南省积极进行了各种层面区际合作的尝试和探索，支持建立了晋陕豫黄河金三角承接产业转移示范区，加快实施了中原经济区建设，加强了与长三角、珠三角等沿海区域以及关中—天水等中西区域间的合作，推动举办了各种类型国家级及区域性经贸活动，区域开放合作平台建设不断取得突破。这将有利于发挥相关产业的规模经济效应，一方面通过集聚发展，获得更好的经济社会效益；另一方面也能够促进相关产业部门的发展，衍生相应的产业链，提高在国际分工体系中的价值链地位，将为相关制造业部门的发展产生更加强劲的拉动效应。

实施开放带动主战略，深度融入"一带一路"建设进程，建设内陆开放高地，要求河南省必须持续推进全方位、多层次、宽领域的对内、对外开放，充分利用国际、国内两个市场、两种资源，加快实现开放型经济的跨越式发展。但与沿海开放型经济发展较高程度依赖国际开放和国际市场不同，内陆地区开放经济的发展更高程度地依靠国内市场和区际开放所形成的地区间经济的融合，全国统一大市场的构建是河南省探索符合自身实际新型开放经济发展路径和模式的基本前提。随着我国整体改革开放进程的深入推进，区域间制度与政策趋同性日益提高，区际经济壁垒不断降低，区域经济发展进入协同合作、创新发展的新阶段。以区际开放与合作为依托,在统一、完善市场自发竞争机制的作用下,充分发挥河南省资源、能源、劳动力和市场等方面优势,科学地利用资金、人才、技术等要素集聚机制,进一步优化区域分工,努力实现区域间优势互补、特色发展、联动发展的良性竞争格局,大力发展内需型经济,增强开放型经济发展的内生动力是内陆开放高地建设的题中之义。

9.4.3 河南自贸区建设的成效

2017年4月1日河南自贸试验区正式挂牌运营以来,各片区发展顺利,势头良好,在一年多期间内已取得显著的成绩,尤其是招商引资的成效明显。截至2018年6月底,河南自贸区进驻企业达到3.8万家,注册资本额达到4637亿元。2017年,河南自贸区入驻企业数、境外投资中方协议投资额、固定资产投资、税收和持牌金融机构数等方面的指标居第三批自贸试验的首位。其中郑州片区至2018年6月底,新注册企业超过3万家,注册资本超过3300亿元,占同期全省新增注册企业的10%,占郑州市新注册企业的25%,区内已进入世界500强企业达88家,合同利用外资达6.7亿美元,实际利用外资为5.9亿美元。实现收入达400多亿元,自贸区建设充分体现出集聚发展的显著特征,在融入"一带一路"建设方面,郑州片区实现与新加坡等沿线国家达成13个项目合作意向。同期,开封和洛阳片区发展也取得了不俗的成绩。开封片区一年中累计进驻企业3300多家,新增注册资本700多亿元,亿元以上的企业超过90家,10亿元以上的企业有11家,2018年1~4月完税1.8亿元,较上年同期增长278%。洛阳片区累计进驻企业超过6800家,注册资本超过540亿元,仅2018年上半年,新设立企业达1037家,注册资本70多亿元。

在开放发展方面,一年来河南自贸区贸易发展也取得了显著的成绩。自贸区内已有进出口企业2013家,实现进出口总值达246亿元,出口91亿元,进口155亿元。在三个片区中,郑州片区进入进出口企业有1469家,进出口总量222亿元,出口69亿元,进口152亿元;开封片区进出口企业有231家,进出口总值10亿元,出口8.5亿元,进口1.5亿元;洛阳片区进出口企业有313家,完成进出口15亿元,其中出口14亿元,进口1

亿元。在自贸区建设过程,开放促发展的引领作用逐步凸显。

在经验推广、制度创新和贸易模式创新方面,河南自贸区也已开始全面发力,并在不断取得突破性进展。河南自贸区自成立以来,对国家前后推出的四批自贸区改革试点经验和两批改革实践经典案例153项,逐项建立了台账,在自贸区和全省渐次复制推广,有序释放改革红利。在复制推广其他早期批次自贸区成功经验的基础上,河南自贸区根据大胆试、大胆闯、自主改的要求,强化台账建设和管理,全面推进河南自贸区建设总体方案中160项试点任务,目前已向国家提交22项创新案例,其中的多项举措属河南自贸区改革实践首创。郑州片区推进制度创新方面改革尝试措施不断,在之前"多证合一"的改革试点的基础上,持续深化改革,已开始全面实行"三十五证合一",多证合一的深入推进将为企业发展增添新的动力。开封片区挂牌后,也积极以减证推动简政,不断摸索行政服务模式创新,在全国率先推出使用了事中、事后综合监管平台,以检查事项清单为抽取条件,实现了被抽查主体、相应主管部门与抽查人员的精准匹配,大大提高了工作效率,为自贸区探索制度化、规范化、高效化的精准监管体系建设提供了丰富的宝贵经验。在创新经营业态方面,郑州片区积极创新跨境电商监管模式,率先实现了网购报税与跨境新零售相结合的经营模式,成功搭建起物流供应链核心企业"政企金"合作平台,完成了中欧班列(郑州)空铁联运通关一体化平台建设,开创了郑州—卢森堡"双枢纽"合作新模式,实现了公路、铁路、航空、海港等不同运输方式的信息共享。河南自贸区建设进程中不断释放出改革红利,不仅为企业投资发展带来了新的机遇,也大大降低了企业运营成本,为企业发展营造了一个便利化的优越环境。

9.5 统筹国家战略支撑河南开放发展

在深度融入"一带一路"的过程中,只有充分利用国家战略支持的大好机会,统筹推进各项战略的加快实施和推进,才能为未来进一步开放发展提供强大的支撑。河南省开放发展面临着前所未有的机遇,但同时也面临着巨大挑战。在开放经济环境下，充分把握机遇，发挥自身的优势，充分释放发展的潜力，增强其内生发展动力，是推动实现河南省开放发展的根本任务。这就要求必须清醒认识到河南省开放发展所面对的一系列现实的压力和挑战，从而才可能采取积极有针对性的措施，更快更好地实现开放促进发展和转型升级的目标。

9.5.1 河南省开放发展面临的挑战

（1）开放发展面临的资源、环境压力增大。

经过40年的持续快速发展，随着我国经济水平的不断提高，导致资源能源消耗快速增加，各种污染物排放急剧上升，资源环境对经济增长的约束明显加剧。无论从水污染的排放还是空气污染物的排放来看，河南省均是全国污染较重的地区。2016年河南省废水排放总量达到402055万吨，总量排名全国第5位，仅次于广东、江苏、山东、浙江；一般工业固体废物产生量14256万吨，全国排名第7位；废气中二氧化硫、氮氧化物、烟（粉）尘排放量分别达到41.36万吨、80.83万吨、42.89万吨，污染物排放全国排名分别为第11位、第5位和第8位，虽然各项污染物总排放量在不断下降，相应指标排名有所改善，但是在整体环境压力相对依然较重。

为了应对全球性气候变暖，各国分别开始采取各种积极措施减少温室气体和污染物的排放，2006年以来，我国各项节能减排措施加快实施，节约能源、保护环境、降耗减排成为政绩考核的重要指标。河南省经济结构相对落后，第一产业比重偏高，第二产业尤其是工业部门在整体经济中所占比例相对较高，而服务业发展落后导致经济增长对工业部门的依赖过大，并且工业产出中重工业所占比重呈上升趋势，2016年河南省重工业占整体工业产出的比重为60%，传统的化工、有色金属、钢铁等高污染部门在经济中占比依然过大，未来环境治理和节能减排方面依然面临巨大压力。进一步推进河南省开放升级和经济转型发展，必须克服资源、环境的约束，加大科技创新的强度和效率，提高资源的利用效率，增强环境的承载力和未来的可持续发展能力。

（2）高级要素短缺的局面短期内难以得到根本性扭转。

高级要素的供给是推动产业转型升级的重要基础，加快商贸服务业的发展，尤其是促进高成长性生产性服务业的发展，有待高素质人才、具有创新意识的高质量企业家才能等高级要素的大量供给。高级要素稀缺是制约河南省经济实现转型升级和持续快速发展的重要因素，且短期之内这种不利局面很难获得根本性转变。河南省规模以上企业平均资产规模为1.58亿元，低于全国平均的2.08亿元，全国各省区市排名第26位，河南省规模以上企业平均产值为2.56亿元，低于全国规模以上企业2.59亿元的平均水平，全国排名为第19位。2016年河南省规模以上企业所获有效发明专利数量15863项，总量全国排名第6位，企业平均获得专利数量0.56项，远低于全国规模以上企业所获1.18项的平均数量，表明河南省企业创新能力和创新成果相对较为落后。从技术市场交易额来看，河南省2016年规模为58.7亿元，占全国技术交易额的0.5%，总量排名在全国居第16位，不仅低于东部主要发达省份的规模，也低于安徽、湖北、四川、甘肃、陕西、重庆等众多中西部省份的水平，表明本地技术市场不活跃，企业对于技术更新和新成果转化、应用重视程度不够。

作为全国劳动力大省，丰富廉价的劳动力资源是河南省的要素禀赋优势所在，但整体劳动力数量规模优势无法完全弥补劳动力素质水平相对较低的劣势，未来经济发展更需要的是高素质人才，在我国劳动力流动性不断增强的背景下，大量低素质劳动力资源优势在开放经济发展中的作用将会不断下降。2016年河南省每十万人口中所拥有的高等学校在校生人数仅为2352人，全国省域排名第17位，虽然整体排名有所上升，但是依然不仅低于全国平均的2530人，而且低于许多中西部省份的水平。未来加快开放发展，有必要通过扩大对外开放，加速高级稀缺要素的引入，并重视逐步提升省内劳动力素质水平。

（3）对外经济结构调整有待深化。

近年来，河南省利用外资和对外贸易发展呈现出良好的势头，对外经济发展规模扩张极为迅猛，但却一直存在经济结构不合理的问题，出口产品结构和外资流向结构不合理，在一定程度上抑制了出口效益的提高，也不利于全省产业经济结构的升级，从而会制约经济动力和发展模式的转型，制约经济长期持续健康发展。

从出口产品结构来看，河南省工业制成品出口占总出口的比重明显低于全国平均水平，并且低技术工业制成品出口占较高比例，高技术含量制成品出口的比重相对较低。从近年来出口居于前20位的具体商品来看，初级产品和资源型产品所占比重较高，出口产品与省内相关产业的关联性较低，整体出口效益不高，在国内资源能源日益紧张的背景下，将不利于出口贸易的持续扩张和发展。河南省实际利用外商直接投资行业流向比较集中，2015年制造业、房地产业等行业实际利用外资分别为105亿美元、13.6亿美元，合计占全年实际利用外资的比重为73.7%。从三次产业利用外资的比重来看，第一产业和第三产业外资流入相对较少，分别占3.1%和20.1%，作为全国的农业大省和第三产业发展相对落后的内陆省份，制造业导向的外资利用模式不利于开放经济的转型升级和经济增长动力的转换。

9.5.2 加快河南省开放发展的对策

作为典型的内陆省份，河南省开放发展应当抓住国家战略实施和建设的大好历史机遇，结合省内区域经济发展和经济开放水平上的空间差异，针对产业结构转型升级和开放发展所面临的关键制约因素，采取战略性的举措，促进其更快地实现转型发展。

（1）统筹国家战略深化改革。

以"三区一群"建设为契机，深度融入"一带一路"建设，持续推进市场化改革，建立完善的市场体系，激发各类市场主体的活力，充分发挥市场配置资源的基础性作用，是应对挑战、实现经济转型升级和科学发展的根本动力，并能够为开放经济发展提供完善的体制机制保障。市场经济与对外开放是经济体制建设过程中相辅相成的两个方面，市场经济本质上是一种开放经济，它必然要冲破地区和国家之间的限制，把不同地区和国家的市场连成一个统一的整体。在市场经济条件下，理性的微观利益主体对于自身利益最大化的追求，可以达到社会资源的优化配置。开放型经济比之封闭经济来说具有很大的优越性，是因为经济的开放为微观利益主体创造了一个更加开阔的市场，面对更加激烈的竞争和更大范围的要素投入选择，微观利益主体必须巩固和强化自身的经济实力，争取以最小的成本去获得最大的经济利益。市场化是深化改革的目标和手段，改革目标能否实现，依赖于市场化能否在深度和广度上取得全面加速发展，以此来加快地区经济运行的市场化进程，提升区域经济开放程度，降低商贸服务业发展的社会交易成本。

（2）加快行政改革、激发创新活力。

政府作为社会正式制度的供给者，在很大程度上也影响着社会中非正式制度的运行和发展，影响着经济中交易效率的高低，决定着社会分工深化的广度和深度，决定着地方经济的发展快慢、优劣。我国开放经济的发展是在政府主导下，逐步推进的。随着改革的逐步深入，计划经济条件下政府主导资源配置和一切社会经济事务的模式得到了逐步纠正，政府的职能实现了根本性的转变。但是对于中西部省区市来说，由于改革力度和开放程度相对滞后于东部地区，市场发育程度相对不足，政府对于社会经济事务的干预依然相对更深，政府服务型职能和观念有待转变提高，政府部门的工作效率也有待进一步提高。经济管理制度的规范化是推动市场主体创新发展的重要基础，规范的制度化管理可以降低政府的行政成本，从而为开放型经济的完善与发展奠定良好的基础。市场作为一种有效配置资源的方式，它是在一定的经济制度体制约束下实现的，市场秩序的建立是一个伴随着市场经济法制化的渐进过程。因此，要加快推进自贸区制度创新的成果在全省的推广与复制，加快推进政府职能转变，建设服务型政府，进一步努力建立精简、统一、高效的政府运行机制，进一步提高社会化服务的功能与透明度；减少对微观经济活动的直接干预。努力营造良好的发展环境，积极提供优质的公共服务；充分发挥政府对市场经济的调节指导和服务作用；要加强市场经济的法制化进程，规范市场行为，促进公平竞争，完善市场监督机制，加快资本市场、产权交易市场、人才劳动力市场等要素市场的建设和完善。

（3）以开放促进改革、创新与发展。

对外开放通过推动改革、促进创新，是实现发展、破解各种不利制约因素限制的战略性举措。具体来看，可以从以下方面实施推进：

一是要进一步加大对外招商引资工作力度，提高扩大利用外资的水平。要进一步完善指导协调招商服务工作的机制,建立健全更完善的引资激励政策,持续提升和优化省内整体投资环境,强化企业作为招商主体的主导作用,提高各行业招商引资的实效。创新招商引资的方式,积极实践各种新形式诸如委托招商、代理招商、组团招商、定向招商等方式的引资策略,鼓励外资通过兼并、收购等各种方式进行投资,要高度重视招商引资的质量及社会效益,充分发挥河南省180个产业集聚区在吸引外部投资和承接产业转移中的核心载体作用,摸索实践专业化招商、集团化招商新模式。要不断推进优化利用外资的结构,尽可能合理地引导外资在省内行业和区域间的流向和分布,鼓励外资向省内生产性服务业为代表的第三产业部门的投资,更加充分地利用河南省优越的区位优势和完善发达的立体交通网络体系方面的优势,将本地区吸引外资在经济规模、产业基础等方面的潜在能力转化为实际利用外资的实效,将区域经济和产业发展的后发优势做强做好。

二是要充分发挥本地区的资源优势,推动开放经济努力实现跨越式发展。要进一步扩大对外贸易规模,深化对外经济联系,进一步调整和优化进出口商品结构,努力转变对外贸易发展方式,提高贸易发展对省内经济发展和相关产业部门的服务和带动作用。努力推进科技兴贸战略的实施,加强传统产业的技术改造和创新能力,发展技术密集型高附加值和高成长性产业,支持并鼓励高新技术产品、机电等产业产品扩大出口,进一步放大劳动密集型产品、优势制造业产品和本地区特色农产品的出口,并加快发展服务贸易。加快新郑综合保税区建设,积极申请内陆自由贸易港,促进省内物流中心、出口加工区加快发展,加强铁路、航空等海关口岸建设,提高电子口岸报关服务水平和服务效率,努力营造良好的进出口营商环境和制度质量,保障进出口贸易的有序平稳开展。努力建设一批具有较强带动辐射作用的出口基地,强化对外开放的平台和窗口建设,利用郑州、洛阳等自贸片区建设的大好机遇,在积极融入"一带一路"建设的过程中,努力培育一批承接国内外产业转移的重点基地和承接国际服务外包的发展基地,推动河南省开放经济更好地实现集聚发展。

(4)以特色产业发展带动产业结构转型升级。

现代产业体系的构建和升级是实现开放经济发展动力转型升级的关

键，也是产业转型升级的重要基础。这就要求必须努力加快推进省内产业结构调整，努力培育具有特色的优势产业。第一，努力做大做强传统优势产业，推进化工、有色、钢铁、纺织等传统制造业部门的重大技术改造与革新，持续强化其既有发展优势，努力增强相关产业和产品的核心竞争力，努力建设全国重要的精品原材料基地和先进制造业基地，为不断提升河南省对外开放的经济优势提供强大的物质发展基础。第二，努力发展壮大汽车、电子信息、装备制造等高成长性产业，加快培育生物科技、新能源、新材料等新兴先导产业的发展，大力落实支持各种类型企业技术创新的政策措施，简政放权，并加大财政、税收等各方面的支持力度。第三，加强河南省粮食生产基地建设，充分利用现有优势大力发展农产品精深加工业，加快发展本地特色食品产业，不断提高农产品加工技术和规模化水平以及产品附加值，努力建设全国食品工业强省。第四，积极推动服务业大发展以促进产业结构的加快转型升级，不断扩大服务业对外开放领域，加快发展现代物流、旅游、金融等服务性的支柱产业，积极发展科技研发、信息咨询、中介服务等新兴服务业部门，改造提升传统服务业部门，不断加强服务环境建设，提升服务业在增加社会就业、服务生产和促进经济开放发展中的作用。

（5）努力加强创新性社会建设。

创新是经济社会发展的不竭动力，是产业增强内生发展动力的核心支柱，创新型社会的构建和创新体系建设是实现河南省开放经济转型升级和持续发展的坚强支撑，要建立完善支持科技创新的政策体系和完善有效的激励机制，积极培育创新主体，努力打造创新平台，发展壮大创新载体，努力引进和培养高层次创新型人才，不断提升开放发展的创新驱动力，要持续强化企业的创新主体地位，充分发挥高新技术开发区和产业集聚区的政策、资源和人才优势，优化各方面创新环境，提高创新活动的实效和发展引领作用。

当然，需要特别强调指出的是，河南省实现开放经济的转型发展是一个长期实践和探索的过程，虽然我国不少先发地区产业和开放发展方面的成功经验可以提供不少的借鉴，但是随着开放发展面临的内外环境的趋紧，河南省开放经济的转型发展要求任何国家战略的实施要不断地根据新环境下的现实变化不断做出相应的调整。但是从整体上看，开放经济的发展必须以市场经济运行机制为基础，以变化发展的内外部经济环境为依托，以内外经济交流与合作为途径，以生产要素的双向流动和市场准入的方便与便捷为内容，才可能实现河南省开放经济条件下内外经济间的良性循环和自身的健康持续发展，将河南省更快、更好地建设成对中西部经济发展具有较强引领作用的对外开放高地和全国重要的经济增长极，更好地支撑中原经济崛起，并服务于"一带一路"倡议的建设。

第 10 章

结论与展望

自改革开放始,河南省开放型经济发展水平逐步提升,到 2001 年中国加入世贸组织(WTO),河南省开放经济进入快速发展阶段;从 2011 年至今,郑州新郑综合保税区、中国(郑州)跨境电子商务综合试验区、郑州航空港经济综合实验区、中国(河南)自由贸易试验区等先后获得国家批复并启动建设,河南省开放经济发展水平飞速提升。为了科学地评估与考量河南省开放经济发展概况,本书构建了河南省开放型经济指数,较为客观地评价了河南省开放经济发展水平,并与国内其他省区市开放经济水平进行横向比对;同时全面地测度河南省省内各地区开放经济发展水平,对省内各区域开放经济发展进行系统、科学和客观的定量化测评。

整体来看,2016 年河南省开放经济发展水平中等偏下,居全国第 18 位,其中技术开放度和社会开放度较低是制约河南省开放经济发展的重要因素。从中部六省对比来看,河南省开放经济发展水平高于山西省和湖南省,低于安徽省、湖北省和江西省。郑州市、开封市、洛阳市、新乡市、许昌市和南阳市等 6 个河南省典型城市开放经济发展水平高于中西部地区其他省份典型城市,但远低于北上广深和东部沿海地区典型城市。河南省省内各地市开放经济发展水平不平衡问题突出,郑州市和洛阳市开放经济发展水平最高,远高于省内其他地区;区域开放经济发展水平与经济发展呈明显的正相关。

航空港综合实验区、自贸区等国家政策的实施为河南省开放经济发展提供了前所未有的机遇,且随着"一带一路"建设的深入,河南省将以更加主动积极的姿态发展开放经济,不断拓宽开放领域,优化开放布局,提高开放绩效,加快建设内陆开放高地,为决胜全面建成小康社会、中原更加出彩做出积极贡献。

参 考 文 献

[1] [英] 阿瑟·刘易斯. 经济增长理论 [M]. 郭金兴等译. 北京: 机械工业出版社, 2015: 296 - 330.

[2] [美] 巴兰, 蔡中兴. 增长的政治经济学 [M]. 上海: 商务印书馆, 2000.

[3] [美] 保罗·巴兰. 增长的政治经济学 [M]. 蔡中兴, 杨宇光译. 北京: 商务印书馆, 2014: 232 - 264.

[4] [美] 保罗·萨缪尔森、威廉·诺德毫斯. 经济学 (第 18 版) [M]. 萧巧, 蒋景媛译. 北京: 人民邮电出版社, 2011.

[5] [美] 布鲁斯·罗宾斯. 全球化中的知识左派究 [M]. 徐晓委译. 北京: 中国社会科学出版社, 2000.

[6] 蔡昉, 王德文. 外商直接投资与就业——一个人力资本分析框架 [J]. 财经论丛 (浙江财经学院学报). 2004 (01): 1 - 14.

[7] 曹博. 贸易开放度、FDI、财政分权对收入分配的影响 [J]. 经济问题探索, 2015 (01): 128 - 134.

[8] 陈凤英. 如何看待西方反全球化现象 [N]. 人民日报, 2016 - 06 - 22.

[9] 陈强. 高级计量经济学及 Stata 应用 (第二版) [M]. 高等教育出版社, 2014.

[10] 崔建军, 王利辉. 金融全球化、金融稳定与经济发展研究 [J]. 经济学家, 2014 (2): 92 - 100.

[11] 都阳. 制造业企业对劳动力市场变化的反应: 基于微观数据的观察 [J]. 经济研究, 2013, (1): 62 - 67.

[12] 窦祥胜. 国际资本流动、增长因素结构变迁与经济增长 [J].

经济理论与经济管理，2002（02），V（2）：16-21.

[13]［美］多米尼克·萨尔瓦多.国际经济学（第8版）[M].北京：清华大学出版社，2004.

[14]［美］E.K.亨特.经济思想史——一种批判性的视角[M].颜鹏飞译.上海：上海财经大学出版社，2007：17-30.

[15]范恒山.全方位深化中部地区对外开放与区域合作[J].宏观经济管理，2013（5）：26-29.

[16]郭妍，张立光.我国经济开放度的度量及其与经济增长的实证分析[J].统计研究，2004，21（4）：26-30.

[17]国家发展改革委国际合作中心课题组.中国区域对外开放指数的构建与分析[J].全球化，2013（2）：83-95.

[18]国家发展改革委国际合作中心课题组.中国区域对外开放指数的构建与分析[J].全球化，2013（2）：83-95.

[19]国家发展改革委国际合作中心课题组.中国区域对外开放指数研究[M].人民出版社，2016.

[20]杭辰.中部崛起：中原城市群明确定位[N].人民日报海外版，2006-04-14（006）.

[21]河南对外开放进入最好时期[EB/OL] http：//www.sohu.com/a/197434790_267106 [3] Principal components [EB/OL] https：//www.stata.com/features/overview/principal-components/

[22]河南省发展改革委：河南省参与建设丝绸之路经济带和21世纪海上丝绸之路实施方案，2015.

[23]河南省人民政府：河南省2017年国民经济和社会发展计划.

[24]黄海洲，周诚君.中国对外开放在新形势下的战略布局[J].国际经济评论，2013（04）：23-49.

[25]黄鹏，汪建新，孟雪.经济全球化再平衡与中美贸易摩擦[J].中国工业经济，2018（10）：156-174.

[26]黄蔚，方齐云.对外开放与我国经济增长的实证分析[J].国际贸易问题，2006（6）：5-9.

[27]［美］霍利斯·钱纳里，谢尔曼·鲁宾逊著，吴奇，王松宝译，

工业化和经济增长的比较研究［M］．上海：格致出版社，2013．

［28］［美］贾格迪什·巴格瓦蒂．现代自由贸易［M］．雷薇译．北京：中信出版社，2003．

［29］江小涓，杜玲．对外投资理论及其对中国的借鉴意义［J］．经济研究参考，2002（73）：32－44．

［30］蒋景媛．开放的中国：经验与路径——评《中国开放报告（2012—2013）》［J］．开放导报，2014（4）：111－112．

［31］揭水晶，吉生保，温晓慧．OFDI 逆向技术溢出与我国技术进步——研究动态及展望［J］．国际贸易问题，2013（08）：161－169．

［32］［美］杰弗里·弗里登．20 世纪全球资本主义的兴衰［M］．杨宇光等译．上海：上海人民出版社，2009：278－284．

［33］康赞亮，张必松．FDI、国际贸易及我国经济增长的协整分析与 VECM 模型［J］．国际贸易问题，2006（2）：73－78．

［34］郎志慧．积极构建全方位开放大格局［N］．河南日报，2015－01－29（009）．

［35］李伟民，张颖．东北地区技术创新竞争力评价与对策建议［J］．辽宁大学学报（哲学社会科学版），2016（5）：90－97．

［36］李小胜，陈珍珍．如何正确应用 SPSS 软件做主成分分析［J］．统计研究，2010，27（8）：105－108．

［37］李艳秋．试论在经济全球化背景下中国的对外开放政策［J］．北方经贸，2012（8）：13－13．

［38］李泳．中国企业对外直接投资成效研究［J］．管理世界，2009（09）：34－43．

［39］梁丹．河南打造内陆开放高地的思考与建议［J］．黄河科技大学学报，2012，40（1）：46－51．

［40］林海明，杜子芳．主成分分析综合评价应该注意的问题［J］．统计研究，2013（8）：25－31．

［41］刘学武．投资、消费、国际贸易与中国经济增长：1989—1999 年经验分析［J］．世界经济，2000（9）：39－45．

［42］马汴京，蔡海静．经济全球化如何影响了中国居民幸福感——

来自 CGSS2008 的经验证据 [J]. 财贸经济, 2014, 35 (7): 116-127.

[43] 马克思, 恩格斯. 马克思恩格斯全集 [M]. 北京: 人民出版社, 1980.

[44] [美] 迈克尔·赫德森. 国际贸易与金融经济学 [M]. 北京: 中央编译出版社, 2014.

[45] 毛其淋, 许家云. 中国企业对外直接投资是否促进了企业创新 [J]. 世界经济, 2014, 37 (08): 98-125.

[46] 毛英, 闫敏. FDI 对中国经济增长影响的实证研究 [J]. 经济问题. 2011 (08): 28-30.

[47] 牟俊霖. 外商投资对中国就业影响的实证分析 [J]. 经济与管理, 2007, 21 (04): 33-37.

[48] 潘春彩, 吴国玺, 闫卫阳. 基于主成分分析的河南省城市综合竞争力评价 [J]. 地域研究与开发, 2012 (6): 60-64.

[49] 平萍. 河南要努力构建内陆省份改革开放新格局 [N]. 河南日报, 2013-03-10 (001).

[50] [埃及] 萨米尔·阿明. 不平等的发展——论外围资本主义的社会形态 [M]. 高夯译. 北京: 商务印书馆, 1990.

[51] [埃及] 萨米尔·阿明. 世界规模的积累——欠发达理论批判 [M]. 杨明柱, 杨光, 李宝源, 译. 北京: 社会科学文献出版社, 2008.

[52] 沈坤荣, 耿强. 外国直接投资、技术外溢与内生经济增长——中国数据的计量检验与实证分析 [J]. 中国社会科学, 2001 (05).

[53] 沈能, 李富有. 技术势差、进口贸易溢出与生产率空间差异 [J]. 国际贸易问题, 2012 (9): 108-117.

[54] 盛斌, 牛蕊. 贸易、劳动力需求弹性与就业风险: 中国工业的经验研究 [J]. 世界经济, 2009 (6): 3-15.

[55] 宋玉华, 江振林. 从"外围"走向"中心": 潜力及战略——新一轮国际战略机遇期研究 [J]. 理论参考, 2005 (10): 57-59.

[56] 隋月红. "二元"对外直接投资与贸易结构: 机理与来自我国的证据 [J]. 国际商务 (对外经济贸易大学学报), 2010 (06): 66-73.

[57] 孙慧, 韩菲菲, 巴吾尔江, 张其. 我国 30 个省市对外开放竞争

力评价——基于主成分分析 [J]. 技术经济与管理研究, 2013 (5): 124-128.

[58] 孙宇晖. 论马克思主义经济学向西方经济学的借鉴——马克思主义经济学与西方经济学比较研究 [C]. 中国《资本论》研究会. 中国《资本论》研究会第十二次学术研讨会暨第七次会员代表大会论文集. 中国《资本论》研究会, 2004.11.

[59] 谭祖谊. 中国进出口商品结构变化及其对中美贸易条件的影响 [J]. 国际贸易问题, 2014 (7): 53-61.

[60] 田巍, 余淼杰. 企业生产率和企业"走出去"对外直接投资: 基于企业层面数据的实证研究 [J]. 经济学 (季刊) . 2012, 11 (02): 383-408.

[61] 汪和建. 经济全球化转型与中国经济增长模式转换——问题与策略 [J]. 学术研究, 2016 (4): 51-60.

[62] 王发曾, 毛达. "一带一路"战略的河南行动 [J]. 地域研究与开发, 2016, 35 (5): 25-29.

[63] 王方方, 赵永亮. 企业异质性与对外直接投资区位选择——基于广东省企业层面数据的考察 [J]. 世界经济研究, 2012 (02): 64-69.

[64] 王国刚. "一带一路": 闯出全球经济资源配置的中国之路 [J]. 金融论坛, 2015, (10): 17-29.

[65] 王剑, 徐康宁. 集聚经济、FDI 区位选择与引资新战略 [J]. 东南大学学报 (哲学社会科学版), 2005, 7 (5): 23-27.

[66] 王跃生, 陶涛. 世界经济结构、全球经济"双循环"与中国经济转型 [J]. 新视野, 2014 (1): 54-59.

[67] 王跃生. 中国经济新常态的国际经济条件 [J]. 中国高校社会科学, 2015 (3): 155-159.

[68] 魏浩, 金晓祺, 项松林. 对外贸易与我国的劳动力需求弹性 [J]. 国际贸易问题, 2013 (9): 3-14.

[69] 魏后凯. 外商直接投资对中国区域经济增长的影响 [J]. 经济研究, 2002 (04): 19-26.

[70] 魏后凯. 中国制造业集中状况及其国际比较 [J]. 中国工业经

济，2002（01）：41-49.

[71] 魏巧琴，杨大楷. 对外直接投资与经济增长的关系研究 [J]. 数量经济技术经济研究，2003（01）：93-97.

[72] 吴耿安，刘巍，郑向敏. 旅游、文化产业与经济发展水平的空间错位分析 [J]. 地域研究与开发，2018（3）：80-84.

[73] 吴岩. 基于主成分分析法的科技型中小企业技术创新能力的影响因素研究 [J]. 科技管理研究，2013（14）：108-112.

[74] 吴玉珊. 中国对外开放与经济增长关系的实证分析 [J]. 金融经济，2006（6）：27-28.

[75] 谢长安，丁晓钦. 逆全球化还是新全球化——基于资本积累的社会结构理论 [J]. 毛泽东邓小平理论研究，2017（10）：95-101.

[76] 谢守红. 中国各省区对外开放度比较研究机. 地理科学进展，2003（5）：296-303.

[77] 杨帆. 河南全面融入国家"一带一路"战略研究 [J]. 经济研究导刊，2015（16）：271-272.

[78] [希腊] 伊曼纽尔著；尔文贯中等译. 不平等交换：对帝国主义贸易的研究 [M]. 北京：中国对外经济贸易出版社，1986.

[79] 余智. "新新国际贸易理论"的最新发展 [J]. 经济学动态，2013（1）：112-117.

[80] 喻新安，张立刚. 河南黄淮四市经济欠发达的制度要素分析 [J]. 区域经济评论，2008（7）：4-7.

[81] 袁志刚，饶璨. 全球化与中国生产服务业发展——基于全球投入产出模型的研究 [J]. 管理世界，2014（3）：10-30.

[82] [英] 张夏准. 资本主义的真相——自由市场经济学家的23个秘密 [M]. 孙建中译. 北京：新华出版社，2011.

[83] 张超，李丁，张洁，魏秀梅. 基于主成分分析的西北地区城市竞争力评价与演变研究 [J]. 干旱区资源与环境，2015（6）：8-13.

[84] 张培刚，张建华. 发展经济学 [M]. 北京大学出版社，2009.

[85] 张森林. 经济全球化与世界社会主义价值的思考 [M]. 北京：人民出版社，2011：7-14.

[86] 张学良.2014中国区域经济发展报告：中国城市群资源环境承载力[M].人民出版社，2014.

[87] 张占仓.河南从内陆腹地迈向开放发展前沿[J].河南科学，2017（2）：286-293.

[88] 赵宗博.经济全球化与中国经济对外开放战略[J].当代经济（下半月），2008（18）：6-9.

[89] 中共中央国务院：关于构建开放型经济新体制的若干意见，2015.

[90] 周博.中国劳动力需求弹性分析[J].经济与管理研究，2002（4）：43-46.

[91] 周立.基于"一带一路"建设的河南发展选择[J].区域经济评论，2015（3）：78-80.

[92] 周申.贸易自由化对中国工业劳动需求弹性影响的经验研究[J].世界经济，2006（2）：31-40.

[93] 朱华.基于区位拉动因素的中国企业OFDI动机的实证研究[J].科研管理，2014，35（01）：139-149.

[94] 综合开发研究院（中国深圳）.中国开放报告[M].中国经济出版社，2014.

[95] 2014年1—10月民间固定资产投资增长18%[EB/OL] http://www.stats.gov.cn/tjsj/zxfb/201411/t20141113_637142.html.

[96] Abdoulaye, S. International Technology Diffusion and Economic Growth: Explaining the Spillover Benefits to Developing Countries[J]. Structural Change and Economic Dynamics, 2012, 23 (5): 437-451.

[97] Abramovitz, M. Catching up, Forging ahead and Falling be hind [J]. Journal of Economic History, 1986, 46: 385-406.

[98] AKAMATSU K. The Trend of Japan's Foreign Trade in Woolen Manufactures. Journal of Nagoya Higher Commercial School, 1935.

[99] Amin, Samir. Capitalism in the Age of Globalization [M]. London, Zed Books, 1997.

[100] Balasubramanyam V N, Salisu M, Sapsford D., Foreign Direct In-

vestment and Growth: New Hypotheses and Evidence [J]. Discussion Paper, 1996, 77 (19): 998 - 1002.

[101] Baran, P, P. Sweezy. Monopoly Capital [M]. New York, 1968.

[102] Barro R J, Lee J W. International measures of schooling years and schooling quality [J]. The American Economic Review, 1996, 86 (2): 218 - 223.

[103] Bin, X., Eric, P. C.. Trade, Patents and International Technology Diffusion.

[104] Blomstrom, M. & Kokko A. Multinational Corporations and Spillover [J]. Journal of Economic Surveys. 1998, 12 (2), pp. 1 - 31.

[105] Borensztein, E., de Gregorio, J. and Lee, J, How Does Foreign Direct InvestmentAffect Economic Growth? [J]; Journal of International Economics, 1998, 45, pp. 115 - 135.

[106] Bose, A. Marxian and Post-Marxian Political Economy [M]. Penguin Books, 1975.

[107] Burton, J. W., 1972, World Society, Cambridge University Press.

[108] Christoph Ernst, The FDI-employment link in a globalizing world: The case of Argentina, Braziland Mexico [R]. International Labor Office, Employment Strategy Paper, 200 Card D. Estimating the return to schooling: Progress on some persistent econometric problems [J]. Econometrica, 2001, 69 (5): 1127 - 1160.

[109] Coe, D., Helpman, E. . International R&D Spillovers [J]. European Economic Review, 1995, 39: 859 - 887.

[110] Dani Rodrik. Has globalization gone too far? . California Management Review. 1997.

[111] De-Shalit A. Transnational and International Exploitation [J]. Political Studies, 2010, 46 (4): 693 - 708.

[112] Devesh Verma, Kingshuk K Sinha. Toward a theory of project interdependencies in high tech R&D environments [J]. Journal of Operations Management. 2002, 20 (5): 451 - 468.

[113] Dobb, M. Political Economy and Capitalism [M]. London, 1937.

[114] Easterly W, Rebelo S. Fiscal Policy and economic growth: an empirical investigation. Journal of Monetary Economics, 1993.

[115] Easterly, W., Levine, R. It's not Factor Accumulation: Stylized Facts and Growth Models [R]. World Bank Economic Review, 2001.

[116] Fajnzyber, P., and W. F. Maloney. Labor Demand and Trade Reform in Latin America [J]. Journal of International Economics, 2005, 66 (2): 423 - 446.

[117] Findlay, R, International trade and development theory [M]. Columbia University Press, New York, 1973.

[118] Halit Yanikkaya. Trade openness and economic growth: a cross-country empirical investigation [J]. Journal of Development Economics. 2003, 72 (1): 57 - 89.

[119] Hasan. R., D. Mitra, and K. V. Ramaswamy. Trade Reforms, Labor Regulations, and Labor-Demand Elasticities: Empirical Evidence from India [J]. The Review of Economics and Statistics, 2007, 89 (3): 466 - 481.

[120] Helliwell, J. F., and Chung, A., Macroeconomic Convergence: International Transmission of Growth and Technical Progress, NBER Working Papers, 1991.

[121] Hicks, J. Value and Capital [M]. Oxford, 1939.

[122] Husain I., Jun K. W., Capital Flows to South Asian and ASEAN Countries: Trend, Determinants and Policy Implications [R]. Working paper of World Bank WPS842, 1992.

[123] Jiangyong Lu, Xiaohui Liu, Igor Filatotchev, Mike Wright. The impact of domestic diversification and top management teams on the international diversification of Chinese firms [J]. International Business Review, 2014, 23 (2): 455 - 467.

[124] Johnson H. G. International Factor Movement and the Theory of Tariff and Trade [J]. Quarterly Journal, 1967, 81 (1): 1 - 38.

[125] Keller, W.. International Technology Diffusion [J]. Journal of

Economic Literature, 2004, 42: 752 - 782.

[126] Kojima K.. Direct Foreign Investment: a Japanese model of Multinational Business Operations, 1978.

[127] Krishna, P., D. Mitra, and S. Chinoy. Trade Liberalization and Labor - demand Elasticities: Evidence from Turkey [J]. Journal of International Economics, 2001, 55 (2): 391 - 409.

[128] Kunst, Robert M, Dalia Marin. "On Exports and Productivity: A Causal Analysis". The Review of Economics and Stastistics, 1989.

[129] Marshall A. Principles of Economics [M]. Macmillan And Co. Limited; London, 1898.

[130] Marta Beng., Foreign direct investment, economic Freedom and growth: new evidence from Lartin America [J]. European Joumal of Political Economy. 2003 (19): 529 - 545.

[131] Most S J, Berg H V D., Growth in Africa Does the Source of Inversment Financing Matter? [J]. Applied Economics, 1996 (28): 1427 - 1433.

[132] Robert E. Lipsey. Home and Host Country Effects of FDI [R]. NBER Working paper No. 9393. 2002.

[133] Slaughter, M. J. International Trade and Labor Dmand Asticities [J]: Journal of International Economics, 2001, 54 (1): 27 - 56.

[134] Sorin, M. S.. International R&D Spillover in Emerging Markets: the Impact of Trade and Foreign Direct Investment [J]. The Journal of International Trade&Economic Development, 2010, 19 (4): 591 - 623.

[135] Tomasz Mickiewicz, Slavo Radosevicv and Urmas Varblane, The Value Of Diversity: FDI and Employment in Central Europe During Economic Recovery [J]. Faculty of Economics and Business Administration Discussion, 2000, 39 (4).

[136] Vernon, R. International Investment and International Trade in the Product Cycle [J]. Quarterly Journal of Economics, 1966, 80 (2): 190 - 207.

[137] Walter I, Ugelow J L. Environmental Policies in Developing Coun-

tries [J]. Ambio, 1979, 8 (2/3): 102 - 109.

[138] Wang C, Hong J, Kafouros M, Wright M. Exploring the Role of Government Involvement in Outward FDI from Emerging Economies [J]. Journal of International Business Studies, 2012, 43 (7): 655 - 676.

后　记

经过40年的改革，河南省开放经济进入快速发展阶段，体制机制不断健全，投资环境和贸易环境不断改善，对外贸易规模进一步扩大，贸易结构日趋合理，投资规模逐步增加，利用外资的水平和能力也稳步提高。同时随着"三区一群"战略实施，使河南省交通枢纽地位逐渐凸显、对外开放平台更加完善，极大地推动和完善了河南开放经济新格局。但在河南省经济快速发展的过程中，还存在开放经济发展水平较低以及优势转化困难等一系列问题，如何全面、系统、客观、科学度量和评价河南省开放经济发展水平，目前还缺乏更为细致深入的研究。

为了更好地服务地方经济，助推河南省开放经济新发展，河南财经政法大学国际经济与贸易学院利用自身的学科优势与特色，借鉴国内外开放经济发展评价模型，运用河南省开放经济发展指数，系统比较了河南省与全国、河南省典型城市与国内其他城市以及河南省内部区域和城市之间经济开放度的差异，在此基础上形成了《河南开放经济发展报告（2018）》。本报告各章的作者分别为：第1章，李凯杰；第2章，李子豪；第3章，韩亚峰；第4章，张占东；第5章，李蕾；第6章，张相伟；第7章，陈恭军；第8章，张志醒；第9章，郭界秀。全书由张占东教授总撰和审改定稿。

本报告在撰写的过程中，得到了河南财经政法大学校长高新才教授多次技术指导和支持，并在百忙之中为本报告作序，在此由衷表示感谢。同时本报告参考和借鉴了大量的国内外权威文献和科研成果、论著和众多网页资料，以及统计部门提供的各类相关统计数据，在此谨向他们表示衷心的感谢！尽管本团队成员做了很大努力，但限于学识水平，时间紧迫，书中仍存在不当与疏漏之处，诚望学术界和业界同仁提出宝贵批评意见，以便我们不断改进！

作者

2019年1月